CSSCI来源集刊

武汉大学哲学学院◎编

哲學評論

哲学评论

Wuda Philosophical Review

第23辑

岳麓書社·长沙

《哲学评论》第 23 辑编委会

（以姓氏拼音为序）

编 辑 部

目　录

中国哲学研究

道德哲学研究

宗教哲学研究

现象学与解释学研究

中国哲学研究

先秦礼观念的演变及研究方法之反省

任慧峰*

摘要：在先秦时期，“礼”是逐渐展开、呈现的一个过程。所谓“殷礼”，多表现为祭祀，基本没有人文精神，其特征可以概括为“器以藏礼”。只有到了西周，“礼”才在具体历史情境的刺激下，发展为一种以威仪观为表现形式的统治策略与政治行为。春秋时，随着王权的崩坏，“礼”又在孔子等先哲的阐释下，和“仪”分离，并与“仁”的观念相结合，呈现出更具有德性的含义。那种认为春秋时期“礼崩乐坏”、战国时期“绝不言礼与信”的观点，只是以西周之礼作为标准来衡量东周。如果将先秦时“礼”的发展置于具体的历史文化情景中加以考察就会发现，春秋战国为后世的“礼”论，在实践个人德性、建立社会秩序、重建礼法关系、归纳制礼原则、与经济基础相配合等方面提供了几乎所有的“支援意识”，是礼观念发展演变最为丰富的时代。

关键词：礼观念；威仪观；礼法关系；追源的谬误

以礼乐制度的兴衰作为标准，先秦时期可分为两个阶段。西周由于周

---

* 作者简介：任慧峰，男，1982 年出生，山西晋中人，历史学博士，现为武汉大学哲学学院讲师，主要从事中国经学史及三礼学研究。E-mail:renhuifeng_2004@163.com。邮编地址：430072，湖北省武汉市武汉大学哲学学院。

公“制礼作乐”被认为礼乐典章炳然大备，[1] 而春秋战国则被说成是“礼崩乐坏”的时代。可是这只是表面的描述，从深层来看，先秦礼乐并非是一个逐渐衰退的过程，而是伴随着政权的交替、社会结构的变化、族群关系的分合，在不断地演变。近年来，已有学者能够从新的角度分析某一时期的礼观念或从发展的视角重新审视先秦时期礼观念的变迁。[2] 但其焦点一般都集中在春秋时期，未能通盘考察从西周到战国时礼的变化。本文试图从对礼的定义与起源研究的反省入手，进而再次梳理先秦时期礼观念的发展及缘由。

一、对礼的定义与起源研究的反省

“礼”是传统文化中的核心价值之一，对其内涵学者们曾下过各种各样的定义，所采用的方法一般有三种。一是根据后世礼的范围加以概括，如章太炎先生说：“礼者，法度之通名，大别则有官制、刑法、仪式是也。”[3] 二是搜集、综合《尚书》《诗经》《左传》《礼记》等先秦典籍中关于礼的史料，得出礼是什么的结论。三是由于无法给出确切的定义，于是将礼划分为不同的层次。如沈文倬先生认为礼有广义、狭义之分，广义

[1] 关于周公“制礼作乐”(《礼记 · 明堂位》) 的问题，学者常有怀疑。不过从《左传》来看，在春秋时人的心中，周公确实有过制礼之举。《左传 · 哀公十一年》载孔子言：“有周公之典在。”《文公十五年》：“夏。曹伯来朝，礼也。诸侯五年再相朝，以修王命，古之制也。”《文公十八年》：“先君周公制周礼曰：则以观德，德以处事，事以度功，功以食民。”《昭公三年》：“君子不犯非礼，小人不犯不祥，古之制也。”所谓“古之制”应当就是西周时期的旧制，当与周公有关，或为周公之后史官的追述。但“周公制周礼”之“周礼”并非现存之《周礼》。另参杨志刚《中国礼仪制度研究》，华东师范大学出版社，2001 年，第 76—83 页。

[2] 参见晁福林《春秋时期礼的发展与社会观念的变迁》,《北京师范大学学报》(社会科学版) 1994 年第 5 期；陈来《古代宗教与伦理》第六章“礼乐”，三联书店，1996 年；吕绍纲：《早期儒家礼概念的历史考察》,《庚辰存稿》，上海古籍出版社，2000 年；甘怀真《先秦礼观念再探》,《皇权、礼仪与经典诠释：中国古代政治史研究》，华东师范大学出版社，2008 年；饶宗颐：《〈春秋左传〉中之“礼经”及重要礼论》,《饶宗颐二十世纪学术文集 · 经术、礼乐》，中国人民大学出版社，2009 年。

[3] 章太炎：《检论 · 礼隆杀论》。又如丁鼎先生说：“‘礼’本来是我国古代逐渐发展和形成的有关祭天、祀祖、区分尊卑上下和维护宗法制度的一套礼仪制度和行为规范。……它包括当时社会生活的各方面，如：嫡长子继承制度、封建制度、井田制度、庙堂制度、刑法制度、婚姻制度等等。”丁鼎：《礼：中国传统文化的核心》，浙江大学古籍研究所编《礼学与中国传统文化》，第 1 页。

之礼，则凡是古代社会之制度，政刑法度等，皆可包括在内；而狭义之礼，“绝大部分指奴隶主贵族经常举行的各种礼典”。[1] 杨志刚先生将礼分为“规范和准则”“修养和文明的象征”“社会控制的手段”“秩序”四个部分。[2] 这些定义无疑有助于对于“礼”的理解，但也存在问题：第一，脱离了具体的历史情境，用某一时期礼的观念以概全部，难以对礼获得真切的了解；第二，先秦典籍产生的时间跨度很大，将《诗经》与《礼记》中的记载加以综合，所得出的结论很大程度上是一种“构造”；[3] 第三，对礼的各种定义会让人产生一种误解，即经典中的礼是彼此联系且有一致性，而忽视了观念背后人的诠释。[4] 在笔者看来，要把握“礼”这样复杂的历史存在，最好不要简单地下一个定义，而是顺着历史的脉络进行梳理，[5] 尽量“同情地理解”不同时代的人在面对不同的现实问题时如何对“礼”进行新的诠释。[6]

对于礼的起源，学者们同样提出过很多的推测。杨志刚先生归纳了五种，分别是“风俗”说，“人情”说，“祭祀”说，“礼仪”说，“交往”

[1] 沈文倬：《略论礼典的实行和〈仪礼〉书本的撰作》，《菿闇文存》，商务印书馆，2006 年，第 1 页。

[2] 杨志刚：《中国礼仪制度研究》，第 20 页。

[3] 陈寅恪先生早已指出：“中国古代史之材料，如儒家及诸子等经典，皆非一时代一作者之产物。昔人笼统认为一人一时之作，其误固不俟论。”陈寅恪：《冯友兰〈中国哲学史〉上册审查报告》，《金明馆丛稿二编》，三联书店，2001 年，第 280 页。

[4] 甘怀真先生说：“礼作为一语言符号，不同时代的不同学派、不同学者赋与了它不同的意义内涵。”这是正确的意见，但他又认为儒者对礼的解读是“为了自己的目的，而制作有利于己的学说，以作为斗争的策略”，将礼完全作为工具，这是笔者所不能同意的。见甘怀真《先秦礼观念再探》，《皇权、礼仪与经典诠释：中国古代政治史研究》，第 4 页。

[5] 胡适先生说：“礼之进化，凡三时期：第一，最初的本义是宗教的仪节；第二，礼是一切风俗习惯所承认的规矩；第三，礼是合乎义理可以作为行为规范的规矩，可以随时改良变换，不限于旧俗古礼。”胡适：《中国哲学史大纲》，上海古籍出版社，1997 年，第 98 页。胡适先生能从“进化”“改良”的角度审视礼，虽不纯粹是学术研究的结果，但已是难能可贵。只是他的分析还很粗糙，还留有大量可改进的余地。

[6] 麦金太尔认为要了解一个传统的构成，就必须去研究一个一个传统本身。对此，石元康先生解释说：“没有给一个概念下定义并不表示我们不了解它，更不表示我们不能恰当地使用它。但是，虽然麦金太尔没有给传统这个词下定义，我们却可以对它做一些阐释。这些阐释的功用可以使我们对传统这个概念有一些轮廓性的了解。这种轮廓性的了解足以使我们指出个个具体的传统，并对它们进行研究。”这个论断也同样适用于“礼”。见石元康《传统，理性，与相对主义——兼论我们当前该如何从事中国哲学》，《从中国文化到现代性：典范转移？》，三联书店，2000 年，第 5—6 页。

说。[1] 这些说法一般都是根据礼的某一特点以寻其源，其弊端正如徐复观先生批评日本学者加藤常贤将丧礼的起源归为禁忌所说的那样，“将已发展成为一完整系列之丧礼，仅归之于祓除禁忌之一点，更以此而推及于全礼之解释，窃以为过矣”。[2] 如公元前 544 年，鲁襄公在楚国聘问，楚人为贬鲁国，使襄公亲襚，叔孙穆子建议祓殡而襚，结果楚人悔之。[3] 祓殡即为祓除禁忌之一种，乃各民族常见之习俗。但在周代礼制下，君临臣丧，方行祓殡，故楚人悔之。可见仅靠禁忌，不足以成为礼，而必须将此仪式与周代之政治秩序相配合。陈戍国先生也对一些将礼的起源追溯到原始社会、母系氏族社会等看法不以为然，他说：“礼的起源，不应该武断为凡礼皆起于某时，而应该注意到各种礼不是同时产生的，有些礼是原始社会没有的，有些礼夏商也未必有，还有的恐怕周礼亦未见。还应该看到：礼是逐渐繁复起来的，最初仅有萌芽，后来复杂起来，仪注增多了。”[4] 陈先生指出不能说“凡礼皆起于某时”，看到了礼的逐步发展过程，是对的。可是他说礼是“统治者因自身需要，往往加进某些项目。所谓周公制礼，不过为了维护姬族统治的需要。这就是‘礼以义起’。义者，制礼者自身之利益也”，以阶级的观点分析礼的制作，带有比较浓厚的时代色彩，值得商榷。所谓“礼以义起”恐怕不能仅仅理解为制礼者自身之利益，而要看到整个社会的变动。朝聘、会盟、分封等王朝之礼都是维系现实状况的需要。春秋时，若以周王的利益来看，当然想制礼以维护其统治，但现实的发展根本无法满足其需求，所以“义”还是要从整个社会的发展着眼。

以上所述对礼的定义与起源的各种说法，在加深理解的同时，也产生了一些负面的影响，其中最常见的就是以后世礼的某一特征，向前追源。这其实犯了史学上“追源的谬误”(fallacy of origins)。这种现象出现在考古领域最多。许多考古报告，往往将那些制作精美的器物称为礼器。彭林先生就指出，器物只有在表达礼义的仪式中出现，才能称之为礼乐器，否

[1] 杨志刚：《中国礼仪制度研究》，第 4—6 页。
[2] 徐复观：《评训诂学上的演绎法——答日本加藤常贤博士书》，《中国思想史论集》，上海书店出版社，2004 年，第 178 页。
[3]《左传 · 襄公二十九年》。
[4] 陈戍国：《中国礼制史》(先秦卷)，湖南教育出版社，2002 年，第 14 页。

则就不能称为礼器。如鼎在周代是礼器，在新石器时代未必是。[1] 陈戍国先生也有类似的观点，他说："礼起于俗、宗教、交换，但俗、宗教、交换不等于礼。只有当某项活动具备礼的三要素，即通过礼物、礼仪恰当地表示出礼意的时候，才能说其为礼。"[2] 彭、陈两位先生的意见是中肯的，对分析先秦时期礼的演变有一定的帮助。

二、"敬慎威仪，维民之则"：周代的"礼威仪观"

先秦之礼应从何时开始梳理，一直困扰着学者。常见的做法是根据王国维先生的《释礼》，将礼的内涵定为祭神求福。由于夏代以前传世文献较少，故对礼的讨论多从殷商开始。王国维先生在 1916 年时就撰写了《殷礼征文》，其中内容后摘入《殷周制度论》。[3] 饶宗颐先生也曾撰写《殷礼提纲》。[4] 王、饶两书都是重殷代祭祀，不过前者有较强的文化关怀，后者是纯粹的学术研究。陈戍国先生与王、饶不同，大体上是按"五礼"的模式分别论述各种仪式，所以他的礼制史梳理是从"有虞以前"开始的。这种方法的弊端上文已有讨论。不过总的来说，学者一般都承认，所谓"殷礼"多表现为祭祀，基本没有人文精神，其特征可以概括为"器以藏礼"。所以抛开特别的文化关怀不论，殷商时代"并未形成严格意义上的礼"。[5] 另外，从方法论的角度来说，王国维先生以文字追源之法探求"礼"义，最大的问题就在于忽视了后人的阐释。西周时人对"礼"的诠释是和当时的具体制度，如分封制、宗法制等紧密相连的，如果抛开历史情境，单纯从文字上求礼之本义，并以之作为后世礼制的核心，就容易犯简单化约的错误，而没有发现礼在不同时期的发展与演变。

---

[1] 见彭林《礼乐文明的确立、位移及其边缘化》，《儒家文化研究》第 3 辑，三联书店，2010 年，第 6—7 页。
[2] 陈戍国：《中国礼制史》(先秦卷)，湖南教育出版社，2002 年，第 15 页。
[3] 见袁英光、刘寅生编著《王国维年谱长编》，天津人民出版社，1996 年，第 149—150 页。1916 年前后，王先生特别重视礼制，开始从礼入手，考察文化的转化。
[4] 见饶宗颐《殷礼提纲》，《饶宗颐二十世纪学术文集・经术、礼乐》，中国人民大学出版社，2009 年。
[5] 参见彭林《礼乐文明的确立、位移及其边缘化》，《儒家文化研究》第 3 辑，第 8 页。

周代典籍中的“礼”仍多指祭祀。如《尚书·金縢》中的礼指葬礼，《洛诰》与《君奭》中的四个礼字，皆指祭祀而言。但在《诗经》中提到的十次“礼”字中，已有的开始指礼仪、礼制等较为抽象的概念。[1] 因此，如果不从文字训诂的角度追源，单从文献记载来看，周代才是中国礼乐文明的开始。徐复观先生说“礼乃周初始逐渐发展之观念”，[2] 是公允的论断。

西周时期的礼观，一言以蔽之，可称之为“威仪观”。[3] 威仪观强调统治者的支配力要通过身体的仪态展示出来。威仪之所以具有支配力，是由于人们相信，威仪是“德”的表现，而“德”又是周人得以维持天命不堕的最重要条件。《诗经》中对此曾反复陈述：

> 各敬尔仪，天命不又。(《小宛》) 毛《传》：“又，复也”。郑玄《笺》：“今女君臣，各敬慎威仪，天命所去，不复来也。”
>
> 敬慎威仪，以近有德。(《民劳》)
>
> 抑抑威仪，维德之隅。(《抑》) 郑玄《笺》：“人密审于威仪抑抑然，是其德必严正也。古之贤者，道行心平，可外占而知内。如宫室之制，内有绳直，则外有廉隅。”
>
> 穆穆鲁侯，敬明其德，敬慎威仪，维民之则。(《泮水》)

周人以蕞尔小邦灭掉“天邑商”，自认为秉承了天命。可是“惟命不于常”，天命是会改变的，要维持这捉摸不定的天命，必须具有“德”。“德”必须要有所表现，那就是“威仪”。郑玄对于“威仪”的解释也很准确。他认为威仪是“德必严正”的表现，两者是内“绳直”与外“廉隅”的关系。

必须要说明的是，这种“威仪观”不能过分理想化。周初礼乐秩序的建立与周人征服殷人后巩固政权的需要直接相关。从当时的实际情形来说，周人在各地的分封，本质上如同许倬云先生所指出的那样，属于一种

---

[1] 参见杨志刚《中国礼仪制度研究》，第 88 页。

[2] 徐复观：《评训诂学上的演绎法——答日本加藤常贤博士书》，《中国思想史论集》，第 178 页。

[3] 甘怀真先生将春秋战国的礼仪观定为“威仪观”，并不准确。礼“威仪观”始于西周，延至春秋。参见甘怀真《先秦礼观念再探》，《皇权、礼仪与经典诠释：中国古代政治史研究》，第 13 页。

武装殖民。当周人以宗族的形式移居各地时，不可避免要面对各地的殷人及其他土著居民。在以少御多的情形下建立统治，单靠武力是不能长久的，于是所谓周公“制礼作乐”就出现了。西周礼制是要通过对现实生活的方方面面进行等级规定，从而显现出区别。沈文倬先生说：“在一个统治阶级统治另一个阶级的社会里，统治阶级为了贯彻其阶级意识，推行其政治措施来确保它所统治的社会的正常秩序，需要建立一些制度规程。在古代历史上，很大一部分制度规程就是‘礼’。”[1]将沈先生的论断稍加修改，说周人制礼最直接的原因是要在军事征服后，在广大的原殷人统治区用一种非军事的方式保持秩序，恐怕不会离事实太远。

西周的威仪观在春秋时依然得到了延续。《左传》中记录了很多讲求威仪的生动事例，这里只举两例。《左传·成公十三年》载刘子曰：“吾闻之：民受天地之中以生，所谓命也。是以有动作、礼义、威仪之则，以定命也。能者养以之福，不能者败以取祸。是故君子勤礼，小人尽力。勤礼莫如致敬，尽力莫如敦笃。敬在养神，笃在守业。”[2]从思想史的角度来看，刘子之语固然有春秋时贵族对西周威仪观的新发展，但其中体现的政治观念仍是西周的延续。所谓“君子勤礼，小人尽力”，君子所勤之“礼”并非“礼义”，而是“礼仪”。周代的国家—社会结构，基本上是国家寓于宗族。士大夫通过宗族所行“叙秩”（差叙秩第）的典礼及在其中的“威仪”，可以起到整合秩序的作用。更加具有代表性的是《左传·襄公三十一年》所载北宫文子见楚令尹围之威仪后，对卫侯发表的关于威仪的高论：

> 令尹似君矣，将有他志。虽获其志，不能终也。《诗》云“靡不有初，鲜克有终”。终之实难，令尹其将不免。公曰：“子何以知之？”对曰：“《诗》云：‘敬慎威仪，惟民之则。’令尹无威仪，民无则焉。民所不则，以在民上，不可以终。”公曰：“善哉！何谓威仪？”对曰：“有威而可畏谓之威，有仪而可象谓之仪。君有君之威仪，其臣畏而爱之，则而象之，故能有其国家，令闻长世。臣有臣之威仪，其下畏

[1] 沈文倬：《略论礼典的实行和〈仪礼〉书本的撰作》，《菿闇文存》，商务印书馆，2006年，第4页。
[2] 杨伯峻：《春秋左传注》，中华书局，1990年，第860—861页。

而爱之，故能守其官职，保族宜家。顺是以下皆如是，是以上下能相固也。《卫诗》曰：'威仪棣棣，不可选也。'言君臣上下，父子兄弟，内外大小，皆有威仪也。《周诗》曰：'朋友攸摄，摄以威仪。'言朋友之道，必相教训以威仪也。《周书》数文王之德曰：'大国畏其力，小国怀其德。'言畏而爱之也。《诗》云：'不识不知，顺帝之则。'言则而象之也。纣囚文王七年，诸侯皆从之囚，纣于是乎惧而归之，可谓爱之。文王伐崇，再驾而降为臣，蛮夷帅服，可谓畏之。文王之功，天下诵而歌舞之，可谓则之。文王之行，至今为法，可谓象之。有威仪也。故君子在位可畏，施舍可爱，进退可度，周旋可则，容止可观，作事可法，德行可象，声气可乐，动作有文，言语有章，以临其下，谓之有威仪也。"[1]

文子指出如果没有威仪，民无所则，那么政权便无法长久，只有"君有君之威仪，其臣畏而爱之，则而象之，故能有其国家，令闻长世。臣有臣之威仪，其下畏而爱之，故能守其官职，保族宜家。顺是以下皆如是，是以上下能相固也"，秩序才能稳固。贵族个人的威仪如何扩展形成政治秩序，通过"则""象""观""法""畏"，可以得到最好的理解。[2] 日本学者贝冢茂树、增渊龙夫等曾就周代诸侯国中贵族集团与庶族集团之间究竟以何种方式构成"国"的问题有过争议。贝冢氏认为社稷祭祀是由贵族和庶族共同参与策划的，而增渊龙夫却认为后者不能参与祭祀。[3] 如果从"威仪观"的角度来看，贝冢氏的说法更为可取。

这种政治上的威仪观与当时的宗法制度密切相关，甚至可以说是以宗法血缘为依据的，表现为一种政权系统与宗法系统合一的结构。《诗经·豳风·七月》曰："朋酒斯飨，曰杀羔羊，跻彼公堂。称彼兕觥，万寿无

[1] 杨伯峻：《春秋左传注》，中华书局，1990 年，第 1193—1195 页。
[2] 类似的例子还有昭公十三年叔向曰："国家之败，有事而无业，事则不经；有业而无礼，经则不序，有礼而无威，序则不共，……是故明王之制，使诸侯岁聘以志业，间朝以讲礼，再朝而会以示威。……志业于好，讲礼于等，示威于众，昭明于神。"杨伯峻：《春秋左传注》，第 1355 页。
[3] [日] 谷川道雄：《中国的中世》，邱添生译，刘俊文主编《日本学者研究中国史论著选译》(第二卷)，中华书局，1993 年，第 108 页。

疆。”毛《传》以为此乃党正饮酒之礼，郑《笺》以为国君大饮烝之礼，黄焯先生据《说文》《周礼·党正》，以《传》说为正，谓党正饮酒亦可称乡饮酒，乃大夫之礼，“公堂”指党之序学。其说可从。[1] 如此，则当时行礼，乡人参加，正是君子行礼展示威仪以行教化之时。

此外，也有一些仪式是民间自发形成的，其作用在于打破地域与宗族间的分割，可以看作是民间的“自治”。法国学者葛兰言认为西周时人们都生活在家族集团中，这些家族集团是排外的，却并不是全然孤立的。相邻的集团可以通过节庆及节庆中的仪式相互接触。他说：

> 在这些场合中，一个地方共同体的成员会发现他们暂时进入了亲密关系之中，这种关系打破了排外集团间的壁垒，并且暂时抵制了家族排外主义。这种周期性的情感绝不像家族统一所基于的日常情感那么单纯那么确定。地方共同体的复杂的统一，并不是建立在一种持久的确切类似感上，也不是建立在一种经常重演的伙伴感上；它是一种更高的统一，在非常的情境中，这种统一将各种通常表现在对立之中的要素联接起来。……人们在日常生活中平静、惯常的感情之流培养出家族情感，但全面和谐的非常情感却是在剧烈的过程中突然形成的。习以为常的对立、庄严的会合与对抗、相邻村落的统一就是通过竞争和竞赛通过温和且平静的比赛而表现出来的。[2]

葛兰言由《诗经》分析中所得结论能否成立，由于西周时期有关民间仪式材料的欠缺，还未能论定，姑止于此。

三、礼、仪渐分与孔子的礼观

春秋时期“礼崩乐坏”，反映的是社会、政治上的大变动。[3] 张荫麟先

[1] 黄焯：《毛诗郑笺平议》，上海古籍出版社，1985 年，第 141 页。
[2] [法] 葛兰言：《古代中国的节庆与歌谣》，赵丙详、张宏明译，赵丙详校，广西师范大学出版社，2005 年，第 171 页。
[3] “礼崩乐坏”是指原有的宗法秩序被破坏，从另一面看，时人对礼的重视和娴熟，较以往有过之而无不及。见晁福林《春秋时期礼的发展与社会观念的变迁》，《北京师范大学学报》（社会科学版）1994 年第 5 期，第 47 页。

生对此有生动的描述：

宗族和姻戚的情谊经过的世代愈多，便愈疏淡，君臣上下的名分最初靠权力造成，名分背后的权力一消失，名分便成了纸老虎。光靠亲族的情谊和君臣的名分去维持的组织，必不能长久。[1]

张先生所说的“权力”可以换成威仪。随着血缘关系的渐疏，宗法的维系力也随之下降，威仪所发挥的作用也越来越小。《左传 · 昭公五年》：

公如晋，自郊劳至于赠贿，无失礼。晋侯谓女叔齐曰：“鲁侯不亦善于礼乎？”对曰：“鲁侯焉知礼！”公曰：“何为？自郊劳至于赠贿，礼无违者。何故不知？”对曰：“是仪也，不可谓礼。礼所以守其国、行其政令、无失其民者也。今政令在家，不能取也；有子家羁，弗能用也；奸大国之盟，陵虐小国；利人之难，不知其私；公室四分，民食于他，思莫在公，不图其终；为国君，难将及身，不恤其所。礼之本末，将于此乎在？而屑屑焉习仪以亟，言善于礼。不亦远乎？”君子谓叔侯于是乎知礼。[2]

女叔齐认为礼与仪不同，有本末之别。二十年后，郑国的子大叔也有类似的看法。《左传 · 昭公二十五年》：

子大叔见赵简子，简子问揖让周旋之礼焉。对曰：“是仪也，非礼也。”简子曰：“敢问，何谓礼？”对曰：“吉也闻诸先大夫子产曰：‘夫礼，天之经也，地之义也，民之行也。’天地之经而民实则之。则天之明，因地之性，生其六气，用其五行，……是故为礼以奉之。”……简子曰：“甚哉！礼之大也。”对曰：“礼，上下之纪，天地之经纬也，民之所以生也，是以先王尚之。故人之能自曲直以赴礼者谓之‘成人’。大，不亦宜乎！”[3]

女叔齐与子大叔的礼论最可代表春秋时礼观念的变化，即西周时的建

[1] 张荫麟：《中国史纲》，上海古籍出版社，1999 年，第 54 页。
[2] 杨伯峻：《春秋左传注》，第 1266 页。
[3] 杨伯峻：《春秋左传注》，第 1457—1459 页。

立于政治宗法合一基础上的威仪观，在新的时代背景下演化为一般性的政治原则、合理性秩序。[1]

同时，礼也是具体实现这些原则和秩序的手段。《庄公二十三年》："礼，所以整民也。故会以训上下之则，制财用之节；朝以正班爵之义，帅长幼之序；征伐以讨其不然。诸侯有王，王有巡守，以大习之。非是，君不举矣。"[2] 昭公二十六年，面对陈氏在齐国的威信越来越高，齐侯颇有朝不保夕之感，为此晏子认为只有以礼来解决：

> 对曰："唯礼可以已之。在礼，家施不及国，民不迁，农不移，工贾不变，士不滥，官不滔，大夫不收公利。"公曰："善哉！我不能矣。吾今而后知礼之可以为国也。"对曰："礼之可以为国也久矣。与天地并。君令、臣共，父慈、子孝，兄爱、弟敬，夫和、妻柔，姑慈、妇听，礼也。君令而不违，臣共而不贰；父慈而教，子孝而箴；兄爱而友，弟敬而顺；夫和而义，妻柔而正；姑慈而从，妇听而婉：礼之善物也。"公曰："善哉！寡人今而后闻此礼之上也。"对曰："先王所禀于天地以为其民也，是以先王上之。"[3]

礼能够维持士农工商的既有秩序，也整齐了君臣、父子、兄弟、夫妇、姑妇之间的伦理关系。这可以看作是春秋时的知识阶层在面对世变时对传统观念所做的一种"创造性转化"。

在这样的历史情境中，孔子形成了他的礼观，并对后世产生了重大影响。孔子一生努力学习并希望恢复周代礼制，但他对礼的解说却有两个方面，一是保守，一是革新，后者是在前者的基础上进行的。所谓孔子对礼

---

[1] 陈来先生说："在这种历史情景中，'礼'的政治化、原则化就是势有必至的了。所谓礼的政治化是指，'礼'由礼乐文明的体系愈来愈被理解为、强调为政治的合理性秩序，强调为伦理的原则和规范。……'礼'主要不是指揖让进退的仪式仪节，而是指'君臣上下、夫妇内外、父子兄弟、甥舅姻亚'的伦理关系规范与原则，以及这些规范原则的充分表现。由于西周春秋的制度是宗法的、伦理的政治，所以这种'礼'的理解，在政治上就是指按照这些伦理原则实行有序的政治统治。……礼仪之辨的出现，绝非仅仅是思想观念自身独立的进步，它联系着极为现实的社会背景。"陈来：《古代思想文化的世界——春秋时代的宗教、伦理与社会思想》，三联书店，2002年，第200—201页。

[2] 杨伯峻：《春秋左传注》，第226页。

[3] 杨伯峻：《春秋左传注》，第1480—1481页。

的保守，是指他对于周礼的认真学习与推崇，并不带有贬义。《论语·八佾》云："子入太庙，每事问。或曰：'孰谓鄹人之子知礼乎？入大庙，每事问。'子闻之曰：'是礼也。'"《史记·孔子世家》云："孔子为儿嬉戏，常陈俎豆，设礼容。"孔子年少时对周礼的认真学习使得他长大后闻名于齐鲁。《左传》定公十年，齐鲁夹谷之会，犁弥言于齐侯曰："孔丘知礼。"孔子本人也说："夏礼，吾能言之，杞不足征也；殷礼，吾能言之，宋不足征也。文献不足故也，足则吾能征之矣。"这些都可看出他对于前代礼制的认真继承。另一方面，孔子对礼也有革新。《论语·阳货》记孔子语云"礼云礼云，玉帛云乎哉？乐云乐云，钟鼓云乎哉"，正可与昭公五年晋国女叔齐与昭公二十五年郑国子大叔的仪、礼之辨并观。《论语·八佾》载：

> 子曰："人而不仁，如礼何？人而不仁，如乐何？"
>
> 林放问礼之本。子曰："大哉问！礼，与其奢也，宁俭；丧，与其易也，宁戚。"

孔子将"仁"的观念注入礼中，使礼更有弹性，有扩展与普及的可能。刘家和先生特别重视这一点，他说：

> 原始传统的礼特别强调区别，是设立在人与人之间的层层关卡或壁障。不仅在部落内外的人之间和公民与非公民之间，界限绝对分明，而且在部落成员内部或公民内部，也由于血缘关系的远近不同而在礼上有程度不同的待遇。礼的界限是不能逾越的。孔子从来不曾提出要废除由礼而生的层层区别，而只是把它们从一道道的关卡或壁障变成一道道的关口、一层层的梯阶、一座座的桥梁、一个个的连接点。区分仍然存在着，但是道路开通了。礼不是以它的区分来扼制"仁"的外推，相反，却变成了"仁"借之以外推的连接点。[1]

可以说，从原有的宗法秩序来看，春秋是"礼崩乐坏"的时期，但从

[1] 刘家和：《论中国古代轴心时期的文明与原始传统的关系》，《古代中国与世界》，北京师范大学出版社，2010 年，第 331 页。

孔子对礼的阐释及对后世的影响来看，这又可以说是礼的重新确立时期。其意义就在于打破了礼威仪观只行于上层贵族的局限，使礼可以不受现实条件的束缚，普及于一般人。

孔子对礼的新诠，与“儒”在春秋时的变化也是相关的。过去学者曾对“儒”的起源及含义有过长久的争论，但因为没有更早的材料，使此问题成为悬案。[1]后来徐中舒先生在考察甲骨、金文、汉碑中“需”的字形变化后指出，儒并非如《汉志》所说出于司徒之官，“那些专门替殷商奴隶主贵族主持宾祭典礼、祭祖、事神、办丧事、当司仪的人，才算是最早的儒家”。[2]但到了孔子的时代，“儒”的观念开始发生变化。孔子对子夏说“女为君子儒，毋为小人儒”(《论语·雍也》)，将“儒”与“君子”相联系；又在回答子路的提问时，赋予了本为宗法意义的“君子”一词以新的内涵。《论语·宪问》：

> 子路问君子。子曰：“修己以敬。”曰：“如斯而已乎?”曰：“修己以安人。”
>
> 曰：“如斯而已乎?”曰：“修己以安百姓。修己以安百姓，尧、舜其犹病诸。”

在孔子看来，真正的“君子儒”是要修己以安百姓的。这时“儒”的职责从先前的主持典礼转变成了明德新民。所谓“人能弘道，非道弘人”，《论语·阳货》记孔子语曰“礼云礼云，玉帛云乎哉? 乐云乐云，钟鼓云乎哉”，这种对礼的新诠与作为文化传承者的“儒”的变化并观，或许可以获得更为生动的理解。

其他先秦典籍中的重要概念，如“圣”“贤”“道”等皆是如此。[3]再对

---

[1] 郭沫若当时精研殷商文字，不可能没见到甲骨文中的材料。此一问题，可参见朱维铮《难讲的“原儒”公案》，《走出中世纪二集》，复旦大学出版社，2008年，第131—135页。

[2] 徐中舒：《论甲骨文中所见的儒》，《徐中舒历史论文选集》，中华书局，1998年，第1219页。

[3] 参见顾颉刚《“圣”“贤”观念的字义和演变》，《中国哲学》第1辑；姜广辉主编《中国经学思想史》第1卷，第104—106页；葛荣晋《中国哲学范畴通论》，首都师范大学出版社，2001年，第155—156页。

照“礼”在春秋时所发展出的“仁”和“政”的特征，更可明了这一时期在整个中国文化史上的“轴心”地位。

四、战国时期礼观念的多元发展

至战国，随着新兴阶层的兴起，文化学术的下移，列国间的纷争，对礼的诠释也更加多样，更具时代特征。正如甘怀真先生所说：“礼作为一语言符号，不同时代的不同学派、不同学者赋与了它不同的意义内涵。”[1]关于战国时期的礼，尤其是荀子的礼论与《礼记》，学者讨论已多，此处不赘。只就与礼的时代特征相关者，分社会、权力、思想、经济几个方面略为归纳。[2]

首先是礼的社会功用，这主要体现在礼在战国时的下延。在传统的儒家经典“三礼”中，《礼记》对于个人道德行为的规定最多。如果说《仪礼》中繁复的周旋揖让可以看作对士阶层以上“仪”的规定的话，那么，《礼记》中对平民日常生活的细致要求则是这种规定的向下延伸，其目的是要在战国时期社会结构改变的情况下在民间建立理想的秩序。《礼记·曲礼》：

> 毋抟饭，毋放饭，毋流歠，毋咤食，毋啮骨，毋反鱼肉，毋投与狗骨。毋固获，毋扬饭。饭黍毋以箸。毋嚃羹，毋絮羹，毋刺齿，毋歠醢。客絮羹，主人辞不能亨。客歠醢，主人辞以窭。濡肉齿决，干肉不齿决。毋嘬炙。

这些细致的饮食“礼貌”在《仪礼》中是没有的。因为《仪礼》记载的是典礼仪节，行礼之人都是贵族，他们只要符合具体的仪节就可以，“礼貌”行为是贵族们从小就耳濡目染的，根本没有必要强调。但在《曲礼》中，这些“礼貌”被做了如此细致的规定，原因在于对象发生了变

---

[1] 甘怀真：《先秦礼观念再探》，《皇权、礼仪与经典诠释：中国古代政治史研究》，第3页。

[2] 战国时期礼的地域性差异也比较明显，本文不能详细讨论，但总体来看，礼的受重视程度呈现由东向西逐渐减弱的态势，也就是齐鲁对礼最为重视，三晋次之，秦国最弱。秦之文化受西北戎狄与三晋法家影响颇深，蒙文通先生对此有较为全面的论述。参见氏著《秦之社会》，蒙默编《蒙文通全集》(三)，巴蜀书社，2015年，第163—180页。

化，过去的卿大夫转为商人或新兴地主。如“毋流歠，毋咤食”，即不应大口喝汤，进食时口中不能发出声响；“毋啮骨，毋反鱼肉，毋投与狗骨”，即不能把咬过的鱼肉放回盘中，不应啃骨头，不能把骨头扔给狗吃；“毋固获，毋扬饭”，即不要因饭、羹烫而用手扇凉；“毋嚃羹，毋絮羹”，即不应大口喝羹，不应在羹中再加调料搅和；“毋刺齿，毋歠醢”，即不应在饭桌前拨弄牙齿，不能像饮汤一样饮酱等等。在笔者看来，将骨头扔给狗，用手扇凉饭，在饭桌上挑牙，这些都是不熟悉礼的新兴阶层才会做的事。《曲礼》的作者可能是看不惯这些粗俗的行为，才定下这么细致的“餐桌礼仪”。[1] 当然这只是《曲礼》作者自己的关注与规定，能否在实际生活中完全落实则是另外一回事。

其次是礼法关系的变化。春秋以前，礼法合一，“法”的观念并未从“礼”中独立出来。春秋后期，礼的“法”特征渐渐凸显。这是宗法秩序与政治秩序分离的体现。粗略地说，前者代表的是“社会意志”，后者代表的是“国家意志”。在春秋中期以前的社会结构中，这两者是合一的。但战国时，宗法政治解体。两者开始分化。现代的法理学中，每条法律规范在逻辑上都由假定、指示和制裁三部分构成。从这点来说，春秋之前时的“礼”中即包含了“法”。春秋时，“常刑”的出现标志着“法”的萌芽。春秋后期，郑国铸刑书、晋国铸刑鼎，可以视作法的独立。[2] 但需要注意，这种分化到战国时也并未彻底完成。《荀子·劝学》：“礼，法之大分，群类之纲纪也。”“纲纪”并不排斥伦理道德，正如栗劲先生所指出的：“在整个封建社会，也没有完成礼法的分化。另一方面，用礼的伦理思想改造了既存的法律制度，礼入于法。加强了法律的道德基础，完善了封建法律。”[3] 这种“礼入于法”的特征经过六朝的演化，在唐律中得到了最完备的体现，成为后世法典的模本。此为人所共知，不赘。

---

[1] 七十子及其后学在孔子死后，散于各地，其中许多人对时人所行之礼（特别是丧、祭）非常关心，常亲至现场观看，发表意见。这在《礼记》各篇中记载很多。可以推想，《曲礼》“餐桌礼仪”的制定者，大概也是其中的一员。

[2] 参见栗劲、王占通《略论奴隶社会的礼与法》，《中国社会科学》1985 年第 5 期，第 208—209 页。

[3] 栗劲、王占通：《略论奴隶社会的礼与法》，《中国社会科学》1985 年第 5 期，第 210 页。

再次是对于“制礼”原则的系统思考。《礼记・礼器》中提出了“礼，时为大，顺次之，体次之，宜次之，称次之”的制礼五原则，凝聚了战国时儒家后学对制礼的系统思考，至今仍极有借鉴意义。高明先生对这五条原则进行了解释，撮其大要，可概括为：

（1）随时。礼须随时而有所损益。

（2）达顺。人人各尽其本分，顺于其职守。

（3）备体。礼之体有大小显微，制礼之人需求其安排的确当。

（4）从宜。制礼须照顾到天时、地利、人力、物产的种种条件。

（5）合称。礼虽从宜，有许多变化，但仍须与各人的地位相称。[1]

在这五项中，第一项“随时”最为重要。《管子・心术》云：“礼者，因人之情，缘义之理，而为之节文者也。故礼者，谓有理也。理也者，明分以喻义之意也。故礼出乎义，义出乎理，理因乎宜者也。”也就是说礼不是一成不变的，而要根据“人之情”“义之理”而改变。《礼记・礼运》亦云：“协诸义而协，则礼虽先王未之有，可以义起也。”先王未有之礼，可以根据实际情况而制定，这在春秋前是不可想象的，充分显示了战国时儒家对于传统的深入思考，值得借鉴。

最后是礼在经济上的“节用”功能。《荀子・富国篇》：“足国之道，节用裕民，而善藏其余。节用以礼，裕民以政。”“礼者，贵贱有等，长幼有差，贫富轻重皆有称者也。”“由士以上，则必以礼乐节之；众庶百姓，则必以法数制之。量地而立国，计利而蓄民，度人力而授事。使民必胜事，事必出利，利足以生民。皆使衣食百用，出入相揜，必时藏余，谓之称数。”荀子的言论明显带有战国时代的特色，即要使国家富强，需要招徕民众，授以职事，尽量获利。同时利用礼制，节省财用，这样才能使国家富强。同样的道理孟子也说过，《孟子・尽心上》曰：“易其田畴，薄其税敛，民可使富也。食之以时，用之以礼，财不可胜用也。”荀子与孟子的富民方法侧重有所不同，前者开源，后者节流，但将礼作为节制财用的方法却是一致的。此种“礼以节用”思想的提出当是战国时代的创新，与

[1] 见高明《原礼》，《礼学新探》，台湾学生书局，1984 年，第 5—10 页。

春秋之前有相当的不同。吕思勉先生说："所谓礼者，非教以饰衣冠，美宫室，侈饮食，以饰耳目之观，纵口腹之欲，乃正谓节之使不得过耳。"[1]可以看到，在战国时人的眼中，"礼"的区分等级有其限制奢靡的作用。

通过上面的讨论可知，"礼"并非仅靠抽象思考所能把握，也不能以下定义的方式去界定其意义，更不能简单地用文字追源的方法分析其意涵。在先秦时期，"礼"是逐渐展开、呈现的一个过程，要得对它的切实认识，套用王夫之的话，当即事以穷礼，无立礼以限事。[2]对于周代以前"礼"的种种表现，尽可根据出土材料不断增加我们的认识，但不可否认，只有到了西周，"礼"才在具体历史情境的刺激下，发展为一种统治策略，并上升为周人理想的政治行为。东周时，随着王权的崩坏，"礼"又在孔子等圣哲的阐释下，呈现出更为丰富的含义。那种认为春秋时期"礼崩乐坏"、战国时期"绝不言礼与信"的观点，[3]只是以西周之礼作为标准来衡量东周。如果换个角度，将先秦时"礼"的发展置于具体的历史文化情景中加以考察就会发现，春秋战国为后世的"礼"论，在建立社会秩序、重建礼法关系、归纳制礼原则、与经济基础相配合等方面提供了几乎所有的"支援意识"，是真正的创发礼观念最为丰富的原典时代。

Evolution of the Conception "Li" in Pre—Qin and Introspection on its related Research Approaches

(REN Huifeng, Wuhan Univeristy)

Abstract: In the pre-Qin period, "Li" was a process of gradual expansion and presentation. The so-called "Yin Li", more manifested as sacrifice, basically

[1] 见吕思勉《吕思勉读史札记》"礼运、礼器"条，上海古籍出版社，2005年，第473页。
[2] 王夫之云："有即事以穷理，无立理以限事。故所恶于异端者，非恶其无能为理也，冏然仅有得于理，因立之以概天下也。"[明] 王夫之：《续春秋左氏传博议》卷下，《船山全书》第5册，岳麓书社，1996年，第586页。
[3] [清] 顾炎武著，黄汝成集释：《日知录集释》卷十三"周末风俗"条，栾保群、吕宗力校点，上海古籍出版社，2006年，第749页。

had no humanistic spirit, its characteristics could be summed up as "sacrificial vessels reflect the rank of order". Stimulated by specific historical circumstances, "Li" had not developed into a kind of ruling strategy and political behavior which manifested as the concept of majesty until the Western Zhou Dynasty. In the Spring and Autumn Period, along with the collapse of the throne, "Li" separated from "Yi" and combined with the concept of "benevolence", under the interpretation of Confucius and other sages. Which let it have a more moral meaning. The view which considered the etiquette was broken during the Spring and Autumn Period and the Warring States Time didn't speak of etiquette and integrity, only measured the "Li" of the Eastern Zhou Dynasty by the standard of the Western Zhou Dynasty. If the development of "Li" in the pre-Qin period is examined in a specific historical and cultural situation, it will be found that the Spring and Autumn and Warring States Period provided almost all of the "Support Awareness", which acted on practicing the virtue of the individual, establishing the social order, rebuilding the relationship of the etiquette and the law, summarizing the principle of making etiquettes. It was an era of the most abundant development and evolution of the concept of "Li".

Keywords: the concept of "Li" the concept of majesty the relationship of the etiquette and the law fallacy of origins.

"天下皆知美（之）为美"原委探讨

李　宜[*]

摘要：《道德经》中"天下皆知"一段并不是最难解的一章，但受到时代精神的影响，不少当代学者认为是老子"辩证（法）"思想的体现。本文引证了八位古今学者的相关阐释，并通过对简帛本的考证，尝试重新阐明这一段的原委，反思以西格中之反向格义所带来的误读，回归华夏本真之道。

关键词：天下皆知美（之）为美；辩证（法）；形而上学；反向格义

《道德经》"天下皆知美（之）为美"一段作为传世通行版第二章闻名于世，在二十世纪后半叶出土的帛简书里，也能寻到它的踪迹。其间六段排比，在现代解读中被视为老子"辩证法"的典型例证。不过五千文究竟体现了何种意义的"辩证法"，不少现代学者大概以之为共识而不需细解，一带而过；而彭富春区分了老子不同于西哲辩证法之旨趣，刘笑敢则从文本出发品读出此间细味，还以老子诠释为例指出反向格义的问题所在。本文对"天下皆知"一段进行辨义，比较古今八位学者的阐释，结合帛简版《老子》上下文以通原意，尝试全面而深入地展现其原委，阐明老子之意不在辩证统合之术，乃在乎人性复归于道。

一、"天下皆知美（之）为美"古今解

《道德经》自古以来研究者众，包括思想家、名士、君王以及域外汉学家，版本有影响深远的河上公、王弼版，还有后出土的帛书、竹简版，

---

* 作者简介：李宜，博士后，武汉大学哲学学院，研究方向：莱布尼茨宗教哲学研究、埃克哈特思想研究、比较哲学（基督教与道家思想）等，E-mail:philosophialee@yeah.net。

衍文、错简、脱误字繁多，诸般解读也是众说纷纭，让人莫衷一是。诚然，不少学者对《道德经》的品读已自成一家，其观念与老子本意形成不可复原的参差，但根据考古发现进行合理推论依然是鉴察武断判读的重要依据。正如诠释学大师伽达默尔指出的，解释活动总会掺入阐释者的潜在理解，而潜在理解亦受到时代精神的影响，有时不免大异其趣。

在公认划分出的“道经”第二章里，连同“道可道非常道”的第一章，基本界定了老子五千文的总体格局，成为后人理解《道德经》的一把钥匙。这一章也被视为颇具伦理色彩，因提到了“美善丑恶”等字眼；而六组排比又点出了常见范畴的相对情况，似乎体现了某种辩证思维。先来看古人的解释。

通行的王弼版如下：

> 天下皆知美之为美，斯恶已。皆知善之为善，斯不善已。故有无相生，难易相成，长短相较，高下相倾，音声相和，前后相随。是以圣人处无为之事，行不言之教。万物作焉而不辞。生而不有，为而（不）〔弗〕恃，功成而弗居，夫唯弗居，是以（不）〔弗〕去。[1]

河上公解：“自扬己美，使显彰也，有危亡也；有功名也，人所争也。见有而为无也，见难而为易也，见短而为长也，见高而为下也，上唱下必和也，上行下必随也。以道治也，以身帅导之也。各自动作，不辞谢而逆止。元气生万物而不有，道所施为，不恃望其报也，功成事就，退避不居其位。夫惟功成不居其位，福德常在，不去其身也。此言不行不可随，不言不可知矣。上六句有高下长短，君开一源，下生百端，百端之变，无不动乱。”[2]

注解者在此突出了对人性的观察，指明人对于自己的荣誉功名，趋吉避凶，好处尽占、坏处尽避的本性。而道的作为却与之相反：以身作则，为善而不求回报，功成而不图身位，因而值得效法；反之则为上者首开先

[1]《老子逐字索引——道藏王弼注本、河上公注本、河上公注》，刘殿爵、陈方正主编，香港：商务印书馆，1996 年，（正文）第 1 页。
[2]《老子道德经河上公章句》，王卡点校，中华书局，1993 年，第 6—8 页。

例，世人熙熙皆为利来，天下乱矣。

同样影响深远的王弼本解释为：“美者，人心之所进乐也；恶者，人心之所恶疾也。美恶犹喜怒也，善不善犹是非也。喜怒同根，是非同门，故不可得而偏举也。此六者，皆陈自然，不可偏举之明数也。自然已足，为则败也。智慧自备，为则伪也。因物而用，功自彼成，故不居也。使功在己，则功不可久也。”[1]

王弼把“美”解释为人心所向所爱，很自然地让人联想到中原地区如今依然盛行的“美”作动词的用法。大家时有调侃：“看把你美得”“心里美美的”，“以……为美”大致相当于“喜欢”。“恶”即作为“美”的反义词——“厌恶”，而不是“善”的反义词，故而按着今天的读音，应该读“wu”。接着王弼将“善不善”与“是非”联系在一起，随后补充加强了上面的解释。至于后面的六对范畴，他没有进一步释读，只是说老子在陈述自然而然的事情，不要厚此薄彼。自然就足够了，不要过分作为，以免人为为伪。最后他强调不可居功自傲。

河上公真名生地不详，据推测为汉代人士，比三国才子王弼更早。相比之下，前者突出人性与人间乱象的肇因，对比道的作为，应然与实然自显明晦；而王弼的解释在“天下皆知”一句上比河上公更根本，且追加一句补充。后强调六对排比是自然而然的，人不要画蛇添足，若要居功就不长远。二者剖析人性各有侧重：王注突出自然取向，已含后世品读道家思想的味道；而河上公注则置人间万象于注释两端，道法含在当中。

接下来看北宋王安石的注解：“夫美者，恶之对，善者，不善之反，此物理之常。惟圣人乃无对于万物。自非圣人之所为，皆有对矣。有之与无，难之与易……唯能兼忘此六者，则可以入神。（可以）入神，则无对于天地之间矣……圣人观有之有对，于是处无为之事，行不言之教。圣人未尝不为也，盖为出于不为……惟其无我，然后不失己……圣人不居上之三者，然后道之常在于我而不去也。”[2]

---

[1]《老子道德经注校释》，[魏]王弼注，楼宇烈校释，中华书局，2008年，第6—7页。
[2]《王安石老子注辑本》，容肇祖辑，中华书局，1979年，第4—5页。

这位千古名相的解释显然带有相反相成的意味。他先是把美恶、善与不善作为（类似）“物理”（非现代物理）现象看待，随后指出圣人在万物面前不设“对立”的观念，常人则有之所对；忘记对立，则可以“入神”。继而论述在“无我”“道之常在于我”当中结束。这种以“无”对待万有且守静笃的情结，已涉佛法。苏辙的看法与王安石相近，尤以“不居”为“居之至”，似乎在无执上更甚一步。[1]

王船山如此演绎：“天下之所可知。非不令天下知，因其不可知者而已。天下之变万，而要归于两端。两端生于一致，故方有〔美〕而方有〔恶〕，方有〔善〕而方有〔不善〕。据一以概乎彼之不一，则白黑竞而毁誉杂。圣人之〔抱一〕也，方其一与一为二，而我徐处于中；故彼一与此一为垒，乃知其本无垒也，遂坐而收之。垒立者〔居〕，而坐收者〔不去〕，是之谓善争。”[2]

王夫之以“两端”的观念解之，似已勘破这种人为的把戏，自己则玩起了正反词意的游戏，然后强调圣人是“抱一”，而自我从容处于道中，也就知道其实本无所谓“彼一（端）”与“此一（端）”。“垒”然对峙，各居立场，据理力辩，而不愿撤去营垒，正体现了人好争斗狠的本性。王船山以“老子衍”命名其作，应有“迁衍”之意，或不求此解即老子原意。

而晚清魏源著《老子本义》，此章解读为：“此明首章‘常名’‘无名’之指也。盖至美无美，至善无善。苟美善而使天下皆知其为美善，则将相与市之托之，而不可常矣。此亦犹有无难易、长短高下、音声前后之类。然当其时，适其情，则天下谓之美善。不当其时，不适其情，则天下谓之恶与不善。圣人知有名者之不可常，是故终日为而未尝为，终日言而未尝言，岂自知其为美为善哉？斯则观徼而得妙也。若然者，万物之来，虽亦未尝不因应，而生不有、为不恃，终不居其名矣。”[3]

魏源旨在求老子之本义，首先陈明第二章是接“有无名”之旨，以推

---

[1] 苏辙：《道德真经注》，黄曙辉点校，华东师范大学出版社，2010 年，第 2—3 页：“我且不居，彼尚何从去哉？此则居之至也。”

[2] 王夫之：《老子衍 庄子通》，王孝鱼点校，中华书局，1962 年，第 15—16 页。

[3] 魏源：《老子本义》，华东师范大学出版社，2009 年，第 18 页。

至极限的解法看待“天下皆知”一句，而“当其时”又略有《周易》旨趣，随后以“常”通“无名”，指出圣人不为居其名的要旨。通观其解，自成一体，似深得老子指归。而其“至善无善”也不由让我们想起阳明心学谓“无善无恶心之体”：其实至善之“无善”只是在常人看来如此，洞悉这一点则需要超脱功利与世俗的成见，所谓“天地不仁”，“上德不德，是以有德”。

以上六家注老子，各有所长，各有侧重，亦存相通之处。我们似应注意他们各自的用意。河上公的解释侧重人性，人情冷暖看在眼里，又讲元气道化；王弼按自然恬淡，不可过分；介甫与船山则从语义范畴出发，兼论人生得失；子由偏重佛法之空无，而魏源则以常名与无名为分野划开两边，存体悟之妙。

有关《老子》第二章，以上为古人较有代表性的阐释。而涉及近人的解读，我们省略那种比较熟悉的“辩证法”的解读，而看看两位现今学者略微不同的观点。

胡适在《中国哲学史大纲》中写道：“这一段[1]是老子政治哲学的根据。老子以为一切善恶、美丑、贤不肖，都是对待的名词。正如长短、高下、前后等等。无长便无短，无前便无后，无美便无丑，无善便无恶，无贤便无不肖。故人知美是美的，便有丑的了；知善是善的，便有恶的了；知贤是贤的，便有不肖的了。平常那些赏善罚恶，尊贤去不肖，都不是根本的解决。根本的救济方法须把善恶美丑贤不肖一切对待的名词都销灭了，复归于无名之朴的混沌时代，须要常使民无知无欲。无知，自然无欲了。无欲，自然没有一切罪恶了。”[2]

胡适对老子的看法总体是消极的，在其实用主义的眼界看来，自然不愿也不能理解老子那略带神秘色彩的思辨。他在《大纲》一书“老子”部分的最后说了一句这样的话：“我们尽可逆来顺受，且看天道的自然因果罢。”[3]不过有趣的是，他饱受西学影响却并没有拿“辩证法”来统括这种

[1] 指传世版二章和三章。
[2] 胡适：《中国哲学史大纲》，上海古籍出版社，1997年，第45页。
[3] 胡适：《中国哲学史大纲》，第49页。

我们熟悉的相反相成，一方面是对西哲术语保有分寸，一方面也可能跟他自小谙熟华夏典籍有关。他指出“老子虽深知名的用处，但他又极力崇拜〔无名〕”[1]。老子的确向往“无名”，但不如说是保留对“始制有名”的“知止”；而“极力崇拜”的描述似乎有违老子“自然”的旨趣。此处与胡适在篇末提的“逆来顺受”同样似有轩轾：因前者说的是境界，后者说的是心态。老子意不在指导人如何去做，而是提供给人明鉴“强梁者不得其死”的结局，盼人迷途知返，虽不得不用“名”，却始终保持对“恒名”乃至“恒道”的向往，也就不会沉迷于名相之辩，既“知常”又避“妄作”之凶了。

刘笑敢体味老子的“辩证观念”更具层次：美与丑（恶），善与不善之间的概念关系。在他看来，这些概念都是成对出现的，此其一；其二是这两个范畴互生关联，彼此共生相依，又举了西施和东施的例子；其三是大家皆以一种为美为善，这种趋之若鹜的盲从就是伪善与假善、以售其奸的开始。他指出第三层意思可能最为重要，否则作者就可以用“美恶相较，善恶相生”的形式直接编入其下六对范畴了。随后，他指出老子的表述是事实描述与价值判断的复合。于前者，老子批评了浅薄的风俗；于应然之境，则表达了自己的看法，即希望“虽美而不自以为美，实善而不自我标榜之善”，这就免为世俗千篇一律之“美”了。[2]

总体来说，刘笑敢在未经阐明的“辩证观念”之外，品读出他认为最重要的一切美善可能蜕变为丑恶的人性状况，因此有了价值论以及实践论的层次。

综合上述各家就第二章所论，不难发现越古老的解释，往往越不借助于思维的某些抽象化的形态，如河上公的诠释，尚未脱离对人性经验化的观察与总结；而自王弼始，对老子解读的玄学意味越来越浓，走向了某种不以（古希腊式）形式逻辑为基础的玄辩，后反被归为某种朴素的“辩证法”。

---

[1] 胡适：《中国哲学史大纲》，第 43 页。
[2] 刘笑敢：《老子古今：五种对勘与评析引论》，中国社会科学出版社，2006 年，第 112—114 页。

回顾了基于流传本的解读，接下来看简帛本的情况，是否会有不同的理解呢？

二、考“天下皆知美（之）为美”简帛本试归原委

“天下皆知”一段的上下文，在传世通行本里是作为“道经”第二章出现。前文即“道可道非常道……众妙之门”，后文是“不尚贤，使民不争”一段；帛书版类似，只是“德经”排在前面；而竹简版此段的前文是“为亡为，事亡事，未亡未。大少之多惕必多𪫗（难）。是以圣人猷𪫗（难）之，古终亡𪫗（难）”[1]，后文为“道亙（恒）亡名，仆唯妻，天陛（地）弗敢臣。侯王女能兽之，万勿𨟻（将）自宾（宾）”[2]。

对于传世本与帛书的前后文，“众妙之门”与“天下皆知”似无明显关联，更像是另起一段[3]；而“不尚贤，使民不争”如很多古文，主语缺省，不似上承那段对圣人的“弗居”等的描述，更像对君主或侯王的建议。但在竹简版中，前后却似有关联。

“为亡为”一段是说，作为视同无所作为，做事就应若无其事，品尝仿佛无滋无味；同时也可理解为“去目的性”：圣人做事不专为“什么”。邓各泉认为“亡”通“无”，“无”即“道”，至少用在楚简《老子》上应是如此[4]。即使不从尹振环谓“君王所为所事所思，要无声无形、不张扬、严加保密”的解读理解[5]，而从人性的立场出发，无论是人的介入，还是事情本身，亦或回味前事，都应该像品尝美味了无甘味一般，不留执念。皆因道于其中所为，故见尹氏所谓已非道而术也。后面亦非立意大小的“分寸拿捏”，而是不以主观所见之“大小”以避重就轻，因为注重容易必增加困难。而圣人从困难入手，因此最终没有困难。此处简版与帛版差别很大，彭浩采信姚鼐、奚侗、蒋锡昌“下有脱字，不可强解”[6]之说。

[1]《郭店楚简〈老子〉校读》，彭浩校编，湖北人民出版社，2001年，第31—33页。
[2]《郭店楚简〈老子〉校读》，彭浩校编，第38—40页。
[3] 在魏源《老子本义》中两段是连起来阐释的。
[4] 邓各泉：《郭店楚简〈老子〉释读》，湖南人民出版社，2005年，第97页。
[5] 邓各泉：《郭店楚简〈老子〉释读》，第97—98页。
[6]《郭店楚简〈老子〉校读》，彭浩校编，第33页。

此处接入"天下皆"一段，可视为圣人与世人映衬，一正一反论之。再看后文"道恒亡名"一段。恒，"常也，从心从舟，在二之间上下，心以舟施，恒也"[1]。此解可见，"恒"的古意与西方对"永恒"理解的差别：后者认为永恒是静止不变的；前者则如月阴晴圆缺一般，恒在，亦变亦不变。故此，道之"亡名"亦有此意象。"仆唯妻"即只为微小者、为辅者服务。这一点很好理解：既然没有比道更大更主要更根本者，那么道之所为必为弱小者；若道只为自身，那么天地万物何以存留呢？而同时道之为无有偏爱，故"天道无亲"。老子谓"弱者道之用"，道在"用"弱者时必辅之。这里的"用"，并非目的与手段对立的利用，而是任用——道不亲近那些自居其是、自以为大者，倒是俯就扶持那些卑微的人和物。故而，天地不敢以其大而欺凌（道辅助的）弱小者，而是从道以（阳光、雨水、土产）养之。此处逻辑是典型的老子风格——先以道或天地明理，再讲人该何守。侯王若能如道这般扶持弱小，万事万物都将按其本然而成宝贵。此部上承"夫唯弗居，是以弗去"，可理解为阐明"弗居"合乎道法，因人"居"尤重名，而道"亡名"，故人皆应效法道。而《庄子・列御寇》提到："夫造物者之报人也，不报其人而报其人之天"，使这一"天道之为"在"回报"或"回馈"的意义上愈加明确，将人关注的焦点从专于一得一失转化为作为人之整体的"人之天"，从而实现了从造物者来、归天道而去的循环往复。只有心胸偏狭、同于失者才会患得患失，因为他们没有体会同于道者得道而通、养生之主的喜乐，就无法看见天道一直在扶助弱小、任用并擢升谦卑之人的素朴奥妙。[2]

以上分析比较各版本的上下文，不难发现竹简版无论理解达意还是起承转合，较之传世版与帛书版都更加通畅。诚然，解《老子》若处处强调上下文，似乎也是行不通的。因为语录式的判读虽不足为训，但须清楚复原其本意与篇章的困难。我们只能抱着开放的态度，把认为合理的解释均列出来。

以下分别是帛书版与竹简版：

---

[1]《说文解字新订》，臧克和、王平校订，中华书局，2002 年，第 899 页。
[2] 参见通行本《老子》第四十及二十三章。

天下皆知美为美，恶已；皆知善，訾（斯）不善矣。有无之相生也，难易之相成也，长短之相刑（形）也，高下之相盈也，意（音）声之相和也，先后之相隋（随）也，恒也。是以声（圣）人居无为之事，行不言之教。万物昔（作）而弗始也，为而弗侍（恃）也，成功而弗居也。夫唯弗居，是以弗去。[1]

天下皆智（知）𢼸（美）之为𢼸（美）也，亚（恶）已；皆智（知）善，此其不善已[2]。又亡之相生也，戁（难）惕（易）之相城（成）也，长耑（短）之相型（形）也，高下之相浧（呈）也，音圣（声）之相和也，先后之相墮（随）也。是以圣人居亡（无）为之事，行不言之孝（教）。万勿（物）复（作）而弗怠（治）也，为而弗志也，城（成）而弗居。天（夫）唯弗居也，是以弗去也。[3]

这一段虽有不少缺漏字，但当今学术界的主要意见没有太大分歧，就是老子在阐扬对立辩证的素朴道理。设若把传世的五千文整体依作《道德经》的原有构架，而非以不及两千文的楚简版为原本，且重视“道可道”一句贯穿始终的精髓，那“恒道”与可言说之“道”不分而明、分而守一的旨趣乃为题中之义；形式上略似海德格尔对存在与存在者所做的区分，老子则是微言止略。不过既然我们的日常思维浸染了太多针对存在者的言语方式，“恒名”也不免以强解之“名”来描述，而“绝对”也不免以各种相对关系加以概括。但老子始终保持恒道在视野背景之中，其方式不同于以对立关系中正面统辖负面的偏义方式，如“善”与“恶”对立且善统恶，“男”与“女”相对且男辖女，等等；而毋宁是以阴阳互生的方式来领会并化解对立，使其保持在道体厚生不执的原生态之中。

明晓这一点是理解老子文句的关键。那种为今人熟悉的赫然先分后合的对立统一始终阙如，而是即开即合，欲出还含，“有无”对遂“相生”

[1]《帛书老子校注》，高明撰，中华书局，1996年，第228—234页。引文为综合了甲乙本的表述。
[2] 此处句读不同。邓各泉：《郭店楚简〈老子〉释读》，第103页。
[3]《郭店楚简〈老子〉校读》，彭浩校编，第34—38页。亦参考邓各泉：《郭店楚简〈老子〉释读》，第101—114页。

而一。法国汉学家于连提出了《道德经》蕴涵的“非分化”的思想，即“一方面是和谐的未分化（无），另一方面是分化着的实现（有）”[1]。这一视角的阐释也佐证了老子的思辨与今人所熟悉的“辩证法”大异其趣。老子不诉诸“辨”，因提防其背后的“我智本位”，但起码的“辨”他是不反对的；宗旨在于将恒道显微且具体化，而类比、说理、隐喻之诉诸语言，的确是勉为其难的刻意之“强”[2]——语言来描述“道”在老子看来已然勉强，更遑论“语言与真理同一”的巴门尼德式的西学见地。而生—存异—返源是较贴合老子本意的，比如“道生一……冲气以为和”一段。六对范畴相较而生，这些更多是审美取向上的判断，在今天看来不完全等同于价值观念与道德判断。当然，审美取向可能影响全社会的价值判断，如路易十四对戏剧与舞蹈的偏好，带动了整个法兰西乃至欧罗巴的文艺走向，而中国历史上伶人戏子除唐庄宗一朝基本都被视为下九流；在某些历史时期，道德论断也会明显干扰审美取向，日常选择以及个人偏好也被当作道德论断的对象。老子没有直接区分这些，而是以差异化的表述暗暗留下同与不同的余地。倘依上述刘笑敢认为最重要的第三层意思区别待之，那么认为老子在道德判断上不同于普通范畴之辨别就顺理成章了。然而老子短短数言的措辞如今看来不止这么简单：他似乎有意交错审美取向与道德判断——“天下皆知美（之）为美，恶已”，而这种所谓“交错”可能是出自今人之见：因为老子未见得破开道德与审美、实然与应然而见之，他的简单在复杂的头脑理解起来倒为“六经注我”平添了余地，当然没有人可以完全重归老子语境，我们也不得不暂以复杂待之。首先来说明老子的伦理观并梳理相关概念。

第一句可看作整段的总纲。此句的后半部分，“皆知善”而没有重复“美（之）为美”的句式，可以推测是后人为了对仗工整而后添补的[3]。

---

［1］弗朗索瓦·于连（François Jullien）：《迂回与进入》，杜小真译，生活·读书·新知三联书店，1998 年，第 290 页。

［2］“吾不知其名，字之曰道，强为之名曰大。”《老子道德经注校释》，［魏］王弼注，楼宇烈校释，第 63 页。

［3］“傅奕本、通行本皆作〔皆知美之为美〕认为文句比较完整，疑后人修饰而成。”许抗生：《帛书老子注释与研究（增订本）》，浙江人民出版社，1985 年，第 76 页。

这种做法在古人处理文献上并不少见，给后人平添了释读的纷扰。因缮写而生的衍文与后人存心的演绎，会随着时间的推移愈演愈烈，足让人不辨原意；而“语言趋同”与“思想聚焦”[1]现象也清楚地显明后世不断对古代文本施加的整合作用，把语言美化归正，调和得更符合解读者自己的设想。善意度之，或出于做好老子和读者之间的“中人”，或出于“六经注我”的情结。尤在对立相合的取向上，更有人不惮加以发挥，比如把“知其白，守其辱”中窜入“守其黑”等六句，接“知其荣”以配“守其辱”[2]。如今又因对西学不求甚解，必导致不仅对老子，而且对辩证法同样作想当然解。曲解其一并不能苟释其二，必二者兼失。另一极端是，越来越倾向于简单地跳出这种对立统一，显明自己境界的超拔，却对无形所立者缺乏反思，譬如自谓“超越善恶”的境界，然后再以此解读老子。

反观老子却没有简单地反对或超越“善恶”的道德观念或“美恶”的心理驱动，对那六组对立并没有表明欲凌驾其上，帛书版在六组之后存“恒也”二字。“恒”字所呈递的此消彼长的意涵本身就在昭示对立与变亦不变的人性基础。老子并非要否定这种对立，而只是让人看到使智泛化的局限。存不存在超拔于一切范畴的、甚至可以不以范畴来做审美与道德判断的“上帝视角”呢？除非有更高的“善”的理由，或合理化自己的心思行为，借着情境与他人共犯的心理暗示，否则正常人就无法独自承担明知是恶却作奸犯科所带来的良心责问；除非有更高的利害考量，人不会放弃具体的利益；除非身体情态、时空存续与利害关系皆寂灭，否则“超越善恶”就是永远无法实现的幻想。面对反人类的集中营大屠杀，人只能选择善恶中的一边，不然又有何道义来谴责战争的发动者与执行者呢？事关生死存亡，哪一个念头、举动不含有极高的伦理道德取向呢？以“天下皆”始，在老子没有超越（僭越）的例外，包括圣人侯王。人趋己美而为之，举善而妄为；而圣人不挑头立异，为则无辩无争，成亦不居，清静而无

---

[1] 参阅刘笑敢：《〈老子〉演变中的趋同现象——从简帛本到通行本》，陈静译，《哈佛亚洲学刊》第63卷第二期，2003年12月。本文原题为“From Bamboo Slips to Received Versions: Common Features in the Transformation of Laozi”, in *Harvard Journal of Asiatic Studies*。

[2]《老子今注今译》，陈鼓应注译，商务印书馆，2006年，第183—184页。

为。这不是灵魂出窍、神志不清或虚摆境界，恰恰是心中有道这个至高至大至深的终极关切在感召。而这一感召必然在人自身异于道和同于道之中生生不息——张力与同一并存。

除了上述旨趣蕴涵，影响“天下皆……”一句理解的关键词包括“智 / 知”“美”“之”“已”“訾 / 斯 / 此其”。

简版出现的是“智”。智和知，在古汉语里很多时候是互用的，但并不能排除区别用法的可能。尹振环建议应区分“智”与“知”，慎重对待本字与假借字，以免“改正为误”[1]。这个原则是成立的，因为即使老子在书写上不加区别，而完全混用这两个字，也存在语境不同意义不同的可能。最显明的例据就是“道可道”一句了。而如果强把“知”理解为人所必有的，将“智”理解成“玩弄心智”，并以此来勘误，也有矫枉过正之嫌。根据这个原则，“天下皆知”与“天下皆智”的语意色彩就产生了变化。这种鉴别只能见仁见智，无法让所有人信服。根据前后文综合推断，将“皆”的“从比从白”之意含在其中，“天下皆”一句主要存在三种理解的可能：

取“智”或“知”的贬义，将“美”理解为“美善”，此句意为“天下人（比较着）都以知道美善为智慧，就成了恶；都以知道善为智慧，不善就出现了”。而“已”的古体字形有作“胎儿出生”解，可直观为恶就“怀胎出世”。

将“美”理解为王弼所谓“以……为美”，如《说文》之“甘”解，且把“之”的“出”“益大”[2]的意思考虑进来，此句可领会为“天下人互相比较，各执其美，（私欲膨胀，）恶就有了；都争相以自己为善良，不善就出现了”。若把“善”也理解为动词，即“善于”或“擅长”，那意思可能是“天下人喜欢同样的事，这些事反而（因审美疲劳）让人讨厌；而天下人都善于做某事，也就无所谓擅长了”。不过后一种理解则把这一句可能含有的道德意味消解掉了。

---

[1] 尹振环：《楚简〈老子〉“绝智弃辩”思想及其发展演变》，《中国文化研究》1999 年冬之卷（总第 26 期），第 18 页。

[2]《说文解字新订》，第 400 页。

《说文》“訾”为“不思称意也”[1]，以其字形“此言”通“此其”简版，其意含“毁谤”“放纵”“计算”等，且把“已”理解为“止”或“罢”，其意似乎又可领会为“天下人若都知道美善，恶就止住了；而以此为‘善’，这样说（转贬义）就成了（走向自己的反面）不善了”。这种解释的转折看似突兀，却与“下德不失德是以无德……下德无为而有以为”遥相呼应。“二战”期间，辛德勒、何凤山置个人生死于不顾救助犹太人，事后却仍自省因一时的犹豫而没能救出更多的人，他们的反省就是向着至善大德而“不自是”的最好证明。反之，如“谦卑”“善良”这样的评价，一旦以此自认或宣称，就已滑向骄傲与不善了。

还有一种说法是把善恶之辨当成经不起反思的秘密，即“天下人若都知道了美之为美的原因，（就保不住善的神秘性，）恶就难免出现”。这种解释把善恶理解成一种理性认识，而不是一种良知的命令，认为人性倾向于轻视（自以为）明白的事情。而社会规范恰恰是经不起思辨与批判的，善之所以成之为一种社会准绳，是因为人们倾向于迷信与盲从，一旦民智大开，就发现道德原则不过是人骗人或者统治阶级愚民的把戏；从预防的角度，人恰应“绝智弃辩”：老子对使智（而致罪恶升级）的防范，是很有深意的。如是观之，措辞为“天下皆”的老子，其深刻就在于点出了人是“丑恶”转换的关键。上述前三种阐释都能表达出这个意思，但各有不同的侧重。

如把这一段分为三部分，作为中间部分的六组排比标明思维范畴的对立，似乎没有疑问。除部分字形难辨、混用外，帛书版与竹简版六组对比在“之”上都没有省略。陈希勇认为，“之”字在传世本被删，“妄也”[2]。高明认为：“今本中类似这种骈文形式，可能受六朝文体的影响而改动。”[3]

此处导致不同理解主要取决于视角是平视还是俯视。老子如此点明，是要俯视这常人的把戏吗？持这种观点的人忘记了“道可道”的旨趣虽在“不妄言”，亦不在“既然非恒道，所以完全静默”，毕竟他还是自述五千

[1]《说文解字新订》，第152页。
[2] 陈希勇：《郭店楚简老子论证》，里仁书局，2005年，第106页。
[3]《帛书老子校注》，高明撰，中华书局，1996年，第229页。

言。难道老子真的主张完全“去智”且“愚民”吗？老子对“智”的提防主要在人“使智”的走偏与升级：不仅在于各种奇技淫巧等操作层面，而且也在以名相遮蔽真相的层面——对观念的合理化与合法化。既然老子将审美与道德在头一句并论相提，这里不妨略作延展，指出就是这似中性的范畴也会被人心利用，各自发挥：对符合自己取向的就“有之”（存有化）、“易之”（可操作化）、“长之”（扩大其好处）、“高之”（竭力拔高）、“音之”（美且广之）、“先之”（优先化）；而对自己恶劣的就虚无化、予以搁置、揭短、贬低、泯然无视或干脆除名。一边是神圣化、崇高化，另一边则是污名化、妖魔化。这些无疑是人借名相达成一己之私，其背后的思维模式，归本溯源皆发自人心。提示在于：现实中许多华丽辞藻与慷慨陈词，遮蔽了背后的心智陷阱，不过是私欲之伪饰。老子不欲否定这些范畴，而是揭示其裹挟私欲的“各美其美”与“各是其是”。他是把（从人的相对观念出发认定的）相对范畴归回其相对的本位，而为绝对（绝无与之相对）的道在人心中留出位置。

“圣人”便是有这样眼界的人。《说文》谓“圣”，“通也，从耳呈声”[1]，甲骨文字形显示为“供土”以及“大耳”，有的还有“口”（说预言），有的在下部呈现“壬”（表示聪明与能力）。宁静致远，善听天地之音，于是可有超凡能力。圣人之眼界，并非强行取消诸般对立之名相，较天下人首先在其可“通达”于道。他既不会僭越为人之道，也不会囚禁在固化思维的牢笼里。第三部分其意应为：圣人行事无私心之居为，不言而教则不为言所困。任由万物按其本然生生不息，不求新立异为天下先。圣人做事而不自恃（忘我），做成也不驻留于偏私之位。正因如此，没有人可以否定他的地位与功绩。这应是老子心目中圣人的品格：他的高明恰在于不以（常人的）高明为高明，他的智慧恰恰在他的拙朴，唯愿复归原道。

[1]《说文解字新订》，第 790 页。

三、反向格义之"辩证法"构读与作为老子思维背景的形上之道

刘笑敢以老子之道的诠释为例，提出对用西哲概念格中哲之义理的"反向格义"应保持自觉，以走出方凿圆枘的困境。[1] 传统的格义是从华夏本土概念解释佛学术语开始的，而反向格义则是以西方哲学的概念来解释中国本土术语。不同于前者普及性的权宜之计，后者着眼于研究的专业性，却忽略了以西格中的方式，其背后特有的西哲的结构体系是否适用于中哲，从而不免读出很多想当然的意思，即所谓"构读"，而辩证法便属其中鲜明的例子。

实际上，即使是现代学者，他们关于老子思想的整体解读也并非总是"辩证法"式的。胡适、冯友兰、张岱年、徐复观、劳思光、史华慈、陈汉生等人虽具体描述不同，但对老子的"道"都持形而上学之见地[2]；牟宗三则特地为之量身定作"境界形态的形而上学"[3]，把老子没有明说的"境界"勾勒出来，并认为"辩证只能用在人生的实践、精神生活方面，离开这个层面讲都不对"[4]。形而上学是《系辞上传》里的说法，即"形而上者谓之道"，放在老子这里有着深厚的根系，可视乎道之"形而上学"到希腊"游历一番"尔后回归本土之位？牟氏在这里还是援引了西哲术语"dialectical"一词，不过很显然，他不是在马克思关于二者对立的意义上提出的，而且用的是"辩证"而非"辩证法"[5]。张岱年则指出，老之道与易之道不同，太极论之主旨与老子的道论之主旨不同："老子道论所谓道，指阴阳之所以，谓有道而后有阴阳；太极论中所谓道，则指阴阳变易之常则，谓有阴阳乃有所谓道；实为对立之两说。"[6] 这样看来，以"形而上者谓之道"的"道"，又未必全然与老子之道对应，故对后者以"形而上学"

[1] 刘笑敢：《"反向格义"与中国哲学研究的困境》，载于《南京大学学报》2006年第2期，及其节略版载于《哲学研究》2006年第4期。
[2] 刘笑敢：《"反向格义"与中国哲学研究的困境》，第24—25页。
[3] 牟宗三：《中国哲学十九讲》，上海古籍出版社，2005年，第81页。
[4] 牟宗三：《中国哲学十九讲》，第79页。
[5] 而任继愈在《老子绎读》中使用的是"辩证法"。
[6] 张岱年：《中国哲学大纲》，中国社会科学出版社，1994年，第29页。

述之亦非定论。其实老子之道何止“形而上”呢，岂不同样“形而中”，也作用于“形而下”之器物？老子的道玄奥神秘，却也非远人之道，一无所在同样无处不在。

反观学界对“metaphysics”译作“形而上学”已成惯例，“玄学”的译法已属罕见，尚不及前译。不过若以“辩证法”及“形而上”同用于老子之道，依然是后者更为贴切，至少古典文献屡有记载，而不像前者，只是披着一件中式外衣，里面却是一颗“西式的心”。倘不得更好的词汇来形容《老子》中的对待关系，也应止于“辩证”，而非“辩证法”——后者完全是西学旨趣。

“辩证法”来自英语“dialectics”一词的翻译，而这个英文词又可以追溯到希腊语“διαλεκτική（dialektike）”。根据“dia”（二、通过或分辨）与“legein”（说话）的意思，辩证法的前身是爱利亚的芝诺所提出的各种悖论，可隐约看到理念的分离与结合；从苏格拉底开始，即通过对话反诘，摆脱似是而非的意见之影响，“辩”明真相。赫拉克利特不仅提出了对立统一，还强调斗争和对立是推动世界和谐前行的动力。辩证法集大成者是黑格尔，即从《巴门尼德篇》这样的“古代辩证法的最伟大的作品”[1]体现出理念的复合、对立统一的相互关系，进一步全面叙述了绝对精神的自我展开形式。国内熟悉的莫过于那种简化的唯物辩证法，以物质决定意识为世界观，与形而上学和唯心主义针锋相对，力图树立联系的、发展的、全面的世界观与方法论；而这样一种对西方思想的解读，无疑是不能照搬到老子思想乃至整个华夏思想中来的。

彭富春解读“天下皆知”一段，认为：“圣人的言行是没有矛盾的。他不是克服事物已经存在的矛盾，而是远离任何矛盾，不会产生任何矛盾。在这样的意义上，老子关于事物矛盾对立及其转化的思想不同于一般的辩证法。辩证法认为事物的矛盾在对立统一的过程中最后能够被扬弃，而老子认为事物发展的最初就应该达到没有任何矛盾的道本身。”[2]

---

[1] 邓晓芒：《思辨的张力——黑格尔辩证法新探》，湖南教育出版社，1998 年，第 32 页。
[2] 彭富春：《论老子的道》，《湖北社会科学》2011 年第 8 期，第 114 页。

对老子而言，矛盾的产生往往与人的“使智”密切相关。在“绝智弃辩”——楚简《老子》第一句中，可清楚看到老子的“反（使）智”，自然也包括他对“辩”——这个智的产物的拒斥。无论是符合规则的“辩证”还是不合规则的“诡辩”，都不合老子的品好。苏格拉底反对智者派的诡辩，但他的旨趣是崇尚逻各斯的，“智”与“辩”是获取真知必不可少的途径。真理有其言语的形式，唯借之方可通达真理。苏格拉底的反诘法是两个人的对话，在辨别与证明的过程中按照一定的规矩得出不拘于成见的结论，旨在助产真知；赫拉克利特那不斗争便停滞或毁灭的“对立统一”更与老子扞格不入。而黑格尔的旨趣在“绝对精神”的自我展开，正反合、否定之否定，不断外化又回到自身、自我实现的过程。二者的不同清晰易辨：黑格尔以厚重而艰深著称，而老子以简素之玄妙流传，前者是因复自难，后者则是因易反难。

综上可见，“辩证法”的构读更多是一种郢书燕说，一种建立在时代共识上的想当然。这种“我注六经”的动机可能是想宣扬老子“现代”的一面，却遮蔽了其更深邃而素朴的洞见，实际成了“六经注我”。学术界当然可以为“辩证（法）”归类，将老子的思辨称之为“朴素的”辩证思维；但这依然会使人直接与黑格尔、马克思式的西方辩证法产生联想，甚至造成对二者辨别不足，望文生义。

老子是一面镜子：有人读出了真和自然，有人读出了道与智慧，有人读出了术跟诡计，还有人读出了对时代精神的顺应或逆反。正如“天下皆知美为美”却不是同样的美法，视点、聚焦与盲点造成了天然的差异；而差异并不必然导致“恶”，恶与不善产生于“自居其是”的我执——遮蔽了道明；即不以道“化通万物”，却以人为成其事端。人不自然是因其不行在道中，身处道外便纠缠于“我对你错”“我善你恶”的争斗中。

而这一切往往不为人所察觉，诚如日常挂在嘴边的“知道”：可有谁真的知一道呢？常与非常、正与奇、善与妖……道的自然因人的不自然反显得隔膜而怪诞，真实无伪反成艰涩难懂，使智的俗见抓住了与之相称的东西，自以为有智慧，其实不过是“心镜”上“己美”之驻积，以此见事阅人，错亦错，对亦错，总不得道旨。而老子提供了一种超脱了非此即彼逻辑的道法，即无为——不是功利地为了“无不为”，而是唯有秉承道体之无为（效法道），才有作为效果的“无不为”；同时，“为无为”还可以理解为去目的性，即“为而不为”；魏明德则指出“为”可理解为（身份的）“作为”这一层可能的含义，因“为”有时可取代“是”，即“借并非作为（之事实）而（是）作为”[1]。老子所发现的某种可谓“被动性”之不特于变化的动词式（而非执着于名相式）的描述[2]，以及无为之作为道与同于道者之奥妙仍为今人所误读，乃至背道而驰；却从海德格尔等西哲那里归去来兮[3]，为走出技术时代人的困境提供了不同的思想资源。

可以肯定的是，老子的心始终向道敞开，即保持着朝向道的敞开域。这回归道原的旨趣，正是《道德经》的作者留给我们最大的宝藏。而我们对于道的领会与解读，则要在“一”与“多”“原委”与“开放”“传统”与“现代”之间瞥见那一缕缕委派给人之真道的疏明。

* * * * * * *

经典的生命力就在于其可解释的丰富性。我们不必强求一两种排他的解释，却应该以探讨真理的精神将经典蕴藉的丰富内涵发掘出来，在不疑处存疑，不断转离已经僵化的构读，在返本开新中可以始终守护经典之源所释出的真义。老子的“现代性”乃至“后现代性”并不在于其是否符合现代标准或直接给出药方以解决当今的思想困境，而在于当下的反思是否有足够的委愿（commitment）向老子取经，以此为异质资源对不断趋于同质化的学术思维保持清醒的反思，增强对学术成见跟流俗之见的免疫力，亦传统亦现代的道路自然在脚下开出。而在一个比较哲学已成主流的时

[1] Cf. Benoît Vermander (collectif), *L'anneau immobile : Regards croisés sur Maître Eckhart, Husserl-Hegel-Laozi*, Paris, Éd. Facultés jésuites de Paris, 2005, pp. 116—117.

[2] 这与基督教神学中希伯来传统的动词优先的取向彼相通达，对克服实体本体论带来的困扰大有裨益。而这种以精炼的动词描述的形而上学，却不着眼于赫拉克利特那种强调变的形而上学，反倒以“静为躁君”。

[3] 受基督教神学尤其是德意志神秘主义（以埃克哈特大师开启的莱茵河畔神秘主义为主）影响，海德格尔发现了非实体本体论的现象学视野，也由此陶冶了其接受老子东方思想的品位，其中就包括这一被动性原则——“泰然任之”(Gelassenheit)。

代，老子思想所展示的个性与共性都必然成为爱智之人的宝贵财富，不特于固守中哲一隅，乃在乎明道之化成天下。

A Probe into All men know and do what are good for themselves

Abstract: In Dao De Jing, the passage All men know and do what are good for themselves does not belong to one of the most incomprehensible. However, under the influence of the Zeitgeist, lots of scholars in the present age believe that this passage manifest Lao Zi's thought of dialectics. This essay quotes the related interpretations of the eight scholars in ancient and modern times, with the textual research of Jianbo version (inscribed bamboo slips and silk manuscripts), in attempt to illuminate the original meaning of this passage. It would help rethinking what we misread in reverse analogical interpretations (i. e. interpreting the Chinese thoughts by the western terms), in order to return to the authentic Dao in Chinese context.

Keywords: All men know and do what are good for themselves, dialectical (dialectics) thought, metaphysics, reverse analogical interpretation (i. e. interpreting the Chinese thoughts by the western terms)

和会美德与规则：儒家典范伦理的当代意义

宋 健*

摘要： 当代美德伦理学的复兴，常以批判规则伦理为鹄，遂使“美德”与“规则”相互龃龉渐成共识；而和会德、则，既为目前面临的困境，亦是未来发展的方向。儒家典范伦理，一方面，立“象”明“德”，借由具体的人物、事迹来化解道德规则的抽象性与形式性，力求伦理观念“入人也深，化人也速”；另一方面，又尽“意”以“则”，通过道德评价绾合真、善，在此过程中典范从个体走向公共，美德也由情境走向规则。质言之，典范既化规则为美德，又以美德立规则，最终彰显的是出类拔萃的人性能力与统摄德则的实践智慧。

关键词： 典范；美德；规则；象；意

一、引 言

上世纪九十年代，美国学者罗伯特·罗伯茨（Robert C. Roberts）发表了一篇题为“Virtues and Rules”的论文。[1] 标题可谓开门见山，直接点明该文思考的重心是“美德”与“规则”的关系问题；而罗氏以此属文，实有鉴于如下学术思潮：当代“美德伦理学”（virtue ethics）的复兴，发轫于

---

* 作者简介：宋健（1987—　），哲学博士，海南大学社会科学研究中心讲师，中国哲学专业硕士研究生导师，通讯地址：海南省海口市美兰区人民大道 58 号海南大学社科群楼 A616。（邮编：570228）联系电话：13262253991 电子邮箱：smdyf@126.com。本文系国家社科基金青年项目“先秦儒家‘成人’思想的形上意蕴研究”（编号：18CZX040）、海南大学科研启动基金项目［编号：kyqd（sk）1822］阶段性成果。

[1] Robert C. Roberts，*Virtues and Rules*，Philosophy and Phenomenological Research（Vol. 51），No. 2（Jun，1991），pp. 325—343.

对“规则伦理学”（rule ethics）[1]——义务论与功利论——的批判。

伊丽莎白·安斯库姆（G. E. M. Anscombe）率先向规则伦理学发难：“从巴特勒（Butler）到密尔，现代所有最知名的伦理学的著作家作为这一学科的思想家都是有缺陷的”[2]；而其缺陷突出表现为将道德实践想方设法地化约为规则体系，相反对人的优良品质[3]（人之为人的繁荣发展）却漠不关心。有鉴于此，美德伦理学试图赓续以亚里士多德为代表的古典伦理学[4]，倡导将伦理学的基础从“行动”（act）扭转为“行动者”（agent），故罗德琳莎·赫斯特豪斯（Rosalind Hursthouse）宣称：“美德伦理不是给行动提供指导的规范或原则。”[5]无独有偶，国内亦有学者认为，美德伦理学致力于纠正“亚里斯多德以后，西方哲学家将研究的注意力转向了对道德行为和道德原则的研究”[6]的范式偏颇。

---

[1] 所谓“规则（而非规范）伦理学”，不仅是对 rule ethics 的直译，更为在义理上澄清美德伦理与义务论、功利论的主要区别在于：是否以“规则”为中心（rule-centred），而非有无“规范性”。诚如赫斯特豪斯所言：“‘美德伦理学’是个专有名词，最初用来标识一种强调美德或道德品质的规范伦理学思路，同强调义务或规则的思路（义务论）或强调行为结果的思路（功利主义）构成了对比。”（Rosalind Hursthouse，*On Virtue Ethic*，New York：Oxford University Press，1999，p. 25）换言之，与“规范伦理学”（normative ethics）相对的应是“元伦理学”（meta ethics），而非“美德伦理学”。（参见李义天：《美德伦理与道德多样性》，中央编译出版社，2012 年，第 2—3 页。）

[2] [英] 伊丽莎白·安斯库姆：《现代道德哲学》，谭安奎译，见徐向东编《美德伦理与道德要求》，江苏人民出版社，2008 年，第 54 页。

[3] 尽管不同的学者对“美德”的理解存在差异，但绝大多数愿意将其与“优良品质”（good character）相连。诚如麦金太尔所言：“我们现在能够给美德下一个最初的，即使是不完整的和暂时的定义：美德是一种获得性的人类品质。”（氏著：《追寻美德：道德理论研究》，宋继杰译，译林出版社，2008 年，第 215 页。）

[4] 当然，也有不少学者指出，美德伦理学的思想资源并不只是亚里士多德：“虽然当代美德伦理的主要源头是亚里士多德，但也有一些美德伦理学家从古代希腊化时期的斯多葛派、近代英国哲学家休谟、19 世纪后期德国哲学家尼采甚至 20 世纪美国实用主义哲学家杜威那里汲取资源。”（黄勇：《当代西方美德伦理学的两个两难》上，载《中国社会科学报》，2010 年 4 月 1 日，第 13 版。）例如，伊丽莎白·安斯库姆就非常重视休谟，赞许其虽然从事了诡辩却仍是一位相当深刻和伟大的哲学家。

[5] Rosalind Hursthouse，*On Virtue Ethic*，New York：Oxford University Press，1999，p. 25. 但需要注意的是，赫斯特豪斯指出亦不可陷入另外一个极端：“那就是美德伦理没有、也不能提供行为指导，但功利主义和义务论可以。”（Ibid，p. 17.）其后一方面的担心并非无的放矢，对美德伦理持保留意见的学者，往往认为此种伦理学“不太关注人的具体行为，它很少提出、甚至有些鄙视针对外在行为的道德规范”。（崔宜明：《道德哲学引论》，上海人民出版社，2006 年，第 90 页。）

[6] 陈真：《美德伦理学和道德建设》，载《江苏社会科学》，2005 年第 6 期，第 61 页。

> 随着近期注意力向美德的转向，规则逐渐丧失其以往的主导地位。当人们将“美德伦理学”与“规则伦理学”对举时，往往意味着规则与美德之间彼此扞格。[1]

美德伦理学初兴之时，几乎将全部矛头悉数瞄准规则伦理学[2]；而理论形态之间的争鸣，导致“美德”与“规则”宛若冰炭、不可同容。凡此种种批判，虽方法各异、内容多元，却也表达了一个共同的立场：良好生活（eudaimonia/well-being）是建立在“美德”而非“规则”之上的。如此一来，“美德的确如人们所设想的那样，不易与规则相容”[3]。美德与规则相互抵牾的观念，几乎成为当代英美伦理学界的一种共识，流布甚广。

而罗伯特 · 罗伯茨有志于扭转上述误识，遂以“美德的语法规则”（the grammar of the Virtues）沟通两者，并指出美德不仅与规则相容，同时还在丰富规则；但诚如罗氏所言，其无意也不可能穷尽所有方法，而为他所察觉却又一笔带过的另外一种方式——典范，则是笔者运思的方向。质言之，美德伦理与规则伦理的争鸣，并不代表“美德”与“规则”彼此扞格；而如何在实践领域沟通二者，既是当代伦理学目前面临的困境，也是其日后发展的方向。

二、问题与出路

在美德伦理学看来，抽象的普遍性是规则伦理学的阿喀琉斯之踵；无论功利主义，还是康德主义，均把道德实践理解为关于道德“理论”的学科：“在他们的著作中，规则好像就是公式，而遵循规则就像查阅公式一

---

[1] Robert C. Roberts, *Virtues and Rules*, p. 325.

[2] 赵永刚：“具有代表性的文献还有迈克尔 · 斯托克（Michael Stocker）的文章《现代伦理理论的精神分裂症》（The Schizophrenia of Modern Ethical Theories），阿拉斯戴尔 · 麦金太尔（Alastair Macintyer）影响颇大的《追寻美德》（After Virtue），伯纳德 · 威廉斯（Bernard Williams）的著作《伦理学与哲学的限度》（Ethics and the Limits of Philosophy）以及文章《道德运气》（Moral Luck），迈克尔 · 斯洛特（Michael Slote）的著作《从道德到美德》（From Morality to Virtue）等。”（氏著：《美德伦理学：作为一种道德类型的独立性》，第 15 页。）

[3] Robert C. Roberts, *Virtues and Rules*, p. 325.

样”[1]；赫斯特豪斯还进一步提炼出“公式”的结构，以及“查阅公式”的方法[2]：

规则伦理学	
功利论	道义论
U1. 当且仅当某一行为促成了**最佳后果**，才可说此行为是道德的。	D1. 当且仅当某一行为符合**道德法则**，才可说此行为是道德的。
U2. 然而，除非我们知道何为**最佳后果**，否则上述前提仍不能为人类行动提供指导。	D2. 然而，除非我们知道何为**道德法则**，否则上述前提仍不能为人类行动提供指导。
U3. **最佳后果**即是幸福的最大化。	D3. **道德法则**可以是： （1）自我列出的规则； （2）上帝制定的规则； （3）可普遍化的绝对命令； （4）所有理性存在物选择的对象。

借由上表，可以直观地看出：功利论与道义论虽在最终依据上有所不同，却分享着同一套思维方式——还原主义或化约论。在规则伦理学家看来，道德理论一定是成体系的，而这个体系又根植于某（几）个总原则之上。如，功利主义的总原则是幸福的最大化，而康德主义的根本大法可以归纳为相互关联的三条原则——绝对命令、人是目的与普遍立法。反观各家各派的总原则，在其整个伦理体系中又具有纲举目张的统摄意义，该派所有的道德规则皆是依据总原则推导而来。诚如，茱莉娅·安娜斯

[1] Ibid，p. 327.
[2] Rosalind Hursthouse，*On Virtue Ethic*，pp. 26—27.

（Annas J.）所言："现代伦理学理论必须有一个等级的整全结构。"[1] 也正是这个等级的整全结构，使得规则伦理学家拥有了普世主义的雄心，希望由其建立的道德规则可以放之四海而皆准。

其实，追求普世的雄心并非规则伦理学所独有，而是近代以降（特别是启蒙运动之后）赋予一切学问的底色[2]；普适性以时代精神的方式投射在伦理学上，就表现出某种高度的抽象性。最为人所熟知的案例当属康德，其坚称人类在任何情况下皆不应说谎，即便是为了帮助无辜之人躲避凶杀；无论处境如何，都不能作为人类说谎的借口。此类定言命令，"迂远而阔于事情"（《史记·孟子荀卿列传》）——非但不近人情，更难以落到实处；康德虽以此为傲[3]，黑格尔的批评却也同样中肯："人们可以用高尚的论调谈论义务，而且这种谈话是激励人心、开拓胸襟的，但是如果谈不出什么规定来，结果必致令人生厌。精神要求特殊性，而且它对它拥有权利。"[4] 高度的抽象性往往引发的是空洞的形式性，而反思"规则"能否落实，并非完全出于工具理性、尽求有效，而是回归伦理学本当具有的实践向度。

综前所述，规则伦理学无意之中将其置于某种困境：普遍性最初的预设是"可普遍化"，但由于其对理性的盲目乐观[5]，致使道德规则脱离了具体规定（不论对"人"，还是对"事"）；也正是此种高度的抽象，使得普遍性几近沦为空洞的形式，根本无法指导人类实践，"一条规则没有也不

---

[1] Annas J, *The Morality of Happiness*, New York: Oxford University Press, 1999, p. 7.

[2]［法］笛卡儿："阿基米德只要求一个固定的靠得住的点，好把地球从它原来的位置上挪到另外一个地方去。同样，如果我有幸找到哪管是一件确切无疑的事，那么我就有权抱远大的希望了。"（氏著：《第一哲学沉思集》，庞景仁译，商务印书馆，1996 年，第 22 页。）

[3]［德］康德："即使由于命运的一种特殊的不利，或者由于继母般的自然贫乏的配备，这种意志完全缺乏贯彻自己的意图的能力，如果它在尽了最大的努力之后依然一事无成，所剩下的只是善的意志（当然不仅仅是一个纯然的愿望，而是用尽我们力所能及的一切手段），它也像一颗宝石那样，作为在自身就具有其全部价值的东西，独自就闪耀光芒。"（氏著：《道德形而上学的奠基》，李秋零译，见《康德著作全集》第 4 卷，中国人民大学出版社，2005 年，第 401 页。）

[4]［德］黑格尔：《法哲学原理》，范扬、张企泰译，商务印书馆，1961 年，第 139 页。

[5] 无论功利论还是道义论，始终坚信理性可以做出最为恰当的选择——尽管前者计算的是幸福的最大化，而后者追求的是形式的普遍化；但它们都忽略了道德或伦理中的非理性因素。

可能告诉我们，如何运用这条规则，以及规则的目的是什么”[1]，最终只能沦为“启蒙筹划失败的产物”[2]。而美德伦理学在赓续古典伦理学的同时，也从方法论上对普遍性予以驳斥：“伦理学的后现代方法的新颖之处最重要的不在于放弃有特性的现代的道德关怀，而在于拒绝从事道德问题研究的传统的现代方法（即用政治实践中的强制性的、标准的规则和在理论上进行绝对性、普遍性、根本性的哲学追问作为对道德挑战的反应）。”[3]

检审规则伦理学所宣扬的普遍性，并不意味着美德伦理可以完全抛弃规则，而是要在规则与美德之间筑桥：“美德的确如人们所设想的那样，不易与规则相容；但这并不是因为美德的非规则化，而是因为道德规则的非美德化。”[4] 具体说来，规则并非总是以道德律令的方式呈现，而人类对规则的理解，亦非只是按图索骥查阅公式：“我们的道德生活可以遵从另外两种规则——某些故事和作为范例的个人。”[5] 当我们目睹或听闻祖父如何对长期患病的祖母照顾有加，这些事例同样可以成为我们婚姻生活的规则，甚至比我们所知道的关于爱的任何行为命令都更有影响力。如此一来，规则便在典范处与美德会合；但遗憾的是，罗伯特虽已察觉到典范的意义，却未能详加论述。

质言之，规则并非只是律令、法则，典范之人（或事）同样可以起到类似甚至更好的作用；与此相应，“美德的语法规则”也绝非和会德、则的唯一范式。倘若再结合儒家理想人格，典范的伦理意义更不容小觑，笔者拟详人所略、略人所详，就典范如何和会美德与规则做出尝试性的回答。

---

[1] 陈常燊：《美德、规则与实践智慧》，上海三联书店，2015 年，第 149 页。
[2] [美] 麦金太尔：“现代道德理论的各种问题显然是作为启蒙筹划失败的产物凸现出来的。”（氏著：《追寻美德：道德理论研究》，第 71 页。）
[3] [英] 齐格蒙特・鲍曼：《后现代伦理学》，张成岗译，江苏人民出版社，2003 年，第 4 页。
[4] Robert C. Roberts，*Virtues and Rules*，p. 325.
[5] Ibid，pp. 327—328. 陈嘉映先生亦有鉴于此，“我们不是由道理和理论，而是从模仿别人开始自己的实践的。”（氏著：《何谓良好的生活：行之于途而应于心》，上海文艺出版社，2015 年，第 169 页。）

三、立“象”明“德”

儒家伦理有以典范立论的显著特征，“在阐述伦理概念及其在道德教育中的实践重要性时，集中于君子或模范个人”[1]。典范既是理想人格的现实主体，又是内在美德的具体显象；而美德既然最终完善的是人格，就难以与活生生的个体截然相分。虽然个体并不完全等同于人格，也不是人格形成的唯一要素，但人格总是经由个体才得以呈现，理想人格必然寓于典范人物之中。就个体而言，典范代表了价值的实现，具有“象”[2]的特质；从（人）类的角度看，典范又指向价值的可能，蕴含“意”[3]的品格。先就前者而言：

> 子路问成人。子曰：“若臧武仲之知，公绰之不欲，卞庄子之勇，冉求之艺，文之以礼乐，亦可以为成人矣！”曰：“今之成人者何必然？见利思义，见危授命，久要不忘平生之言，亦可以为成人矣！”（《论语·宪问》）

当子路向老师请教什么样的人格才可堪称完美？孔子指出理想的人格应该兼备智慧、寡欲、勇敢、才艺等等。值得注意的是，孔子此处并非简单罗列一些道德条目，而是将具体德行与特定人物相联系——智慧如臧武仲、寡欲如孟公绰、勇敢如卞庄子、才艺如冉求。不难看出，儒家的价值理想不是单纯以“规则”的方式呈现，而是更多地与典范人物相结合，所以也就带有了“象”的色彩。

象，首先是指形象。儒家倡导的理想人格可说是价值观念与典范人物的融铸。当价值观念以“人格”的方式呈现时，就必然涉及典范人物，若用孟子的话说，就是“道性善，言必称尧舜”（《孟子·滕文公上》）——价

---

[1] [美] 柯雄文：《道德教育中能力、关怀及典范个人（君子）的作用》，潘宁、王志宏译，见方旭东主编《道德哲学与儒家传统》，华东师范大学出版社，2010 年，第 115 页。

[2] 贡华南：“‘象’表征的是具体的存在，所以，象之中包含生命存在的时与位的样态，即存在展开意义上的时间与存在彰显意义上的空间统一体。”（氏著：《味与味道》，上海人民出版社，2008 年，第 193 页。）

[3] “意”，一方面与“象”相对，表现为普遍的规范；但另一方面，典范又与规则或律令不同，侧重彰显的是人格发展的方向。

值观念（性善）与典范人物（尧、舜）之间总是存有内在关联。而此种关联，使得抽象的价值观念具有了形象性。

此处所谓的“形象”，主要是指某人的行事作风与精神面貌，而非一般意义上的生理特征。形象既是价值观念的外在显现，又是理解价值的重要途径；特别是某类形象一旦确立，后世学者常常依此来诠释某种价值。如，宋明理学家常用“箪食瓢饮”的形象来说明好学的精神。此外，非但各个历史时期所推崇的典范有所不同，即便是同一典范在历史的长河中，其形象也会有所损益，典范的变迁标志着价值观念的更迭。如，从秦汉到隋唐，孔子主要是以“素王”的形象出现，虽顺应天命却未得王位，“圣人见道，然后知王治之象，故画州土，建君臣，立律历，陈成败，以视贤者，名之曰经”(《汉书·翼奉传》)。可见，这一时期的价值观念主要是将“圣”与“王”作统一理解，相应的孔子形象也凸显其“外王”品格；待到北宋，情况则发生显著的变化，“圣”更多地与“德”“学”相关，相应的孔子形象也发生翻转，其“内圣”品格被充分高扬。总之，典范形象与时代精神之间彼此呼应、相互阐发。

象，其次涉及事件。生活世界中的“人”，绝非孤立静止的实体，而是展开为绵延不断的实践活动；借用牟宗三先生的话说，就是既“存有”又“活动”。实践，进一步化作人物与事件的关联，实践以人为主体，以事为内容。[1] 当我们称赞某人勇敢时，需得举出与之相应的事例，否则就是空口无凭。

> 卞庄子好勇，养母，战而三北，交游非之，国君辱之。及母死三年，冬，与鲁战，卞庄子请从。见于鲁将军曰：“初与母处，是以三北，今母死，请塞责，而神有所归。”遂赴敌，役一甲首而献之。曰：“此塞一北。”又入，获一甲首而献之。曰：“此塞再北。”又入，获一甲首而献之。曰：“此塞三北。”将军曰：“毋没尔家，宜止之，请为兄弟！”庄子曰：“三北以养母也，是子道也，今士节小具而塞责矣。

[1] 杨国荣：“在中国哲学中，‘做人’、‘为人’与‘做事’、‘行事’无法相分。”(氏著：《人类行动与实践智慧》，三联书店，2013 年，序第 1 页。)

吾闻之节士不以辱生。”遂反敌，杀十人而死。[1]

卞庄子的勇敢就表现为奋勇杀敌、死不旋踵。人物是勇敢的主体，而事件是勇敢的内容，二者缺一不可；后世读者虽不曾见过卞庄子，但通过《新序》中的具体事例，仍有一种身临其境的画面感。事件凸显的是“具体”的重要性，日常生活中，当人们听不懂一些道理时，往往会说请讲得具体一点，这就是希望借具体的事例来帮助自身理解，“具体的给‘懂’一种亲切味”[2]。

事件不只在立论环节中确保言辞的可信度，还在理解环节中提升言辞的接受度。儒家倡导的种种美德，之所以能在民间（而不是仅仅在读书人中）生根发芽、不断壮大，正是由于典型事例具有榜样的力量。在古代识字之人本就不多，要让民众懂得孝悌仁义，光靠宣讲抽象的规则显然不够，唯有配合相应的典范方可事半功倍。如，作为童蒙读物的《三字经》就充分体现了以典范阐明道德规则的方式，讲“孝”以黄香九岁替父温席为例，言“悌”以孔融四岁便可让梨为例，等等。

象，再次关乎教化。现实世界中具体的人物或事例，对于道德教化尤为重要。儒家好言道德教化，“教化”一词，既可合论，亦可分言：价值观念的确立，不单纯是“教”，还需要“化”。分言教、化的意义在于关注“自觉”与“自愿”的统一。

> 真正自由的道德行为，应该是自愿和自觉原则的统一、理智和意志的统一，二者不可偏废。不过二者是有区别的：自觉是理智的品格，自愿是意志的品格。[3]

价值观念特别是道德意识，作为“当然”之则，既与理性自觉有关，又与情感自愿、意志自由相涉。理性自觉不是“无中生有”，离不开“教”，而情感自愿、意志自由更多地依赖于“化”。就后一方面而言，典范有益于化外在规则为内在美德；也就是说，道德教化不能单凭价值理念

[1] 刘向：《新序》，赵仲邑详注，中华书局，1997年，第254页。
[2] 金岳霖：《知识论》，中国人民大学出版社，2010年，第173页。
[3] 冯契：《人的自由和真善美》，华东师范大学出版社，1996年，第222页。

的灌输，更需要思考“第二天性”如何养成，后者直接与“化”相关。在理性自觉的基础上，引入情感自愿、意志自由，如此一来，价值观念才能“入人也深，化人也速”。

孔子以典范人物彰显价值理想，无疑带有“象”的色彩，形象具体的人物、事迹，大大增强了道德的亲切感；然而，儒家典范人物并不无完全是历史的“实然”，更多地蕴含价值的“应然”（或“当然”），“在教化（Bildung）里包含形象（Bild），形象既可以指摹本（Nachbild），又可以指范本（Vorbild）”[1]。质言之，儒家的典范人物就不只是“象”，还关乎“意”。

四、尽“意”以“则”

虽然“自孔孟以降，历代儒家学者论证伦理命题或提出政治主张，莫不以‘三代’及尧舜等圣贤人物作为典范”[2]；但是征引“三代”及尧舜等典范人物的目的，早已由叙述历史事实转变为证成普遍命题。换言之，“三代”及尧舜并非只是“过去的象”（实然），更代表“未来的意”（应然）；后者又突出表现在道德评价的过程中，评价不仅是对典范的提纯，同时也是对典范的推广。诚如，“君子之德风，小人之德草，草上之风必偃”（《论语·颜渊》）。

所谓“道德评价”，首先蕴含的是价值关系，人们总是根据特定的喜好来臧否行动或行动者；但评价并非只言“善恶”，不分“真假”，在价值之外仍旧涉及认知关系，“道德评价是价值性认识的一种基本形式”[3]。质言之，道德评价可谓“价值”（valuation）与“认知”（cognition）的绾合——既以向“善”为鹄，又以求“真”为本。而蕴含真、善的“价值性认识”，恰恰是对道德规则的最好说明。试举一例，《论语》中辑录了孔子对闵子骞的一则称赞：

---

[1]［德］伽达默尔：《真理与方法：哲学诠释学的基本特征（上卷）》，洪汉鼎译，上海译文出版社，2004 年，第 13 页。
[2] 黄俊杰：《儒家思想与中国历史思维》，台湾大学出版中心，2014 年，第 131 页。
[3] 刘亚政：《道德评价论纲》，《理论探讨》，1994 年第 5 期，第 81 页。

孝哉闵子骞！人不间于其父母昆弟之言。(《论语·先进》)

该语在实质层面上已经触及“善”与“真”的关系问题，而此章“重在‘人不间’三字”[1]的诠释观点，更直接凸显出“真”在道德评价中的地位与意义。闵损，字子骞，鲁国人，孔门德行科弟子。“孝哉闵子骞！人不间于其父母昆弟之言”作为对子骞孝行的评价，寥寥几字却也引起不少训释纷争，此处不拟具体征引各家注释，单就其言说“形式”(form)而论：孔子并未具体刻画闵子骞是如何孝敬父母的，而是通过“他者”(other)的交口称赞来肯定其孝行。“言之无间，谓尽美也”[2]，孔子借众口一词以示闵子骞孝行的尽善尽美；也就是说，此章存在一个显隐结构——闵子骞是“怎样做”的，并不明确，出场(appearance)的只有他者是“如何说”的。

孔子的言说“形式”，犹如修辞学中的“折绕”法[3]，如此折绕言“孝”，很是符合“美德伦理学”的整体风貌——以“行动者”而非“行动”为其关注焦点与立论基础。当然，这并不是说孔子完全漠视作为“行动”的孝，而是以比较的视域来看此章具有的独特意味：孔子以他者之“言”彰显子骞孝“行”，将“名实之辩”凸显出来。儒家关于名实关系的探讨发轫于孔子，其“正名”思想意旨丰富：不仅限于某“物”如何命“名”指称，还包括某“事”如何依“名”而行，以及某“人”如何称“名”定“号”。

---

[1] 蔡清：《论语蒙引》(三)，见严灵峰编《无求备斋论语集成》，艺文印书馆，1966年，第4页。

[2] 皇侃：《论语集解义疏》(三)，《丛书集成初编》，商务印书馆，1937年，第147页。

[3] 所谓“折绕”，即有别于平铺直叙，而是采取迂回曲折的表达方式。例如，欧阳修《踏莎行》中“平芜尽处是春山，行人更在春山外”一句，即借助平芜尽处的春山来言明“行人”更远。此种表达方式，常会给人以言有尽而意无穷之感。

实　名		释义
物	命名辨物	孔子就曾以“觚”——“觚不觚，觚哉！觚哉！”(《论语·雍也》)为例，批评名不副实。
事	依名行事	孔子将“名—言—事”做一联系考察，正所谓“名不正，则言不顺；言不顺，则事不成”(《论语·子路》)。
人	称名定号[1]	此问题虽然大显于汉魏，先秦实已露出端倪。如世人皆以“直”称许微生高，孔子则认为不可：“孰谓微生高直？或乞醯焉，乞诸其邻而与之。”(《论语·公冶长》)

儒家“名实之辩”自其伊始就越出语言学和认识论的界限，更多地指向政治学与伦理学：“名学有关治道伦常，先秦已有其说。”[2]相较于政治人物的功过得失，道德典范更加容易招致失察之虞[3]；王夫之曾慨叹：“且至德为疑忌之府，而贤者为责备之归。”[4]可见，道德评价如何求“真”确系一大难题；而求“真”的过程，正是典范从个体走向公共，美德由情境走向规则的过程。

[1]“名号”借自董仲舒《春秋繁露·深察名号》一文。
[2]汤用彤：《魏晋玄学论稿》(增订版)，三联书店，2009年，第9页。
[3]李幼蒸：“中国历史事件的政治面与伦理面往往既相互作用又各自展开，彼此既有交织又各有不同的展开‘逻辑’。”(氏著：《儒学解释学：重构中国伦理思想史》(精神卷)，中国人民大学出版社，2009年，第893页。)
[4]王夫之：《四书训义》，岳麓书社，1996年，第640页。

近代以降，师法典范被视为“心奴”[1]——“世之委身以嫁古人，为之荐枕席而奉箕帚”。历史进程中，政治权力或宗教信仰常与典范结盟，使其呈现出权威的样态（authority-as-model）。权威犹如一柄双刃剑，在帮助民众作为正确选择的同时，也形成了一种有形或无形的压力——禁忌、戒律、甚至是命运；然而，无论是积极意义上的施援解困，还是消极意义上的束手束脚，都还只属于典范人物的工具性意义。赫伯特·芬格莱特（Herbert Fingarette）注意区分了“价值性典范”（或“圆满的典范”）与“工具性典范”[2]；而后者用孔子的话说就是“器”，“君子不器”（《论语·为政》）一语说明：当“君子”以“典范”的面貌出现时，并不在于其精通任何实用性技能，也不意味其能满足人们的功利需求，而是提供了一种美德的范式——人类如何尽善尽美地存在，此即“价值性典范”的意义所在。当然，还需进一步澄清：“君子不器”着重强调的是君子不以“器”为旨归，而非君子“不能”器。换言之，“工具性典范”并不与“价值性典范”完全对立——当说某些事情或某些人是一个圆满的典范时，并不刻意排除其在某些方面同样是一个工具性典范。

五、结　语

当代美德伦理学的复兴，常以批判规则伦理为鹄，遂使“美德”与“规则”相互龃龉渐成共识；而和会德、则，既为目前面临的困境，亦是未来发展的方向。儒家典范伦理，一方面，立“象”明“德”，借由具体的人物、事迹来化解道德规则的抽象性与形式性，力求伦理观念“入人也深，化人也速”；另一方面，又尽“意”以“则”，通过道德评价绾合真、

---

[1] 梁启超：“辱莫大于心奴，而身奴斯为末矣。”（氏著：《论自由》，见《新民说》，中州古籍出版社，1998 年，第 104 页。）事实上，我们常把“典范”化约为“权威”，而又将“权威”等同于“权力”；现代社会对权力的警惕，往往以反对权威的方式呈现。

[2] [美] 赫伯特·芬格莱特：“我们说到一对典范的父母、堪称楷模的父母时，我们也许是在工具性的意义上来说的——这里所说的父母经验丰富，技巧纯熟，其他父母都很有可能加以仿效。但是，我们也许还有别的意义，即这样的父母完美地实现了我们有关作为父母应该是什么样子的那种理想，由此充分认识到——并且实现了——作为父母的内在价值。”（氏著：《孔子：即凡而圣》，彭国翔、张华译，江苏人民出版社，2002 年，第 150—151 页。）

善，在此过程中典范从个体走向公共，美德也由情境走向规则。质言之，典范既化规则为美德，又以美德立规则，最终彰显的是出类拔萃的人性能力与统摄德则的实践智慧。

拙文以美德伦理学与规则伦理学为桥墩，由儒学中关于典范伦理的智识铺路，尝试为美德与规则之间筑桥。今日距罗氏一文见刊已逾廿载，美德与规则之间的鸿沟非但未能涣然冰释，相反却日渐加深，如何化对峙为互补仍是当代伦理学亟待运思的方向；而在此期间，儒学的某些价值理念能否超越地域性知识，为当代伦理学的发展提供有益的思想资源，同样值得关注。

Combine Virtues and Rules: The Contemporary Meaning of Confucian Exemplary Ethics

Song Jian

Abstract: The revival of contemporary virtue ethics starts with the critique of rule ethics, so virtues and rules are in contradiction with each other had become the consensus. Confucian paragon ethics, on the one hand advocate to set Xiang (Image) to show Yi (Meaning), by means of specific figures and deeds to resolve the abstractness and formality of moral rules; On the other hand, it also stressed that when we get Yi we need to forget Xiang, setting an example by no means in order to negative self and deconstruct the rules, but intend to guide practice and inspire wisdom. By the interaction of true and goodness, model not only turn the rule into virtues but also established the law for moral conduct.

Keywords: Model; Virtue; Rule; Xiang (Image); Yi (Meaning)

道德哲学研究

《实践理性批判》论证道德法则与自由理念的实在性之进路

朱会晖*

摘要：《实践理性批判》通过对自由和道德法则理念的理性的肯定、对两个理念的敬重感，来说明这些理念对意志和行动的现实性影响，从而说明道德法则和自由理念的实践的实在性。在此，康德并未退回到独断论；相反，他借助普通人类理性来论证道德法则，但又进一步对普通人类理性进行了彻底的反思和批判。一些国外研究者认为，在论证这种动机过程中，康德是先说明道德行为的动机的纯粹性，然后再论证它规定意志的力量。笔者认为康德的论证步骤是相反的。

关键词：康德；自由；道德法则；实践的实在性；独断论；普通人类理性

自由是康德实践哲学的精神和核心，它不仅仅构成了康德实践哲学的最抽象的层面，而且是其整个伦理学的根基，道德法则是康德实践哲学的基本原则。然而，康德关于自由理念实在性的理解，却是他历来被诟病最多、备受争议最多的观念之一：许多的西方研究者认为，在实践哲学中，康德不正当地对实在性、因果性这些知性范畴进行超验的运用，将它们运用于本体领域，由此，《道德形而上学奠基》通过说明人必然肯定自由来说明自由本身的现实性，这种论证是失败的，而《实践理性批判》中，康

---

* 作者简介：朱会晖，北京师范大学副教授，北京师范大学价值与文化研究中心研究人员。邮编：100875，地址：北京市海淀区新街口外大街19号北京师范大学哲学学院。邮箱地址：zhuhuihui@bnu.eudu.cn。基金项目：国家社科基金后期资助项目“本体理念实在性问题如何解决——康德实践哲学基础新释”（17FZX034）。

德退回到了独断论，他预设了道德法则这一“理性的事实”，以便说明自由。当然，也有不少的康德的追随者认为他的这种独断论和超验的运用是无可厚非的。

笔者以为，康德并没有在《实践理性批判》中退回到独断论，而通过充分的论证，来确立道德法则与自由理念的实践的实在性。其实，《实践理性批判》对道德法则和自由理念之实践的实在性的证明，是通过这两个因素得以可能：一是对自由和道德法则理念的理性的认同（肯定），二是对道德法则与自由理念的敬重。

在理念实在性的论证中的重要的困难，在于如何阐明人普遍能拥有这样的道德行为的感性动机，它既是纯粹的，又是有力量的、足以规定意志的。在论证这种动机过程中，国外研究者们往往通常是先说明动机的先验来源及其纯粹性，然后再论证它具有能够战胜感性的爱好和冲动的力量。但动机的力量问题是一个经验性问题，无法单纯通过先验的推理来说明。

笔者认为，康德先借助于普通人类理性来说明其力量，然后对普通人类理性进行了彻底的批判，揭示其中的道德原则和道德动机的先验来源及其普遍有效性，从而说明道德法则和自由理念能够普遍决定行为准则。虽然康德的哲学强调，他的批评哲学是先验哲学，但这种哲学并非像人们常常批评的那样，脱离现实、不能解释现实。因为他的实践理性批判借助了普通人类理性的道德常识，但又不囿于普通人类理性，而是要揭示其中所蕴含的先验根据，从而为道德哲学奠定必不可少的稳靠根基。他积极而稳健的伦理学建构理路，为当代哲思提供了独特的典范。

在此，一个理念具有“实践的实在性”，是指这个概念影响我们实践中的行为准则和行动，从而影响现实的经验世界；这个理念通过这种影响经验界的现实活动而具有实践的实在性。[1]

在《实践理性批判》及其之后的著作中，康德先论证道德法则的实在性，然后再论证自由理念的实在性。这一论证顺序与《道德形而上学奠基》(下文简称《奠基》) 中的有所不同。康德指出，实践理性批判“可以不受指责地从纯粹实践法则及其现实性开始，并且必须从这里开始”，根据此“理性的事实”来论证自由，因为我们没有理智的直观，不能直接意识到自由，也不能从经验中推出这个超验理念的实在性。(*KpV* 5: 46)

本文并不是要详细解释《实践理性批判》对道德法则和自由理念实在性的具体论证过程，而是阐述论证的基本路径以及他为何如此论证的基本根据。只有理解他的论证的基本依据和方法论反思，我们才能理解康德的论证的方向和道路。在本文的三个部分中，作者尝试依次说明，康德并未（像许多人批评的那样）预设自由和道德法则的理念的实在性，康德借助普通人类理性来论证道德法则，但又在论证中对普通人类理性进行了彻底的反思和批判。

一、康德关于道德法则和自由理念实在性的思想并非独断论

康德的关于道德法则与自由理念的实在性的思想并非独断论，提供了

[1] 康德十分明确地把无条件的原因性概念（自由概念）的实践的实在性等同于它在意念和准则中的应用：“但现在，一个经验性上无条件的原因性的概念在理论上虽然是空洞的……但这概念依然可以在诸意念和准则中有 in concreto（具体地）表现出来的现实应用，也就是有能够被指明的实践的实在性；而这对于这概念甚至在本体方面的合法权利来说也就足够了。”(Immanuel Kant, *Kritik der praktischen Vernunft*, *Kants gesammelte Schriften*, Band V, Herausgegeben von Preuβischen Akademie der Wissenschaften, Reimer, spaeter de Gruyter, 1913, S.56，以下对康德著作的引用以德文缩写加卷号、页码表示；译文参考此译本：康德:《实践理性批判》，邓晓芒译、杨祖陶校，人民出版社，2003.) 康德指出，道德法则对于自身作了“即使思辨理性批判也会感到满意的证明”，它通过说明理念是感性世界现实中“起作用的原因”，来说明自身的“实践的实在性”。(*KpV* 5: 48) 篇幅所限，笔者于另文讨论此问题，也请参见拙文《自由的现实性与定言命令的可能性——对〈道德形而上学奠基〉的新理解》(发表于《哲学研究》2011 年第 12 期，第 78—86 页)。

关于两者实在性的论证。[1]《实践理性批判》与《奠基》一样，也以理性作为基础，对理性的批判在理性的法庭中进行，从而确证实践哲学能够提供先天综合判断和知识；这首要地体现在，在《实践理性批判》中，道德法则构成了自由、上帝和灵魂不朽理念实在性的前提。尽管康德把道德法则与对道德法则的意识都看作无须论证的理性的事实，但他也提供了对道德法则的实在性。[2]

首先，康德明确表明，他不仅对道德法则的纯粹性进行了"检验"或"验证"，还对道德法则的实在性进行了"证明"和"有效性证成"；在他看来，道德法则的实在性并非完全不可论证。[3]（*KpV* 5：91）康德认为这种验证对于在实践科学中道德法则的运用而言是必要的。凭借对道德法则纯粹性的说明，道德法则的实在性也最终得到论证。"我们首先必须对这条原理按照其起源的纯粹性甚至在这个日常理性的运用中进行验证和合理性证明，然后科学才能够把这条原理把握在手，以便对它加以运用……"（*KpV* 5：91）只有通过对道德原理进行理性验证和合理性证明，作为实践哲学才能够将这种原理运用在实践推理中。实践哲学不是自然科学，但是定言命令等命题在实践的意义上被认证为先天综合判断，实践哲学构成了实践领域的知识和科学。"……即一个客体，它是远在道德法则首先自己

---

[1] 康德区分了独断论（Dogmatismus）和独断方法（dem dogmatischen Verfahren）。康德说："因此，独断论就是纯粹理性没有先行批判它自己的能力的独断方法。"（*KrV* BXXXIV）他认为，批判并不与"纯粹知识中的独断方法"相对立，而是"与独断论对立"；批判介于独断论与怀疑主义之间。（*KrV* BXXXIV）康德认为，有正当的和不正当的独断方法。首先，正当的独断方法是基于理性对自身达到纯粹知识的"方式和权利"进行审查，它"从可靠的先天原则出发"，"通过清晰地规定概念、力求严格地证明、在推论中防止大胆的跳跃"，严格地证明纯粹知识；这种知识"在任何时候都必须是独断的"，它们并不依赖于后天的公共理性的商谈。（*KrV* BXXXIV— BXXXV）不正当的独断方式体现为独断论，它并不对理性自身的能力进行批判，而试图从基于已经运用的先天原则中增加先天的知识。其次，不正当的独断方法试图从对概念的单纯分析来扩展关于事物的知识，想要"仅仅通过它们的概念从一个对象及其存在进展到另一个对象的存在或者其实存方式"。（*KrV* A217/B264）反之，在康德的批判中，其独断方法则试图从"作为一种知识的经验的可能性"出发，揭示知识的可能性条件，从而说明（作为这种条件的）先天形式的普遍有效性。（*KrV* A217/B264）

[2] 关于"理性的事实"概念的内涵与外延，请参见拙文：《如何理解康德的"理性的事实"?》，《四川师范大学学报》2018 年第 2 期。

[3]"Rechtfertigung"，英译"justification"，不仅仅是对某种观点或要求的正当性可能受到的批评而做出辩护，它首先是指对观点和要求的正当性的论证。

得到证明并作为意志的直接规定根据而得到有效性论证以后，才能对那个从此就按其形式而被先天地规定了的意志表现为对象的……”（*KpV* 5：64）在此，证明道德法则能够成为意志的规定根据，就是证明道德法则具有实践的实在性。当然，定言命令对自由、上帝和灵魂不朽的肯定，都只是在实践的意义上是有效的，是指本体理念必然能够影响行动，并必然应当影响行动，它们并不是指存在着自在的本体与这些理念相对应。

其次，道德法则的理论的实在性固然不可论证，但是它的实践的实在性可以被理性地论证，而康德对后者进行了论证。康德在第二批判第一章论“纯粹实践理性原理的演绎”时，他首先指出我们不可能成功地对道德法则的客观实在性进行演绎和合理性论证，但在紧接着的下一段中肯定道德法则获得了客观实在性，然后又在之后的一段中具体说明了这种方式，并明确断言道德法则得到了令人满意的证明。可见，他前后所指的实在性其实是有不同含义的。纯粹实践理性这种“基本的能力”是超验的能力，它的理念（包括道德法则、自由等理念）指向超验的世界，它们都是无法通过经验而证实的；“所以道德法则的客观实在性就不能由任何演绎、任何理论的、思辨的和得到经验性支持的理性努力来证明……”。（*KpV* 5：47）但接下来的两段话里，他又断言“道德法则以下述方式对于自己的实在性做出了即使思辨理性批判也会感到满意的证明”。（*KpV* 5：48）事实上，在断言道德法则的实在性不可演绎或证明的时候，康德指的是道德法则的理论的实在性不可演绎或证明。（*KpV* 5：31）在他主张道德法则的实在性得到了证明的时候，他讨论的是其实践的实在性。“……我们能够否认在思辨中诸范畴的超感官运用有客观的实在性，却又承认它们在纯粹实践理性的客体方面有这种实在性。”（*KpV* 5：5）

尽管我们无法认识道德法则独立决定意志的原因，但我们可以通过道德法则本身的原因性（它在因果关系中构成行动的原因的属性）而确证它的实在性。在第二批判中康德承认，道德法则如何单独地构成意志的动机，这是不可认识的；然而，某物何以可能这个问题不可解决，并不意味着该物的实在性不可证明。第一，康德在第二批判中也断言，我们无法认识自由如何可能、定言命令如何可能，但他依然对道德法则的实在性做了论证。第二，即使我们无法通过某物的根据来认识它的可能性，但我们可以通过它的原因性而认识它的可能性。《奠基》中对自由演绎就采取这种方式，在此，康德通过理性的自发性来论证自由理念以及道德法则能够影响和规定人的行动，来说明我们在实践上的自由和定言命令的可能性。在第二批判中，康德也是通过说明道德法则能够在实践中起的作用，来说明道德法则能够构成行为的动机。"因为一条规则如何能独自地直接就是意志的规定根据（这毕竟是一切道德性的本质），这是一个人类理性无法解决的问题，它与一个自由的意志是如何可能的这个问题是一样的。所以我们将必须先天地指出的，不是道德法则何以会在自身中充当一种动机的那个根据，而是就其作为这样一个动机而言在内心中所起的（更准确地说，必然起的）作用。"（*KpV* 5：72）道德法则如何造成经验的情感和行动，这在根本上无法认识，因为这可能是基于本体的原因，而本体的原因是不可认识的；但是它能够决定意志，这一点却可以被说明。第三，我们能够确认它能够影响和决定行动的准则，尽管我们无法认识道德法则起作用的具体过程。这种具体过程可能涉及本体界，也涉及许多隐微的心理活动和生理活动，超越了具体的人的认识能力。但这并不妨碍我们把握道德法则的普遍性力量。

再次，康德认为，道德法则的实在性尽管无须论证，但是可以论证；康德提供了这种论证。首先，道德法则是人们（自觉或不自觉地）实际运用的道德标准。道德法则的有效性由于显而易见、难以否认，康德断言它是被直接意识到的"理性的事实"，因而它是人们（自觉或不自觉地）在实际进行评价时的道德标准，只是人们往往没有意识到。但是，人们只要清楚地反思道德法则，就会认同道德法则这个"理性的事实"。其次，即使一个人往往不根据道德法则而行动，但他通常意识到自己应当出于道德法则而行动。做出正确的道德评价和做道德的行为是两回事。再次，普通人类理性能够可靠地做出合理的道德判断，往往能判断得比哲学家的理性更可靠，因为哲学家们容易被"一大堆陌生的、不相关的考虑所扰乱"，在过多玄思中误入歧途。[1] 道德法则是每一个人都会承认的事实，因为每个人都有理性，尽管并不是每个人都已经明确地意识到了它的纯形式性的最高原理，就好像每个人只要运用理性，都会承认逻辑学的原理，但不是每个人都在意识中明确思考这种原理，并对其有清晰、充分的认识。“我认为实践上是有纯粹的道德法则的……我有权假定这一命题，这并不只是因为我援引了那些最明察秋毫的道德学家们的证据，而且是因为我依据的是每一个人的道德判断，如果他愿意清楚地思考这样一条规律的话。”（*KrV* A807/B835）道德法则无须论证，它正如基本的逻辑原理的合理性那样显而易见，其合理性可以直接被意识到，普通人类理性也能有效把握到它。然而，某物无须论证并不意味着它不可被论证。

总体上说，康德的实践理性批判从普通人类理性对道德法则的主观意识出发，通过追溯道德法则和对道德法则的意识在纯粹理性中的来源，来说明道德法则的客观的实践的实在性。首先，每个有普通人类理性的人都意识到，我们有对必然性的理性要求、对道德法则的敬重感，因而意识到能够、并且应当遵循道德法则的意识，道德法则能够决定我们的行动；然而，道德法则是否普遍地能够决定人的行动，这仍然是不清楚的。其次，实践理性批判对道德法则的纯粹性进行了“验证”和辩护，并揭示了对法则的敬重感的纯粹来源——先验的人格性理念，从而进一步阐明，为什么只有（蕴含在理性或人格性之中的）道德法则，而不是任何其他的因素，才能够引起敬重。这样，我们出于对道德法则的敬重而行动，就不会有任何感性的动机掺杂进来，因为这种敬重不会由于感性的爱好而产生。由此，我们有这样一种实践理性：它既是纯粹的，又足以决定我们的意志，而道德法则具有客观的实践的实在性，它能够构成行动先验的根据；但这并不意味着道德法则具有理论的实在性并能构成行动的超经验根据。在论证的第一个步骤中，对道德法则的关切及其力量是无法通过先验的方式来证明的，只能诉诸普通人类理性和它也能把握到的道德法则。普通人类理

[1] Immanuel Kant, *Grundlegung zur Metaphysik der Sitten*, Kants gesammelte Schriften, Band IV, Herausgegeben von Preu β ischen Akademie der Wissenschaften, Reimer, spaeter de Gruyter, 1911, 404.

性表明，理性要求我们遵循具有必然性的道德原则，而作为法则的道德原则能够引起关切或敬重，这种关切或敬重能够战胜感性的爱好，而使我们能够出于道德法则而行动，由此我们意识到我们应当遵循道德法则。

二、康德借助普通人类理性来说明道德法则和自由理念决定意志的力量

康德认为，有必要借助普通人类理性，来说明道德法则和自由理念决定意志的力量，再通过实践理性批判，解释包含在普遍人类理性的道德意识中的先验理念和道德情感的先验来源，从而说明道德法则和自由理念的实在性。

首先，康德认为，实践理性批判有必要借助普通人类理性。这至少有三个理由。第一，就道德行为的客观根据而言，即使最普通的人类理性也会意识到道德法则和它的规范性。第二，就道德行为的主观根据而言，普通人类理性也能够意识到对道德法则的敬重感及其战胜感性欲望的力量。感性的情感（作为行为的具体动机）为道德法则规定意志提供力量，构成了道德法则其作用的必要中介。道德法则也能成为意志主观的规定根据，并非与情感无关，而是因为它能够引起敬重这种特殊情感。道德法则不仅是理性存在者行动的客观根据，它"也是该行动的主观的规定根据，即动机，因为它对主体的感性有影响，并产生一种对法则影响意志有促进作用的情感"。（*KpV* 5：75）在此，敬重不是道德法则的根据，但被"用作动机，以便使德性法则自身成为准则"。（*KpV* 5：76）这种道德关切必须能够战胜感性的内部阻碍，使我们能够出于道德法则而行动。第三，纯粹的道德法则为何会引起敬重的情感，敬重是否有力量战胜感性的爱好，这在根本上是一个关于情感的问题，因而不可能被单纯借助先验理性就得到阐明。因此，实践理性批判必须要诉诸普通人类理性，来说明构成自律能力的道德的情感。

如果我们无法先验地认识人的本性在何等程度上是脆弱的，人心在何等程度上是不纯洁的，那么，我们无法先验地断言，我们的道德法则是否

能够通过敬重战胜感性的爱好。康德在《纯然理性界限内的宗教》中指出，人性三种趋恶的先天倾向：脆弱（die Gebrechlichkeit），不纯洁（die Unlauterkeit）和恶劣（die Bösartigkeit）。[1]（*Rel.* 6：29）作为有感性的理性存在者，人的意志会把道德法则和幸福的动机都纳入到自身的准则中，而行为的善和恶的区别在于我们是把道德法则的只是动机还是基于自爱的动机置于优先地位。（*Rel.* 6：36）人的脆弱在于，即使我"把善（法则）纳入我的任性的准则中"，并在客观上设想善是"不可战胜的动机"，但是在主观上，善"却（与爱好相比）是较为软弱的动机"。（*Rel.* 6：29）人心的不纯洁是指人有一种倾向，在行为中除了法则自身之外还有别的动机，因而只是做出合乎法则的行为。康德在此表明，即使我们意识到我们有遵循道德法则的必要性，我们也有可能在现实中由于动机力量的不足而无法出于道德法则而行动，或有可能动机并不纯正，而假如人心极端地脆弱和不纯洁（这在逻辑上毕竟是可能的），那么，我们就无法具有自律的能力。因此，要不是我们通过普通人类理性在现实生活中意识到人性并非极其的脆弱和不纯洁，我们就无法断定我们能够出于对道德法则的敬重而行动。因此，如果我们最终能否对道德法则进行某种"证明"或"辩护"，那么，这种证明只能如此进行：实践理性批判从普通人类理性开始，从普通人类理性也能意识到的道德法则开始。

对此，一个可能的反驳是，即使事实上没有一个出于对道德法则的敬重的行为，道德法则依然是有效的，它依然能够通过引起敬重规定我们的意志；据此，说明敬重感的力量及纯粹性就并不是必要的。不过，这里的问题不在于人们事实上（在过去、现在或未来）是不是出于对道德法则的敬重而行动，而是人们究竟能不能出于对道德法则的敬重而行动，或者道德法则能不能通过引起敬重而规定我们的意志。假如人性过于软弱，人没有能力出于对道德法则的敬重而行动，那么，道德法则就是对不可能东西

[1] Immanuel Kant, *Die Religion innerhalb der Grenzen der blossen Vernunft, Kants gesammelte Schriften*, Band V, Herausgegeben von Preu β ischen Akademie der Wissenschaften, Reimer, spaeter de Gruyter, 1914, S.36. 对此著作的引用参考译著：康德：《康德著作全集》，第 6 卷，《纯然理性界限内的宗教》《道德形而上学》，李秋零主编，中国人民大学出版社，2007 年。以下对该著作的引用以 *Rel.* 加卷号和页码表示。

的要求，就无法具有普遍有效性。

其次，康德认为，普通人类理性能够确证道德法则的实在性。普通人类理性尽管不够纯粹，往往受到感性的影响，但是它作为理性，就能够进行自我反思和批判，从而对道德原理进行验证和辩护，将其认证为先天的纯粹法则，从而为理性的有效的实践运用奠定基础。首先，实践理性批判的有效性的一个根据是它能够以具有普遍性的方式、通过每个人的实践理性进行试验，从而排除感性的、偶然性因素，而验证纯粹的、先验的因素是否存在。这种实验的普遍可检验性保证了其结论的一般有效性。在理论学科方面，“在这些科学上由于它们对自己的原则以如此各色各样的方式通过按一定方法的运用而加以检验，人们就不必担心如同在日常知识那里一样很轻易地把经验性的认识根据暗中掺杂进来”，由此，纯粹理性批判把经验性因素排除出去，来对纯粹的先验因素加以考察，进而有效地证明纯粹思辨理性的能力。（*KpV* 5：91）类似地，对哲学家来说，“……他几乎像化学家一样任何时候都可以用每个人的实践理性来做实验，以便把道德的（纯粹）规定根据与经验性的根据区别开来；当他把道德法则（作为规定根据）加在从经验性上被刺激起来的意志（例如那种由于能够凭借说谎而有所获就会愿意说谎的意志）之上时就是这样”。（*KpV* 5：92）例如，在道德判断中，对于是否应当为了个人的好处而说谎，正派的人的实践理性可以马上意识到，我们应当出于对自己人格的敬重而保持诚实，而那种好处就“被分离出来和清洗出来”。（*KpV* 5：93）由此可见，道德法则是理性的内在要求，“道德法则是永远不离开理性、而是与之最密切地结合着的”。（*KpV* 5：93）其次，这是因为欲望受到刺激时所引起的情感是明显而可辨认的，我们可以有效地通过普通人类理性来对自身的道德原则进行反思，验证在没有感性的爱好和冲动作为动机的情况下，我们是否足以通过对道德法则的理性肯定和感性的敬重而行动。“但对道德原则作为纯粹理性的诸原理的辩护却因此可以通过援引日常人类知性的判断而很好地并且以足够的可靠性来进行，因为一切有可能作为意志的规定根据混入我们的准则中来的经验性的东西，通过它在激发起欲望时必然附着在意志之上的快乐或痛苦的情感马上就成为可辨认的……”（*KpV* 5：91）

由此我们也可以看出，不仅理性对道德法则的认同，还有关于道德法则的情感，也构成了康德在论证道德法则和自由理念实在性过程中的重要因素。

三、康德通过实践理性批判揭示自由与道德法则理念的普遍有效性

在本节中，笔者先解释对普通人类理性进行批判的必要性，然后阐明他如何通过这种批判，阐明自由与道德法则理念具有普遍决定行为准则的力量。尽管《实践理性批判》从意识到道德法则的普通人类理性出发，但康德并不简单接受普通人类理性的所有内容，而是要对它进行批判，分离、过滤出其道德意识中的纯粹的、先天的因素，说明这些因素的来源和实践理性的有效性及其限度。在此，《实践理性批判》的思路与《纯粹理性批判》有许多一致的地方。这正如康德在理论方面，他一开始就承认思辨理性能够在数学和物理学中形成先天综合判断和普遍知识，但他并不是简单地、完全地接受思辨理性和自然科学中的所有因素，而是要对其进行批判，并指出我们确实有关于对象的先天综合判断，但这些综合判断只是对现象界的经验对象才有效，并不适用于本体。

康德认为，对普通人类理性的反思和批判是十分必要的，尽管对道德法则的论证需要借助普通人类理性。这是因为，普通人类理性并未清楚地意识到道德的形式性的最高原理、道德法则和敬重感的先验来源，因而没有意识到道德法则的纯粹性和普遍有效性，于是在得到培养时往往会出于爱好而在玄思中陷入关于德性和幸福的辩证法，从而产生对道德法则的纯粹性和严格性的怀疑，以使德性标准与自爱相一致。《实践理性批判》指出，我们必须对一般的实践理性进行批判，以防止一般实践理性通过陷入玄想中的僭越和辩证论，而怀疑道德的严格性，并危害我们的道德实践。“这样一来，我们将要探讨的就不是一种纯粹实践的理性的批判，而只是一般实践的理性的批判。因为纯粹理性一经被阐明了有这样一种理性，就不需要任何批判了。”（*KpV* 5：15—16）这种僭妄体现在实践理性的辩证

论之上。辩证论是以感性作为根源的，是一般实践理性通过实践理论的诡辩所导致的，或者说，是以不纯粹的、一般的实践理性为基础的纯粹理性（对实践哲学进行的思考的理性）的僭妄的玄想所导致的。《实践理性批判》中康德说，"……自以为具有独裁地位的、以经验性为条件的纯粹理性运用则是超验的，它表现出完全超出自己领域之外去提要求、发命令的特点，这与有关在思辨的运用中的纯粹理性所能说出的东西是恰好倒过来的关系"。（*KpV* 5：16）在实践领域，纯粹理性的超验运用产生辩证幻相，纯粹理性的辩证论的体现这种错误的运用：为有条件者的内部要求无条件者，试图在现象界找到某种绝对的东西。这种纯粹理性的活动是以经验性为条件的，它对实践领域进行纯概念的哲学思考（而不是进行实践），因此，它可以说是纯粹的，但是这种僭越的理性又试图基于有条件的幸福、感性的自爱的要求来解释无条件的道德，因而在根本上是以经验性为条件的，是基于一般的、普通的人类理性的感性倾向。"但从这里就产生了一种自然的辩证论（natürliche Dialektik），即一种对义务的严格法则进行玄想、对其有效性至少是其纯洁性和严格性加以怀疑、并且尽可能使义务更加适合于我们的愿望和爱好的偏好（Hang），也就是说，从根本上败坏它……"[1] 道德法则是人们实际上采取的道德判断标准，人们通过普通人类理性对具体的事件进行评价的时候，通常能够做出合理、有效的判断，但人们并未对这种标准有非常清晰、明确的意识，并未分离出一种最为抽象的、最高的道德原理，因而它对道德法则和道德动机的根源和纯粹性并未有清楚的意识。而且，它又往往受到感性的爱好的影响，因此，普通人类理性在逐渐得到培养的过程中，往往会在玄想中由于辩证论对道德的纯洁性和严格性加以怀疑。因此，我们必须对普通人类理性进行批判。（*KpV* 5：8）

实践理性的辩证论体现为，把自在的事物（至善）与有条件的事物（幸福）相混淆，因此，必须要对实践理性作出彻底的批判。首先，实践

---

[1] Immanuel Kant, *Grundlegung zur Metaphysik der Sitten, Kants gesammelte Schriften*, Band IV, Herausgegeben von Preu β ischen Akademie der Wissenschaften, Reimer, spaeter de Gruyter, 1911, 4,405.

理性普遍有一种产生实践理性的辩证论的倾向。理性进行哲学思考时，总是倾向于混淆现象和自在之物，而在有条件的经验事物中寻找无条件的东西，它在实践哲学中倾向于通过幸福来理解至善，“……从条件总体（因而无条件者）这一理性理念在现象上的应用中就产生出一个不可避免的幻相，似乎这些现象就是自在的事物本身（因为在缺乏一个警戒性的批判时它们总是被认为是这样的）”。（*KpV* 5：107）这里说的有条件者是指基于爱好和自然需要之上的东西，而无条件者、条件的总体是指至善。理性产生辩证论是一种自然的倾向，除非对一般的实践理性进行彻底的批判，这种辩证论和幻相就总会出现。其次，实践理性批判也要确定作为无条件者的至善的内涵，但至善概念应当在道德法则和德性的基础上建立起来。德性是最高的善，而至善被看作最完满的善，是德性与幸福的整体；我们不能断定道德法则属于感官世界，因而我们也不能断定至善是属于感官世界的。“它作为纯粹实践的理性，同样要为实践上的有条件者（基于爱好和自然需要之上的东西）寻求无条件者，而且不是作为意志的规定根据，而是即使在这个规定根据（在道德法则中）已被给予时，以至善的名义去寻求纯粹实践理性之对象的无条件的总体。”（*KpV* 5：107）再次，理性有一种把德性与幸福等同起来，从而也就把有条件的幸福等同于无条件者的至善的倾向，这种倾向体现在两个典型的思想流派中。“在古希腊各学派中，真正说来只有两个学派，是在规定至善的概念时，虽然就它们不让德性和幸福被看作至善的两个不同要素、因而是按照同一律寻求原则的统一性而言，遵循着同样的方法的，但在它们从两者之中对基本概念作不同的选择上却又是互相分歧的。伊壁鸠鲁派说：意识到自己的导致幸福的准则，这就是德性；斯多亚派说：意识到自己的德性，就是幸福。”（*KpV* 5：111）即使提出义务的严格要求的斯多亚派，也把道德动机建立在感性之上，产生实践上的错位。作为两个错误的极端，“这两个学派都力图挖空心思地想出德性和幸福这两个实践原则的等同性”。又次，我们必须要对实践理性进行彻底的批判，以消除辩证论。（*KpV* 5：107）

不少学者认为，《奠基》指出普通人类理性容易陷入辩证论，但第二批判却摆脱了这种担忧，指出普通人类理性能够准确把握理性的事实，不会陷入辩证论。

然而，《奠基》中所说的自然的辩证法和《实践理性批判》中的实践理性的辩证法本质上是一致的，只是后者关于这种辩证法的思想有更丰富的内涵。这种差异主要体现为，《实践理性批判》把辩证法和至善的概念联系起来，指出辩证法意味着在扭曲至善中德性与幸福之间的关系，而《奠基》尚未讨论至善的概念。但两本著作中的辩证法都是在哲学的玄思中进行的，都是以感性的欲望为根据，对德性与幸福的关系进行扭曲。《奠基》指出，普通人类理性往往在得到更充分的培养时，在哲学的玄思中会陷入辩证论，这一点在《实践理性批判》中仍然被承认。《奠基》中“自然的辩证论”与第二批判中的纯粹理性的辩证论的内容是一致的。首先，自然的辩证论并不是指大众通过普通人类理性自然就会产生的辩证论，而是指理性会自然而然地产生的辩证论，而康德在《奠基》和第二批判中都强调实践理性必然有它的辩证论。实际上，在《纯粹理性批判》中，康德已经指出，“因为在这个世界上一直都有某种形而上学存在，并且今后还将在世上遇见形而上学，但和它一起也会碰到一种纯粹理性的辩证论，因为辩证论对纯粹理性是自然的”。（*KrV* BXXXI）思辨理性的自然的辩证论是一种必然的倾向。同样，正如《奠基》所说，在实践领域，普通人类理性也“会在得到培养的时候不知不觉地产生出辩证论”，即“产生自然的辩证论”。[1] 其次，《实践理性批判》的以下这段话暗示纯粹理性的实践的运用中也存在自然的辩证论：“在纯粹理性的思辨的运用中，那种自然的辩证论应如何来解决，以及应如何防止另外来自某个自然幻相的错误，我们可以在那种能力的批判中得悉详情。但理性在其实践运用中的情况也是半斤八两。它作为纯粹实践的理性，同样要为实践上的有条件者（基于爱好和自然需要之上的东西）寻求无条件者……”（*KpV* 5：108）从这段话可以看出，康德并没有在第二批判中放弃“自然的辩证论”这一观念。在纯粹理性的实践的运用中，也有自然的辩证论，而这种自然的辩证论应如

[1] Immanuel Kant, *Grundlegung zur Metaphysik der Sitten, Kants gesammelte Schriften*, Band IV, Herausgegeben von Preu β ischen Akademie der Wissenschaften, Reimer, spaeter de Gruyter, 1911, 4,405.

何来解决，以及应如何防止另外来自某个自然幻相的错误，我们也可以在对纯粹理性能力的批判中得悉详情。再次，尽管《奠基》中的自然的辩证论的原因是非思辨的，但和《实践理性批判》中的辩证论一样，这种辩证论的内容本身是思辨性的，是它得到培养的时候，也就是逐渐具备思辨能力的时候，不知不觉地对义务的严格法则进行玄想、在纯粹理性的思辨中形成辩证论。而如上所述，与《奠基》中的辩证论一样，《实践理性批判》中的辩证论也是“以经验性为条件”的。（*KpV* 5：16）根据《奠基》，虽然自然的辩证论是在玄想中进行的，但是，它是一种尽可能使义务更加适合于我们的感性的欲望，也是基于感性的爱好和冲动的。当然，《奠基》只是要为道德形而上学提供一个确定的基础，而至善的问题并非道德哲学的根本问题，假定至善、上帝和灵魂不朽主要是为了德性在经验界的具体实现，因而，《奠基》并没有处理至善的问题，尽管在《纯粹理性批判》中康德已经讨论过至善的概念。

事实上，康德通过对一般实践理性的批判，揭示了人们对道德原则的理性肯定和遵循道德法则的感性动机都来源于先验的理性，因而道德意识具有普遍有效性，道德法则能够普遍地决定行为准则。由此，康德最终把道德法则的实在性以及整个道德哲学建立在理性的法庭上。康德认为，我们对道德法则的规范性的意识之所以可能，是由于即使普通人类理性也能注意到，理性必然颁布普遍的道德法则，它会在原则设定的层面剥离、排斥一切经验性条件，而不会允许经验性因素成为意志的最高规定根据，这一点通过理性引起的敬重表现出来。理性的和感性的规定根据不同质性，通过理性对感性的拒斥和敬重感“而得到这样的辨认、变得这样的突出和显著”，以至于“最日常的实践理性”“自然的人类理性”也能够意识到道德法则。（*KpV* 5：91—92）

就对道德原则的理性肯定而言，康德把对道德法则（“理性的事实”）及规范性的意识建立在理性之上。人对道德法则的意识是直接的，但对理性的意识比对道德法则的意识更为本源。作为对道德法则的意识，道德法则并不是没有理由的；《实践理性批判》并未陷入独断论。为何我们在选择准则的时候，我们会（自觉或不自觉地）以道德法则作为行为的标准，而且只要我们清楚地思考道德法则，我们就会认同道德法则呢？“我们能够意识到纯粹的实践法则，正如同我们意识到纯粹的理论原理一样，是由于我们注意到理性用来给我们颁布它们的那种必然性，又注意到理性向我们指出的对一切经验性条件的剥离。”（*KpV* 5：30）对道德法则的意识由于扎根于理性，是普遍被人们根深蒂固地接受了的基本原则，所以能够在意志设立准则时直接显现出来，然而，对理性的意识比对道德法则的意识更为本源，道德法则无非是理性出于其本性的要求。正是由于人已经基于理性的理由或前提而先验地设立了道德法则，所以在选择准则的时候，我们凭借普通人类理性就能马上意识到它。这正如某些数学公式在人们进行数学思考时直接被意识到，但这种意识其实是基于人们对这些公式的根据的理解。而普通人类理性作为理性，必然能够意识到理性对必然性的要求和理性对感性规定意志的拒斥。

就道德的感性动机而言，对道德法则的敬重感也有其先验的、纯粹的来源。康德反对把道德情感看作道德评判的标准，他通过实践理性批判，通过说明对道德法则的敬重不是基于“法则的任何一个客体”，而是由于“法则的形式”，来澄清对道德法则的敬重的先验来源，并由此表明道德的纯粹性和道德法则的客观的实在性。（*KpV* 5：80）“假如这种敬重的情感是病理学上的，因而是一种建立在内部感官上的愉快情感，那么想要揭示出这愉快与任何一种先天理念的关联就会是白费力气了。”（*KpV* 5：80）人们对道德法则有一种关切，除了理性之外，这种关切也有道德情感作为其基本条件，这种情感“必须被视为法则作用于意志的主观效果，只有理性才提供了它的客观根据”。（*GMS* 4：460）我们确实发现，理性及其道德法则对情感的这种影响是无法通过知性来解释的，我们不得不满足于我们看出一个这样的情感是与每个人心中的道德法则表象不可分割地结合着的。需要说明的是，康德既断言，真正的道德动机在于对道德法则的敬重，又声称，道德法则本身构成的道德动机。（*KpV* 5：75）这两者并不矛盾，在一种笼统的意义上，道德法则本身构成了道德动机，而在一种更具体、更严格的意义上，道德法则通过它所引起的敬重感起作用，它所引起的这种敬重感构成了具体的道德动机。

有普通人类理性的人都能发现，人的道德的敬重感能够战胜种种感性的欲望这一点可以通过每个人的普通人类理性来进行检验。康德认为，对道德法则的敬重是普遍存在的，哪怕把某个道德实例交给一个十岁的孩子去作评判，他也能够不经过老师的指导也必然会作出正确的判断。某人通过极端的威逼利诱促使一个无辜而又无权势的正直的人进行诽谤，但他仍然坚持道德原则、拒绝做伪证，毫不动摇或哪怕是怀疑，这个孩子就会"从钦佩上升到惊奇最后一直上升到极大的崇敬"。（*KpV* 5：155—156）这种对纯粹道德的强烈的道德的敬重感能够赋予人极强的力量，去战胜种种的感官欲望。"整个钦佩、甚至要与这种品格相似的努力，在这里都完全是基于道德原理的纯粹性……所以，德性越是纯粹地表现出来，它对于人心就必定越是有更多的力量。"（*KpV* 5：156）

道德法则和自由的理念构成了敬重感的根据。首先，我们对高山、大海等自然事物，只能产生喜爱、恐惧、惊奇甚至惊叹，但并不能产生敬重。审美情趣、才能和地位本身也无法引起我们内心的敬重；当它们被邪恶的人所拥有，反而会引起厌恶。其次，只有当我们采用某种道德的标准，我们才有可能把某个人的人格看作崇高的，可敬重的，对某个个体的敬重源于对道德法则的敬重。例如，我们的身体会对显赫的人鞠躬，我们的精神却会对出身微贱却正直的普通市民鞠躬。这是因为，"他的榜样在我面前树立了一条法则"，当我用法则来与我的行为相比较，"它就消除了我的自大"。（*KpV* 5：76—77）再次，对道德法则的敬重最终来源于先验的人格性理念，即在作为本体的自由意志的理念。崇高的人格性"就是摆脱了整个自然的机械作用的自由和独立"，同时又是"服从于自己特有的、也就是由他自己的理性给予的纯粹实践法则"的能力。（*KpV* 5：86—87）。

总之，康德把普通人类理性和实践理性批判结合起来，既诉诸道德常识，又对常识进行了彻底的批判，揭示了其中先验的成分，从而验证了道德法则和道德关切是纯粹的，并对道德法则和自由理念的实践的实在性作出证明，又对理性进行警戒性的批判，来消除理性总是会陷入的辩证论。这与《纯粹理性批判》中先肯定有先天综合判断、然后对纯粹理论理性进行批判的思路是一致的。康德借助一般实践理性来论证理念的实在性，这体现了对纯粹思辨哲学的超越，单纯的概念思辨是不足以证明道德意识的力量的，然而康德并不止步于道德常识，却对一般实践理性进行了严格的批判，这又充分体现康德哲学的批判性与严谨性。由此，康德证明了人的道德能力与实践自由，以独特的方式解决了道德能力与自由意志的存在问题，为实践哲学奠定了必不可少的坚实基础。

Kant's Approach in Arguing for the Reality of Ideas of Moral Law and Freedom in Critique of Practical Reason

Abstract: Critique of Practical Reason explains the realistic influence of pure ideas of freedom and moral law on will and action through the rational affirmation of and the sense of respect for the two ideas, thus proving the pracitcal reality of these ideas. Here, Kant does not retreat to dogmatism; on the contrary, he uses ordinary human reason to demonstrate moral principles, but further carries out thorough reflection and criticism of ordinary human reason. Some foreign researchers believe that in the process of demonstrating this motive, Kant first explained the pureness of the motive of moral behavior, and then demonstrated its power to regulate the will. The author believes that Kant's argumentation process is the opposite.

Keywords: Kant's Liberal Moral Principles Reality of Practice Dogmatism Ordinary Human Reason

为什么关系无法为关怀伦理学奠基?

——基于诺丁斯与斯洛特之争而展开的讨论

陈　欢　章含舟*

摘要：自上世纪末起，伦理学界一直没能就“关怀伦理学的基础始于关系还是美德”这一论题达成共识。相关讨论演化出两个立场：关系理论与美德理论。诺丁斯为前者的主要倡导者，而后者则以斯洛特为代表。在系列文本中，诺丁斯逐渐完善了自己的观点，从激进版本的关系理论转向温和版本的关系理论。斯洛特多次撰文批评诺丁斯，却始终没能彻底驳倒关系理论。然而关系理论是存在问题的，它无法回避由“忍辱负重的特工”和“理想的被关怀者”构成的双重两难。因此，关系无法为关怀伦理学奠基。

关键词：关怀伦理；关系；美德；“忍辱负重的特工”；“理想的被关怀者”

当前关怀伦理讨论中，一个悬而未决的难题是“关怀伦理学的基础始于关系还是美德”。相关讨论演化出两个立场：关系理论与美德理论。诺丁斯（Nel Noddings）为前者的主要倡导者，而后者则以斯洛特（Michael Slote）为代表。需要提前说明的是，这两个立场并非水火不容。关系理论

---

* 作者简介：陈欢，武汉大学哲学学院，在读博士生，研究方向为伦理学，E-mail:felicity1991@qq.com；章含舟，华东师范大学思勉人文高等研究院，在读博士候选人，华东师范大学知识与行动研究中心成员，研究方向为知识论、伦理学，Email:zhanghanzhouzhz09@126.com。本文为陈欢与章含舟在迈阿密大学访学期间的研究成果，感谢海外合作导师斯洛特（Michael Slote）教授的辛勤指导与谆谆教诲。全文的所有论证过程都得到了他的指点与帮助。同时，本文受华东师范大学“优秀博士学位论文培育资助项目”（YB2016015）、华东师范大学“2017年研究生科研创新实践项目”（YKC17045）、国家留学基金管理委员会资助，该文为阶段性研究成果，在此一并感谢！

承认行动者的美德，而美德理论也会认可关系的重要性。两派争论的核心在于：关系与美德究竟谁能够成为关怀伦理学的理论基础，或曰：何者更具有优先性。诺丁斯写道："我认为这（笔者注：即指美德）不是最佳出发点。如果我们将关怀关系视为最基础的善（primitive good），那么所有建立、维系与增进关系的努力才会有道德价值。"[1] 斯洛特对此提出疑问："为什么在强调关怀关系时要将人类生活中的其它美好事物（笔者注：即指美德）排除在外？"[2] 相应地，斯洛特主张：只有认可了美德的优先地位，谈论关怀关系才具有伦理学意义。

本文致力于为这场讨论提供一些新思路。在第一节和第二节，笔者将交代关系理论和美德理论这两种不同的关怀伦理立场；第三节将讨论诺丁斯对斯洛特的回应，及其有待商榷之处；在第四节，笔者提出了一个诺丁斯的关系理论无法回应的情境。如果借助笔者构造的双重两难，即"忍辱负重的特工"两难与"理想的被关怀者"两难，那么我们就有更充分的理由拒绝关怀伦理的关系立场。

一、作为关系的关怀

诺丁斯《关怀：伦理学与道德教育的女性进路》（*Caring: A Feminine Approach to Ethics and Moral Education*）一书在关怀伦理学领域中可谓举足轻重。一方面，该书开启了关怀伦理学的讨论范式；另一方面，通过诺丁斯的详细描述，学者们普遍接受了如下观念——关系是关怀伦理学的基础与核心。甚至是致力于将关怀界定为实践（practices）与价值（values）的赫尔德（Virginia Held）也大方地承认："关怀关系具有首要价值。"[3]

所谓关系，按照诺丁斯本人的话来说，即"一系列有序对偶（ordered

---

[1] Nel Noddings, Two Concepts of Caring, in *Philosophy of Education 1999*, ed. R. Curren (Urbana, IL: Philosophy of Education Society, 1999), p. 38.

[2] Michael Slote, *The Impossibility of Perfection: Aristotle, Feminism, and the Complexities of Ethics* (New York: Oxford University Press, 2013), p. 90.

[3] Virginia Held, *The Ethics of Care: Personal, Political, and Global* (New York: Oxford University Press, 2006), p. 19.

pairs），它们产生于那些用以描述人们的情感或主观经验的原则"[1]。关系之所以重要是因为以往伦理学过分强调自主性、权利和规则等带有男性气质的概念，而上述概念并不能很好地表征那些侧重包容、相关与责任的女性经验，相应地，关系则可以整个地覆盖人类生活的所有方面。

受教育学家、哲学家马丁·布伯（Martin Buber）启发，诺丁斯构建了基于关系而发展起来的关怀现象学（caring phenomenology）。在她看来，关怀的本质是关系，处于关怀关系两端的关怀者（one-caring，有时诺丁斯也会使用 carer）与被关怀者（cared-for）负有构建、维系与巩固这段关系的义务。《关怀：伦理学与道德教育的女性进路》发表后的三十余年间，诺丁斯不断地完善自己的理论进路。在后续研究中，她采用数学与逻辑公式，对"作为关系的关怀理论"做了刻画：我们可以将人与人之间的相遇（encounters）过程表征为下述数学关系：{（A1，B1），（A2，B2）……（An，Bn）}[2]。其中，关怀者被标记为 A，被关怀者被标记为 B。在一系列的相遇之中，关怀者 A 与被关怀者 B 之间形成了特定的关系，关怀也由此而产生。

有两点需要提前说明：第一，诺丁斯此处使用"关怀者"与"被关怀者"这两个术语只是出于理论上的方便，这并不意味着关怀者与被关怀者之间的地位始终保持固定不变，或曰"贴着永久性的标签（permanent labels）"。事实上，两者的身份经常会发生转换。请试想师生关系，老师每天教诲学生，期待着学生往好的方向发展，此时老师是关怀者 A，学生是被关怀者 B。某日，老师突感身体不适，喉咙阵阵作痛难以说话，学生主动买了润喉糖给老师，祝福老师早日康复，在这个情境中，学生便成为了关怀者 A，而老师则是被关怀者 B。

第二，诺丁斯语汇中的"相遇"不能放在日常语言系统里去理解。每天走在大街上，会有无数不认识的人从我面前经过，但是这并不意味着我

---

[1] Nel Noddings, *Caring: A Feminine Approach to Ethics and Moral Education* (Berkeley: University of California Press, 1984), pp. 3—4.

[2] Nel Noddings, Caring as Relation and Virtue in Teaching, in *Working Virtue: Virtue Ethics and Contemporary Moral Problems*, eds. Rebecca L. Walker, Philip J. Ivanhoe (Clarendon: Oxford University Press, 2007), p. 41.

与他们中的每个人都相遇或都产生了关怀关系。相遇如果要有关怀伦理学上的意义，必须具备下述三个条件：

首先，关怀者A要有专注（engrossment）或注意（attention）的意识[1]，他需要尽可能地走进被关怀者B的内心，去领会其感受，进而设身处地地形成一种从被关怀者B出发的行动倾向性，也即动机位移（motivational displacement）。

其次，动机位移的真正实现，依赖于关怀者A实施了相应的行动，去关怀被关怀者B。

最后，也是诺丁斯关怀理论中最为独特之处——被关怀者B必须对关怀者A的行动予以确认。乍听之下，这一条件似乎与我们的日常直觉相冲突。关怀一般不都指称关怀者A的关怀行为吗？为什么要将被关怀者B拉入视野？对此，诺丁斯的看法是，如果关怀者A不关注被关怀者B的真正诉求，强行将自己的善意赋予被关怀者B，那么他们之间就不能形成真正的关怀关系。在诺丁斯看来，关怀关系是互惠的（reciprocal），被关怀者B得到了关怀者A给予的关怀行为，而关怀者A从被关怀者B那里获得相应的认可。在不断的互惠之中，关怀关系得到了构建、维系和增进。但是关系的互惠属性并不要求这段关系必须达到对称的（symmetrical）、或交易的（transactional）平衡[2]。事实上，关怀关系总是不对等的。有时候，面对关怀者A的精心付出，被关怀者B的一个微笑、一声谢谢亦足以作为确认。可见，确认行为是"简单但却是实质性的"[3]，如果少了这个步骤，关怀就无法真正的落实。试想生活中经常出现的"家长主义"

[1] 诺丁斯早年喜欢使用"专注"一词，但是"专注"往往与沉迷（enchantment）、痴迷（obsession）甚至爱恋（infatuation）某事或某物相关联，不能很好地凸显关怀者的关怀动机。所以在2000年后，诺丁斯逐渐用"注意"（attention）或"接受性的注意"（receptive attention）去替换"专注"概念，以规避其不良的联想。在《关怀与移情的复杂性》（*Complexity in Caring and Empathy*）一文中，诺丁斯明确地提到了这点。关于这一问题的详细描述请参考：Nel Noddings, *Complexity in Caring and Empathy*, 5（Special Issue）Abstracta（2010）, p. 8. 相关论述亦可参考 Nel Noddings, *The Challenge to Care in Schools: An Alternative Approach to Education*（2 edition）（Teachers College Press, 2005）, p. 16.

[2] Colin Wringe, *Moral Education: Beyond the Teaching of Right and Wrong*（Netherlands: Springer, 2006）, p. 86.

[3] Nel Noddings, The Language of Care Ethics. 40（4）*Knowledge Quest*（2012）, p. 53.

（paternalism）做派，望子成龙、望女成凤的父母给孩子报名了许多课外辅导班，却丝毫没有意识到沉重的学习压力让自己的孩子并不开心。此时，尽管父母的出发点是好的，也为孩子的培养花费了大量的时间、精力和金钱，但是该行为很难称为真正的关怀，孩子们自然也有理由对父母说："你根本不关心我。"以此观之，被关怀者 B 的确认就显得尤为重要了。诺丁斯在众多文本中反复提及了被关怀者 B 确认行为的重要性，她甚至将此视为关系理论的独特之处："我对关怀关系的贡献是强调了关怀必须被接受。没有这个确认，就没有关怀关系，无论关怀者如何善良，如何试图去关心被关怀者。"[1]

从 {（A1，B1），（A2，B2）……（An，Bn）} 的数学公式出发，进一步用形式语言去概括上述关怀背后的逻辑，我们便可以做出如下定义：（A，B）是关怀关系当且仅当：

（1）A 意图去关怀 B，也即在 A 的意识中产生了对 B 的关注和动机位移；（2）A 实施了与（1）相应的行动；（3）B 确认（recognize）了 A 对 B 的关怀。[2]

但是我们很容易找出反例去证明上述定义的不完备之处。试想这样一个情境，在医院里，一位护工用心地护理着一位没有意识的植物人患者。多年来，护工不嫌脏不嫌累、尽心尽职地履行着自己的护理责任。我们显然会称这位护工（关怀者 A）在关怀着患者（被关怀者 B），但是根据诺丁斯提供的充分必要条件，护工似乎并没有成功地关怀患者，其理由如下：

先看条件（1），该条件是有瑕疵的。因为即使护工能动用自己的移情能力去感受患者，但由于患者此时已经失去了意识和感受，护工借助其移

---

[1] Nel Noddings, Identifying And Responding to Needs in Education, 35（2）*Cambridge Journal of Education*（June, 2005）, p. 148.

[2] Nel Noddings, *Starting at Home: Caring and Social Policy*,（Berkeley and Los Angeles: University of California Press, 2002）, p. 19. 出于行文需要，笔者稍微进行了改写，但义理与原文保持一致。另外需要说明的是，诺丁斯在 2002 年以前的著述中，并没有严格区分"回应"（response）与"确认"（recognize）。但事实上，这两个概念之间的差异相当大，后者需要借助较多的认知能力才可实现。婴儿不具备思维能力，他或许可以通过肢体与简单的声音去"回应"外部世界的刺激，但很难说此时婴儿"确认"了外部世界的刺激。这组概念区分在诺丁斯 2007 年以后的文本中才会涉及，笔者将在下文中讨论。

情能力所经验到的或许也只是患者脑海中的一片空白。当然，如果说条件（1）还仅仅是存在着瑕疵，那么条件（3）则完全没办法满足。因为失去意识的患者没有任何言语或行动的能力去表达对护工关怀行为的确认。[1]

在意识到植物人患者的反例之后，诺丁斯于2007年修正了自己的理论，提出了三条追加原则来弱化之前的理论模型。笔者将其概括如下：

（A，B）是关怀关系当且仅当：

（1）A意图去关怀B，也即在A的意识中产生了对B的关注和动机位移；（2）A实施了与（1）相应的行动；（3）B回应或确认了A对B的关怀；（4）在某些极端情形（比如植物人案例）中，我们可以将条件（3）替换为如下三条追加原则：（4a）A继续感受B的诉求，并期待着B的回应；（4b）在A实施关怀行为的过程中，B并没有显示出能够被观察到的拒绝表示；（4c）经验表明，如果B在未来的某一天能够回应，那么其反馈将会是积极的。[2]

在三条追加原则中，（4b）主要用以修缮条件（1）的瑕疵。只要在护理行为中植物人患者没有明显地表示出拒绝之意，那么即使此时植物人患者脑中一片空白，我们仍有理由认为护工对植物人患者的关注和随后发生的动机位移是有关怀伦理学价值的；此外，我们可以将（4c）视为一种代理行为，它代替植物人患者确认了护工的行为，因而为护工与植物人患者之间的关怀关系提供了保证。

出于行文便利，笔者将诺丁斯最初的理论界定为“激进版本的关系理论”。相应地，2007年后的更新则是“温和版本的关系理论”。

---

[1] 也许有人（尤其是有着护理经验的人士）会反驳说：“如果护工接受过专业训练，在护理过程中，护工是可以从植物人身上读出细微的回应的，这难道不是患者对护工的确认吗？”目前，也有经验证据显示，五分之一进入永久植物人状态的患者仍然能够进行思考和沟通，只要我们借助脑电图（electroencephalography，简称EEG）技术便能观察到。但即使如此，一方面，在剩下的五分之四情形中，进入永久植物人状态的患者是没办法确认护工的关怀行为的；另一方面，我们回到诺丁斯对关系的最初界定，即上文提及的“描述人们的情感或主观经验的原则”。要借助脑电图技术才能勉强观测到的回应，实在是难以与我们正常人的“情感或主观经验”相提并论。

[2] Nel Noddings, Caring as Relation and Virtue in Teaching, *in Working Virtue: Virtue Ethics and Contemporary Moral Problems*, eds. Rebecca L. Walker, Philip J. Ivanhoe (Clarendon: Oxford University Press, 2007), p. 44. 出于行文需要，笔者稍微进行了整合。

二、美德理论对关系理论的批评

关怀伦理的关系进路一经提出，便引起了学界不小的争议。与其针锋相对的是关怀伦理的美德进路。诚如哈瓦尼（Raja Halwani）所言："诺丁斯主张'我们在本体论层面是一种关系性的存在（relational beings）'，这或许是正确的……但是诺丁斯的理论不可以因此而推论说'我们所有的伦理理想都单独地建立于关怀之上'。"[1] 美德论者麦克劳伦（Margaret A. McLaren）也表示："关怀与美德之间的关系可谓错综复杂，但我认为将关怀置于美德理论的框架中将会获益良多。"[2]

斯洛特是美德立场里最具代表性的研究者，他认为关怀伦理不应该将关怀的本质界定为关系。相应地，关怀伦理学是"一种基于行动者的美德伦理学"（a form of agent-based virtue ethics），它应该考察关怀者 A 的关怀行动背后所蕴含的"动机、倾向性、品格或内在特质"[3]，动机以及与其相关的美德构成了行动评价的最终标准。概言之，关怀始于美德，而非关系。

在笔者看来，比较有代表性的讨论发生于 1999 年教育哲学学会（1999 Philosophy of Education Society）举办的年会上。斯洛特撰文质疑诺丁斯的关系进路，并提出了两个值得注意的反例[4]，诺丁斯专门对此文做了回应。在随后的时间里，斯洛特继续沿着该方向思考，追加了两个新的反

[1] Raja Halwani, *Virtuous Liaisons: Care, Love, Sex, and Virtue Ethics*,（Chicago and La Salle, Illinois: Open Court, 2003）, pp. 73—74.

[2] Margaret A. McLaren, Feminist Ethics: Care as Virtue, in *Feminists Doing Ethics*, eds. Peggy DesAutels and Joanne Waugh（Lanham, Md.: Rowman & Littlefield, 2001）, p. 109.

[3] Michael Slote, The Justice of Caring. 15（1）*Social Philosophy and Policy*（1998）, p. 173.

[4] 此两观点最初出现于 Michael Slote, Caring versus the Philosophers. in *Philosophy of Education 1999*, ed. R. Curren（Urbana, IL: Philosophy of Education Society, 1999）, p. 33. 随后，斯洛特又在《源自动机的道德》一书中重新提及了它们。Michael Slote, *Morals from Motives*（New York: Oxford University Press, 2001）, p. 31.。出于行文需要，笔者对这两个观点中的案例进行了重新描述，并附上了笔者自己的评论。这些评论得到了斯洛特教授的认可，吻合其撰文的原意。

驳[1]。笔者将斯洛特的意见概述如下：

第一，母婴反例。请试想母亲与婴儿的关系。当母亲感受到婴儿肚子饿时，她放下手边事情，充满慈爱地给婴儿喂奶，婴儿在喝完奶后满足地笑了笑，并沉沉睡去。此时，母亲与婴儿之间形成了诺丁斯意义上的关怀关系[2]，但是为什么我们会称赞母亲的抚养行为（关怀者A的关怀行为）以及母亲和婴儿之间亲密的关系（关怀者A与被关怀者B之间的关怀关系），却不会对婴儿满意的笑容与安心地睡去（被关怀者B的确认行为）进行道德层面的褒扬呢？

质言之，在母婴反例中，被关怀者B的确认行为虽然参与到了关怀关系的构建里面，但是我们似乎不得不承认：由于婴儿没有足够强的思维能力，其喝奶、满足地笑以及沉沉睡去皆是由本能驱动的，其行为背后的理由仅仅是因为母乳好喝、婴儿收获了饱腹感以及感受到舒适，并没有一个明确的道德动机作为支撑，因而这一确认行为难以收获关怀伦理学意义上的道德称赞。

第二，特殊学生反例。请设想在特殊学校存在着一位认真负责的老师，他用心地照料着特殊儿童，孩子们也在老师的精心付出下得到了成长。此时，该老师与特殊儿童之间形成了关怀关系，老师的行为亦值得赞扬。不过有时我们不禁会联想："虽然老师的行为值得赞美，但是如果有一天世界上所有的小孩都健健康康的，不存在老师照料特殊儿童这种关系，那岂不是会更好？"

换句话说，尽职老师与特殊儿童之间之所以能够形成具有关怀伦理学

[1] 其中有一条驳斥意见尚未发表，仅在斯洛特与笔者私人面谈时曾提及过。征得斯洛特同意，笔者将该意见列为第三条反驳。第四条反驳最早出现于 Michael Slote. *The Ethics of Care and Empathy*,（New York: Routledge, 2007）, pp. 85—87. 之后，斯洛特重新提及该案例，并做了新的说明，详情可见 Michael Slote, *From Enlightenment to Receptivity: Rethinking Our Values*,（New York: Oxford University Press, 2014）, pp. 221—222. 出于行文需要，笔者进行了适当改写，但意思与原出处保持一致。

[2] 斯洛特此处的质疑发表于 1999 年，当时的诺丁斯会不加区分地使用"确认"与"回应"这两个概念（笔者在前文的注释中提到：直到 2007 年，诺丁斯才在更新版本的界定中明确地区分了"确认"与"回应"）。所以，虽然从严格的角度来说，婴儿只有"回应"的能力而没有"确认"的能力，但是由于诺丁斯将"确认"与"回应"等量齐观，所以她会认为此时婴儿与母亲之间形成了关怀关系。事实上，诺丁斯早年的文本一直将母婴视为关怀关系的最佳典范之一。

价值的关系，除了老师的用心付出与特殊儿童对老师的认可之外，还依赖于“在现实世界中存在着特殊学生，他们需要老师们的关怀”这重需求关系本身。言下之意，即使师生之间的情谊再如何值得褒扬，其关系本身似乎也是不幸的。关系理论在赞扬师生关系的同时，并没有明确地告知我们该如何看待师生背后所蕴含的、不幸的需求关系本身。因此，诺丁斯的理论是有待进一步澄清的。相反，美德理论者却不必为此而感到烦恼，因为美德理论的评价标准在于关怀者 A 是否充分地施展了他的关怀动机与关怀美德，至于“在现实世界中存在着特殊学生，他们需要老师们的关怀”这重需求关系本身则并不构成美德理论的判断准绳，故美德理论是可以回避相应的诘难的。可见，相比将不幸的关系视为关怀伦理学的基础，我们倒不如去强调美德在关怀伦理学中的基础性地位。

第三，择校学生反例。请设想有某位认真负责的老师，他用心地培养一名十分具有研究潜力的本科生。临近毕业时，这名学生顺利地获得了两份大学的研究生录取通知书。一份是留在本校继续跟随这位老师从事研究，另一份则是前往另一个很远的国家，攻读另一所更好的高校，求学于一位更优秀的老师。此时老师面临着一个艰难的选择：究竟是将学生留在身边，还是鼓励他去追求更广阔的平台？经过反复的思想斗争，老师忍痛割爱，选择了后者。

诺丁斯认为，关怀者 A 与被关怀者 B 应该促进、维系和增进他们之间的关怀关系。但是上面这个反例似乎表明，在很多时候，学会放手或许才是真正的关怀。学生远在他国求学，研究方向可能不再与这位老师一致。由于生活交集少，现在已经形成的关怀关系根本无法得到维系或增进。但即使如此，如果老师真的关怀学生，他一定会基于学生的切身利益而做出选择，哪怕这个选择甚至会导致现有的师生关怀关系消失。

第四，骑摩托车的儿子反例。请设想一名刚成年的儿子，他在骑摩托车时喜欢感受凉风拂面，因而拒绝佩戴摩托车头盔。出于安全考虑，其父母苦口婆心地教育他要做好防护措施，但是儿子却不以为然，认为胆小鬼才会佩戴头盔。

斯洛特曾提及：“诺丁斯在给我的私人回复中承认：如果一位母亲或

父亲不得不以家长主义的方式介入，去干预他们已经成年的孩子，以阻止其在没有佩戴头盔的情形下骑摩托车（他喜欢凉风拂过头发的感觉，并认为担心车祸实在是太懦弱了），关怀伦理仍然会建议其父母这么做，尽管这样会导致他们与孩子之间的关系变得糟糕（当然，父母在这件事情以后应该更加努力地改善他们与孩子的关系）。”[1] 可见，在这份私人回应中，诺丁斯的关系立场已经不那么坚定了。面对来自家长主义的反例，诺丁斯不得不承认：在某些时候，父母劝诫孩子的动机（倾向性或美德）比父母与孩子之间的关怀关系具有更伦理学上的优先性。

我们可以从斯洛特的四个反例中发现一条理论线索。第一个反例旨在质疑关系理论的条件（3），也即“B 确认（或回应）了 A 对 B 的关怀”。斯洛特认为，由于婴儿的回应行为缺乏关怀的动机，因此虽然该回应有利于母婴关系的形成，但是却没有道德价值（至少没有道德称赞的意义）。第二个反驳强调不少具有关怀伦理学价值的关怀关系是基于现实世界的不完满而存在的，与其将关怀的基础奠定在这些有瑕疵的关系之上，我们不妨将目光聚焦于关怀者 A 本身的美德。第三个反例关注的是：当关怀关系与被关怀者 B 的福祉相冲突时，我们完全有理由为了保护被关怀者 B 的福祉而去牺牲关怀关系，并且这一牺牲行为是具有关怀伦理学价值的。笔者认为，第四个反例是斯洛特所有反驳中最为成熟的一个，它可以被视为第一、二和三各反例的综合。首先，在这个例子中，父母的行为没有获得儿子的认同〔也即缺少条件（3）B 确认了 A 对 B 的关怀〕。其次，父母的干预行为体现了他们关怀儿子的美德。最后，在适当情形下，父母可以通过牺牲某种程度上的关怀关系（即牺牲了父母与孩子和睦相处的关系）来换取被关怀者的更大福祉。

三、诺丁斯在多大程度上回应了斯洛特?

斯洛特的批评是关系理论必须直面的挑战。在 1999 年教育哲学年会

[1] Michael Slote, *From Enlightenment to Receptivity: Rethinking Our Values* (New York: Oxford University Press, 2013), p. 221.

上，诺丁斯就开始着手回应美德立场的诘难，这项工作一直持续到了今天。概括而言，诺丁斯有两个值得我们重视的答复。第一个回应针对的是斯洛特的第一个反例；第二个回应则围绕着斯洛特第四个反例展开（需要加以说明的是，诺丁斯并没有直接回应第四个反例，而是试图在多篇著述中证明为什么家长主义是错的。考虑到诺丁斯对家长主义的批评与第四个反例极具相关性，笔者此处将其视为对反例四的回应）。

至于另外两个反例，首先，在诺丁斯目前出版的著述中，尚未给出反例二的相关说明。其次，由于斯洛特没有公开发表反例三，我们也无法强求诺丁斯会对此进行回应。

（一）第一个回应及其缺陷

诺丁斯在 1999 年的会议论文中提到，美德立场最大的问题在于它是一种个体主义式（individualistic）的伦理学——只要行动者的动机体现了美德，我们就赋予其道义计分（moral credit），也即认可行动者 A 的行动背后所蕴含的伦理学价值。但是这种个体主义立场很容易使我们忽略被关怀者 B 的切身感受与真实诉求。关怀者 A 不能因为自己的行为已经具有了道义计分，就将被关怀者 B 忘之脑后。以诺丁斯为代表的关系理论者强调："（关系理论）所承认的是道德的相互依存性（moral interdependence）……我们不能随便说句'好吧，反正我已经关怀了'就草草了事。我们必须承认自己行为的失败（这或许是一种无过错的失败），并且分析究竟是什么使得关怀变得如此艰难。"[1] 诺丁斯指出，斯洛特的母婴反例虽然能够证明母亲的行为具有道义计分，但是却忽视了婴儿的回应行为在母婴关系的构建中起到的重要作用。正如我们不能因为行动者 A 的行动有了道义计分就断言必然会有关怀关系的存在，同样，我们也不可草率地说被关怀者 B 在缺乏道义计分的情况下就无助于关怀关系的形成。

正是在这个意义上，关系理论并不特别看重道义计分，而是把关怀关

[1] Nel Noddings, Two Concepts of Caring, *in Philosophy of Education 1999*, ed. R. Curren (Urbana, IL: Philosophy of Education Society, 1999), p. 38.

系的建立与维持视为头等大事。在 2010 与 2015 年的文本中，诺丁斯进一步指出："建立与巩固关怀关系为道德生活（moral life）奠定了基础。"[1] 从这个角度出发，诺丁斯如是反驳母婴反例：虽然个体主义的伦理学不会给婴儿满足的笑容与沉沉睡去赋予任何道义计分，但是我们不能否认这一行为会激发母亲的母爱，让母亲感受到"暖心"和"奖励体验"[2]，觉得自己的付出是有价值的，进而去更好地维系她与婴儿之间的关系。也就是说，婴儿所做出的那些缺乏道义计分的回应行为可以激励关怀者[3]，不会导致由于长期缺乏回应所造成的关怀疲软状态。

诺丁斯的回应虽然有其合理性，但存在着避重就轻的嫌疑。斯洛特母婴反例的矛头所指向的是"关系理论无法说明婴儿的回应行为为什么具有道德价值"。诺丁斯在答复该反例时，只是证明了婴儿回应行为对于母婴关系形成的重要作用（否则很容易陷入行动者 A 只关心自己的道德计分，而不在意被关怀者 B 的福祉），却没能说明"如果关怀伦理学是一种道德理论，那为什么婴儿所做的缺乏道德动机的回应行为会具有道德价值"？质言之，诺丁斯仅仅证明了婴儿回应行为具有"关系的相互依存性"，尚无法达到其宣称的"道德的相互依存性"。

此外，基于"婴儿的回应行为可以激励母亲"就证明"婴儿的回应行为具有道德价值"也是无法成立的，因为婴儿的回应行为只能"导致"一系列具有道德价值的后果发生（比如回应行为让母亲更加喜欢婴儿，更好地承担起妈妈应有的角色等等），而非婴儿的回应行为"本身"具有道德价值。

为了更好地澄清诺丁斯与斯洛特的理论分歧，笔者将援引哈瓦尼

---

[1] Nel Noddings, Care Ethics and Virtue Ethics, in *The Routledge Companion of Virtue Ethics*, eds. Lorraine Besser-Jones and Michael Slote（New York: Routledge, 2015）, p. 402. 以及 Nel Noddings, *The Maternal Factor: Two Paths to Morality*（Berkeley and Los Angeles: University of California Press, 2010）, p. 49.

[2] Nel Noddings, *The Challenge to Care in Schools: An Alternative Approach to Education*（2 edition）（Teachers College Press, 2005）, p. 17.

[3] Nel Noddings, *The Maternal Factor: Two Paths to Morality*（Berkeley and Los Angeles: University of California Press,2010）, p. 128.

（Raja Halwani）所提出的“本体论维度”和“伦理学维度”[1]区分。关系理论与美德理论的本体论出发点是不同的。前者强调：我们在诞生之初并非是一个能够自由选择是否要进入一段关系的自主生物（autonomous beings），相反，我们出生于关系之中并生存于其间，所有的人类伦理生活都建基在关系之上；不同于关系理论，美德理论则将个体视为其本体论基础，个人的幸福（flourishing）是美德伦理所追寻的伦理目标。斯洛特的母婴反例有效地指出：依托关系本体论而构建起来的关系主义的关怀伦理学无法解释婴儿行为的道德价值，因而关系理论中的某些环节与我们日常道德直觉有所悖离。然而，诺丁斯的回应始终没能正视自己的理论盲点。事实上，婴儿回应行为只能用以解释关系本体论是什么，却无助于说明关系理论能否提出一种更好的关怀伦理学，来替换美德进路下的关怀伦理学中的道义计分理论。

与诺丁斯相仿，不少当代关怀伦理学者均未认识到区分本体论维度和伦理学维度的重要性，因此产生了不少错误的观点。桑德－施托德（Maureen Sander-Staudt）曾在论文中提到：“斯洛特在其美德伦理学理论中悄然地赋予了关系以本体论的优先地位（ontological priority）。”[2]——这显然悖离了斯洛特的本意。斯洛特承认关系在本体论和伦理学中起到了部分作用，只是对于美德理论者而言，关系不应该成为奠定人类伦理生活的全部基础。类似地，伯格斯（Sandrine Berges）基于“如果没有重要的人类关系（个人的或是政治的），道德美德也不会存在”[3]就断言“美德无法为关怀奠基”，这在某种程度上也是混淆了本体论维度与伦理学维度的表现。

---

[1] Raja Halwani, Care Ethics and Virtue Ethics, 18（3）*Hypatia: A Journal of Feminist Philosophy*（2003）, pp. 161—192. 在哈瓦尼的论文中，本体论维度和伦理学维度的概念区分所针对的对象是关怀伦理学和美德伦理学，这与本文所采用的术语稍微有些不一样。在笔者看来，诺丁斯的关系理论并非是关怀伦理学的全貌，斯洛特的美德理论既是一个美德伦理学流派，也可视为关怀伦理学的一个种类。不过，虽然笔者与哈瓦尼的术语内涵稍微有所不同，论证目标也并不一致，但是哈瓦尼的本体论维度和伦理学维度的概念区分是可以应用于笔者的讨论中的。

[2] Maureen Sander-Staudt, The Unhappy Marriage of Care Ethics and Virtue Ethics, 21（4）*Hypatia: A Journal of Feminist Philosophy*（2006）, p. 26.

[3] Sandrine Berges, *A Feminist Perspective on Virtue Ethics*（New York: Palgrave Macmillan, 2015）, p. 127.

（二）第二个回应及其缺陷

前面提到，就“骑摩托车的儿子反例”而言，诺丁斯在给斯洛特的私下回应中已经呈现了妥协的趋势。不过，诺丁斯仍然强调：在大部分关怀关系（尤其是不对称的关怀关系）里，比如师生关系、医患关系与父母子女关系，很容易滋生家长主义的作风。在关怀者 A 做出关怀行为后，面对被关怀者 B 的拒绝，关怀者 A 还是一意孤行去实施自己认为合适的关怀行为，并抛下一句：“将来你会为此而感谢我的。”尽管反例四中并没有出现上述情形，但是我们完全有理由试想：万一那位不戴头盔就骑摩托车的儿子正好处于性格叛逆阶段，对父母的反复告诫置若罔闻、一意孤行，此时父母极有可能采取家长主义的做派，一举没收其摩托车，并斥责道：“我们这是为你好，将来你会感谢我们的。”

诺丁斯认为，在家长主义的情形下，我们不能称父母与孩子之间成功地形成了关怀关系。为此，诺丁斯区分了“假设的需求”（assumed need）与“被表达的需求”（expressed need）[1]。父母的关怀行为之所以没能引起孩子的确认，是因为他们用自己假设出来的需求去替代了孩子心目中真正的诉求，即被表达的需求。当然，这并不意味着父母没有意识到后者，而是说相比较之下，父母认为前者具有更高的价值，从而武断地替孩子做了决定。事实上，如果父母此时再耐心一点，多感受下孩子的情绪，也许能够更好地解决争端。所以，诺丁斯强调：“我们必须倾听，而非仅仅‘说教’，不可断然假设我们知道他们（笔者注：此处的他们指‘被关怀者’）的需求。”[2]

笔者不得不指出，即使诺丁斯诉诸“假设的需求”与“被表达的需求”的概念区分，她也无法成功地回应“骑摩托车的儿子反例”。在做第四个反驳时，斯洛特曾着重点明在这个案例中，父母“完全地移情”

[1] Nel Noddings. *The Maternal Factor: Two Paths to Morality* (Berkeley and Los Angeles: University of California Press, 2010), p. 5.

[2] Nel Noddigns. The Caring Relation in Teaching, 38(6) *Oxford Review of Education* (2012), p. 773.

（empathize completely）[1] 于孩子的感受。但是诺丁斯上述批评的基础显然是建立在家长没有“完全地移情”的基础之上的。若用诺丁斯自己的语汇，此时的家长应属于“不听”（not listen）或是“半听”（half-listens）[2]。

总之，诺丁斯并未有效地答复斯洛特的反例，关系理论的合法性有待商榷。不过，尽管斯洛特的论证强劲有力，但是笔者认为斯洛特尚未彻底驳倒诺丁斯。一方面，斯洛特“骑摩托车的儿子”反例是存在着瑕疵的。在理论层面，我们可以设想有一对父母完全地移情了儿子的心思，并且凭借着高超的说理技巧，父母在不伤害他们与儿子关系的情况下成功地说服了儿子在骑车时佩戴头盔。也就是说，斯洛特提供的反例四只是论证了“在绝大部分时候”关系理论不得不向家长主义低头，却没能很好地证明“在所有时候”关系理论都是错的。另一方面，斯洛特没有反驳诺丁斯 2007 年更新的理论版本。换句话说，斯洛特的攻击对象是激进版本的关系理论，但尚未将矛头指向温和版本的关系理论。

四、关系理论中的“双重两难”

笔者力图立足于斯洛特的理论工作，进一步驳斥诺丁斯的关系理论。笔者认为，首先，激进版本的关系理论无法回应笔者构造的“忍辱负重的特工”这一两难情形，并且“忍辱负重的特工”两难将会比“骑摩托车的儿子”反例更具说服力；其次，假使诺丁斯用温和版本中追加的三个条件去挽救自己的理论，她仍然会跌入另一层两难之中，笔者将其命名为“理想的被关心者”两难。在笔者看来，诺丁斯迄今为止的所有努力都逃离不了“忍辱负重的特工”两难和“理想的被关心者”两难所共同构成的“双重两难”。

[1] Michael Slote. *The Ethics of Care and Empathy*（New York: Routledge, 2007）, p. 85.

[2] Nel Noddings, Caring as Relation and Virtue in Teaching, in *Working Virtue: Virtue Ethics and Contemporary Moral Problems*, eds. Rebecca L. Walker, Philip J. Ivanhoe（Clarendon: Oxford University Press, 2007）, p. 42.

（一）第一重两难：忍辱负重的特工

假设有一位从事国家机密行业的特工，他非常专业，也善于隐蔽自己，甚至连其妻子都不知道他的真实身份。某天，敌国向特工所在的国家发起了战争，特工立即响应国家号召，投入了紧张的工作之中（其妻子对此仍然一无所知）。随着工作越来越艰险，特工意识到只有与妻子分开，才能更好地保护妻子。因为深爱妻子的特工明白，其妻子是位软心肠、且守不住秘密的人。一方面，妻子肯定无法忍受特工从事此等危险职业。另一方面，也即更为严重的是，心狠手辣的敌国情报人员极有可能绑架妻子，并利用她心软与口松的特征来套取情报、要挟特工。迫不得已，特工只能假装自己已经厌倦了这段婚姻，果断与妻子离婚，并撇清了与她所有的关系往来。事情发生后，妻子伤心欲绝，却又无可奈何。即使夫妻关系已经不存在了，但深爱着妻子的特工仍然在妻子不知情的情况下默默地保护着她。幸运的是，敌国情报人员并未找妻子的麻烦。

不难发现，忍辱负重的特工案例与斯洛特提及的骑摩托车的男孩案例有同构之处。在特工案例中，特工尽了自己最大的努力，去关怀自己的妻子（具备关怀者 A 的动机、倾向性与美德），尽管这种关怀的方式是以牺牲特工与妻子之间的夫妻关系作为代价的，但是相比妻子的性命，特工还是做出了艰难的决定（为了妻子的福祉，可以牺牲一定的关系）。遗憾的是，由于特工不能说出真相，妻子始终对其丈夫充满误解与恨意（关怀者 A 的关怀行为没有得到被关怀者 B 的确认）。

但是，特工案例与摩托车男孩案例的不同之处在于——这也是笔者提供的反例优越于斯洛特反例的地方——在摩托车男孩的案例中，男孩父母的行为存在着更好的选择的空间。虽然他们的干预行为会引起儿子的不满，但是真正善解人意的父母还是会尽可能地采用儿子可以接受的方式去干预（关怀）男孩不戴头盔的行为，从而实现双赢的局面。或者退一步说，至少也存在着双赢的可能性。不同的是，特工案例并不发生在日常生活之中。由于时运艰难这一客观因素，导致特工没有“更好”的选择，他充满无奈的判断是在综合了所有既定条件之后给出的“最好”的选择，因而不存在着双赢的局面。

现在，摆在诺丁斯面前的两难情形是：如果诺丁斯不认为特工案例具有关怀伦理学的价值，那么这一结论将违反我们的伦理直觉，因为特工显然是在关怀妻子，难道特工必须要维护所谓的夫妻关系，而将妻子置于危险的情境之中吗？但是假使诺丁斯认为特工案例具有关怀伦理学的价值，那么她就必须说明为什么在缺少被关怀者 B（妻子）确认的情形下，我们还会认为这个案例存在着关怀伦理学上的意义。但是显然，就诺丁斯目前发表的所有理论而言，她难以应对特工案例所提及的情形。

（二）第二重两难：理想的被关怀者

也许有人会提议：或许温和版本的关系理论能够成功解释特工案例。正如在植物人患者的案例中，植物人不予回应的行为并不会影响护工行为的关怀伦理学价值。沿袭着这个思路，我们是否可以做出如下设想：即使妻子无法原谅特工，特工的行为仍然是诺丁斯意义上的关怀呢？质言之，假使“条件（3）B 确认了 A 对 B 的关怀”不适用于特工案例，我们转而采用条件（4）中提到的三条追加原则——（4a）A 继续感受 B 的诉求，并期待着 B 的回应；（4b）在 A 实施关怀行为的过程中，B 并没有显示出能够被观察到的拒绝表示；（4c）经验表明，如果 B 在未来的某一天能够回应，那么其反馈将会是积极的——来重新解读特工的行为，这是否能帮助诺丁斯来回避特工案例的两难情境呢？

出于行文方便，我们不妨先把特工案例嵌套至（4a）—（4c）的框架里面。

（4a）特工继续默默地关注和保护着妻子，期待她在未来能够理解自己的苦心。

（4b）尽管夫妻关系已经不再，妻子也重新开启了自己的生活，但是由于特工一直悄悄地保护妻子（妻子并不知情），所以敌国情报人员始终没有找妻子的麻烦。

（4c）如果战争真的有结束的那一天，当特工的妻子知道了丈夫的良苦用心之后，她一定会破涕为笑，并且更加热爱特工。

粗略看来，这样改写贴合案例原意，好像没什么大碍。但是此处依然存在着违背关怀伦理直觉的地方。首先，这样改写无形之中会将心智健全的妻子与已经丧失知觉、意识与行为能力的植物人患者等量齐观。由于植物人患者完全失去了对外部世界信息的接受能力与反应能力，我们自然可以以一种代理人的身份去代为确认护工的关怀行为。但是在特工案例中，妻子并没有丧失心智能力或行动能力，她只是不能基于现实环境和信息做出真实的判断而已。仅在这种情况下，我们就以对待植物人患者的方式，去在理论层代理妻子的意思表达［也即采纳条件（4a）—（4c），进而认为妻子存在着确认行为］，这多少是不妥当的，至少存在着完善的空间，毕竟妻子“无法真实感受”与植物人患者“没有感受”之间还是存在着种类差异的。

更为严重的是，上述改写背后潜伏着一个值得存疑的理论预设，笔者将其命名为“理想的被关怀者”。理想的被关怀者是指：当现实条件不允许而出现被关怀者 B 无法确认关怀者 A 行为的时候，我们有充分的资格和理由去在理论层面设想：如果此时存在着一位理想的被关怀者——我们将其命名为 B’，他应该会去确认关怀者 A 的关怀行为。

理想的被关怀者假设最大的问题在于，该假设无法合理地对待如下两种关系：（关怀者 A，被关怀者 B）与（关怀者 A，理想的被关怀者 B’）。具体而言，当被关怀者 B 从现实情境中脱离、被置入理想情境并成为 B’ 时，关怀者 A 及其行动的对象仍然是与现实情境绑定在一起的被关怀者 B。

可见，温和版本的关系理论必然会出现如下两难情形：一方面，关怀者 A 针对的是现实层面的被关怀者 B，但是其行动效果却作用于理想层面的被关怀者 B’，至于现实中的被关怀者 B 的真实感受却被置于评价标准之外，起不到任何作用——该结论既违背我们的伦理直觉，又似乎与诺丁斯所呼吁的“关怀必须被接受”的宗旨相违背。

另一方面，如果我们将现实情境中的被关怀者 B 的真实感受纳入评价标准，那么不仅现实情境中被关怀者 B 的感受会与理想情境中被关怀者

B’的感受形成冲突——正如在理想情境中，特工的妻子会破涕为笑、认可特工的付出；而现实情境中的妻子一直郁郁寡欢、怀恨在心（根据特工案例的设定，理想情境中的被关怀者 B’与现实情境中的被关怀者 B 之间只能属于排他关系）——从而导致我们难以将关怀者 A 与两者中的任意一方进行匹配。而且更为严重的是，这将会使整个案例不再适用温和版本的关系理论。因为温和版本的关系理论只适用于理想的被关怀者 B’，若重新将现实的被关怀者 B 拉入论域，则违背了设立温和版本的初衷，并导致其失效，进而我们只能重新退回到激进版本所必须面对的第一个两难里面。

不难发现，无论诺丁斯作何回应，关系理论总是处于双重两难中的任意一个两难之中。

五、结　语

综上所述，无论诺丁斯采用哪个版本的说明框架，她的理论都存在严重的矛盾。究其问题的根源，主要是诺丁斯将被关怀者的确认行为视为关系理论的必要条件。但正如笔者所证明的，如果无法回应笔者提出的双重两难（忍辱负重的特工 + 理想的被关怀者），关怀伦理学中的关系理论就无法自圆其说。

相应地，我们或许应该放弃关系理论，转而以关怀者的美德作为关怀伦理的基础。当然，出于篇幅限制，笔者只能在其他地方替“基于美德的关怀伦理学”辩护了。

Why Relationship Could not Ground Care Ethics?
——Some Discussions Based on the Dispute between Noddings and Slote

（Chen Huan, School of Philosophy, Wuhan University; Zhang Hanzhou, Si-mian Institute for Advanced Studies in Humanities, East China Normal University）

Abstract: Since the end of the last century, ethicists still have not reached a consensus on "the basis of care ethics is relationship or virtue". Among all the competing theories, there are two standpoints should be given attention to, namely the relationship approach and the virtue approach. Nel Noddings is the main advocate of the former one, while the latter is represented by Michael Slote. Noddings uses a huge number of theoretical works to modify her ideas which could be described as the process of development from radical relationship theory to moderate relationship theory. Slote criticizes Noddings's approach harshly from the perspective of virtue ethics theory, but to be honest, he fails to refute the relationship theory thoroughly. In this article, we propose a dual-dilemma which is constituted by "the secret agent dilemma" and "the ideal cared-for dilemma" for Noddings's approach. From our point of view, even if the relationship theory could face "the secret agent dilemma" to some extent, it still could not escape from "the ideal cared-for dilemma". Thus, relationship theory could not ground care ethics and we have sufficient reasons to refuse such an approach.

Keywords: care ethics, relationship, virtue, the secret agent dilemma, the ideal cared-for dilemma

宗教哲学研究

克莱门特寓意释经思想探析

穆　澜[*]

摘要： 传统《圣经》解释一直存在字面释经和寓意释经两条进路。以路德为代表的改教家倡导字面释经，批评寓意释经法忽视《圣经》字面含义，带有强烈的个人主观色彩。本文通过分析克莱门特寓意释经思想的必然性和他的圣经观，发现克莱门特的寓意释经法并非过度自由。首先，他的寓意释经思想立足于《圣经》字面的历史，以基督为中心来解释《旧约》。克莱门特之所以将《圣经》中描述上帝身体和情绪的字面内容看作拟人化，是因为他认为这些表达方式是永恒中的上帝为了俯就人类理智的软弱，而运用人类可以理解的语言方式进行表达。其次，克莱门特认为希腊哲学之于基督教只是掩藏或保存真理种子的外壳，运用希腊哲学解释《圣经》并未改变信仰的实质。最后，克莱门特将《圣经》看作隐喻性的文本。因此，他认为《圣经》的最高价值在于把它作为象征或隐喻，来解释出宇宙更为深远的真理。从本质上来说，克莱门特的寓意释经法是在信仰的基础上，在教会的背景下，追求基督徒灵性生命的成长。

关键词： 寓意释经法；亚历山大的克莱门特；《圣经》

传统的《圣经》解释方法，一直存在字面释经和寓意释经两条进路，分别以安提阿学派和亚历山大学派为代表。双方都承认《圣经》自上而下的启示性，分歧在于他们对《圣经》启示方式的理解：上帝究竟是通过字

* 作者简介：穆澜，武汉大学2014级宗教学专业博士研究生，邮箱：1270421235@qq.com。本文系中央高校基本科研业务费专项资金资助项目的阶段研究成果，项目编号：2015102010201。

面直接启示自己，还是通过隐喻对人言说？安提阿学派认为《圣经》文本本身已经为我们提供了足够的线索，使我们辨认出上帝启示的确切含义，他们认为“除了文本明显所言的，再没有什么弦外之音”。[1] 亚历山大学派则主张透过字面发现文本隐藏的比喻和表征：“文本意义不在字面，而在别有所指（别字源自希腊字 allos，即其他、另外的意思）。”[2] 虽然安提阿学派承认寓意释经法对理解《圣经》有一定的帮助，如安提阿的屈梭多模认为：“我们必不能只把字当作字来看，否则许多文字上的荒谬将会随之而来；我们必须注意到作者的思想。”[3] 但除非有合适的理由使安提阿学派相信一段经文有寓意的目的，否则他们并不会主动探求经文背后的意义。大体来说，安提阿学派的字面释经法侧重耶稣作为完全的人在地上的教导，将《圣经》看为一部连贯的救恩历史，因此亚历山大学派的寓意释经法则将耶稣的神性看作隐藏在人性里的灵性种子，追求挖掘历史叙事背后《圣经》隐藏的真理，更加倾向将《圣经》看为一部系统的哲学著作。

《圣经》作为基督教的经典，其释经方法攸关历史上神学的发展。正如麦格拉斯所言：“基督教神学的历史可以看作是对《圣经》进行解释的历史。”[4] 本文从宗教改革时期马丁·路德对寓意释经法的质疑和批判出发，通过分析克莱门特寓意释经的必然性和他本人的圣经观，来回应路德对寓意释经法的批判，从而论证寓意释经法的价值。

一、马丁·路德对寓意释经法的批判

在中世纪，主流的《圣经》解释分为四重含义，即《圣经》的字面含义、寓意性含义，借喻性（或道德性）含义和属灵性（或神秘性）含义。字面含义即字面的历史含义，寓意性含义是指某些经文可能字面意思含糊不清，或字面上（因神学理由）对读者而言是不能接纳的，对这些经文的

[1] 范浩沙：《圣经诠释学》，左心泰译，校园书房出版社，2007 年，第 167 页。
[2] 范浩沙：《圣经诠释学》，左心泰译，校园书房出版社，2007 年，第 165 页。
[3] 范浩沙：《圣经诠释学》，左心泰译，校园书房出版社，2007 年，第 169 页。
[4] 阿利斯特·E·麦格拉斯：《基督教概论》，孙毅、马树林、李洪昌译，上海人民出版社，2013 年，第 59 页。

解释是为了提出教义的陈述。借喻性含义是为了给基督徒行为提出道德指引。属灵性含义则是为了指出基督徒的盼望所在。[1]宗教改革时期，这种多重含义说引发了改教家路德的反对，路德认为："无论在天上或地上，圣灵是最单纯的作者；所以他的话只会有一个意义，即我们所称的《圣经》或字面意义。"[2]他对寓意释经法的批判主要包含以下三个方面：

首先，路德认为寓意释经法的隐患在于倒空了《圣经》作为历史文献的重要性。按照中世纪对《圣经》主流的四重解释，《旧约》记载的家谱表，以色列人的会幕与圣殿的装饰，各种祭祀礼仪和律法细节都被中世纪神学家解读为教义真理或道德准则。[3]路德认为这种解释法忽视了《圣经》的字面含义。在他看来："寓意、借喻或属灵意义在《圣经》中是没有价值的，除非同一真理在其他地方按照字面清楚说明。否则，《圣经》就会变成一个笑柄。"[4]路德认为《圣经》的含义是不证自明的。上帝的智慧并没有隐藏在某种高过字面含义的概念里，而是在《圣经》的字面意义中被彰显。因此，神学家如若不先通达《圣经》文法和文学解释就使用寓意释经法，不仅会全然破坏《圣经》历史的启示性，同时也丧失了《圣经》历史事件的真实含义。

其次，路德认为使用希腊哲学寓意解释《圣经》，远离了《圣经》本来的意思和信仰的实质。在中世纪，教会为了解释圣餐中的饼和酒在保持外形不变的情况下，如何变成耶稣的肉和血，而发展出"本质转化说"。这种对圣餐的解释理论采纳了亚里士多德的学说，亚里士多德认为，事物由本质和偶性构成，事物的本质决定事物的存在，事物的偶性增减并不影响事物的存在。所以，按照亚里士多德的理论，圣餐中的饼和酒在神职人员祝圣后，虽然饼和酒的偶性保持不变，饼和酒的本质却变成了耶稣的肉和血。路德认为，如果运用亚里士多德的理论才能理解《圣经》，那么似

---

[1] 阿利斯特 · E · 麦格拉斯：《宗教改革运动思潮》，蔡锦图、陈佐人译，中国社会科学出版社，2009 年，第 152 页。
[2] 范浩沙：《圣经诠释学》，左心泰译，校园书房出版社，2007 年，第 171 页。
[3] [英] 托马斯 · 马丁 · 林赛：《宗教改革史》，孔祥民等译，商务印书馆，2016 年，第 451 页。
[4] Luther's Works, 4:114—15. 转引自阿利斯特 · E · 麦格拉斯：《宗教改革运动思潮》，蔡锦图、陈佐人译，中国社会科学出版社，2009 年，第 152 页。

乎亚里士多德的思想就成为了理解《圣经》的基础，而且历世历代对亚里士多德的学说也有很多不同的理解，使用亚里士多德的学说解释《圣经》最终会导致离《圣经》本来的意思越来越远。[1] 路德认为人类犯罪堕落后，理性受到罪性的破坏，天然的理性已经不再能使人认识上帝。因此，他认为“除了人类的有限内容之外，哲学所能表达的，完全是一无所有”。[2] 在路德看来，信仰问题并不需要使用复杂的哲学理论来加以解释。

第三，路德认为寓意释经法带有强烈的个人主观色彩，个人会从经文中读出他们喜欢的寓意，《圣经》仿佛成了释经者可以随意支配的佣人。他提到：“我认为具有多重意义的经文不只是危险的，与教导无益，甚至还废除《圣经》的权威；《圣经》的意义应该一直是一贯且相同的。”[3] 改教家批判多重含义说导致罗马教会在《圣经》字意的基础上，人为添加了许多与《圣经》的字面含义明确相违背的解释，歪曲了《圣经》本来的意思。例如以《旧约》中的大祭司预表教宗。在此基础上，罗马教会还对添加的错误解释冠之以正统的权威，认为只有教会才有权力解释《圣经》，从而导致教会权威置于《圣经》权威之上。路德认为每个相信的基督徒都有权力解释《圣经》。“他们声称只有教宗才可以解释《圣经》，这是蛮横想象出来的无稽之谈……罗马派的人必须承认，在我们中间存在一些具有基督的真正的信心、精神、理解、话语与心思的基督徒。那么，为什么我们要抗拒好基督徒的话语和理解，来跟随那既没有信心又没有圣灵的教宗？”[4] 路德主张《圣经》的意思就在《圣经》文本之中，是肯定的，也是可以明白的，《圣经》能够自己证实并解释自己。因此，普通的基督徒也完全可以阅读《圣经》并明白其中的含义，并不需要教宗这样的权柄。

针对路德对寓意释经法的批判，我们首先需要了解寓意释经法的起

---

[1] 谢文郁：《自由与生存：西方思想史上自有观追踪》，上海人民出版社，2007 年，第 90 页。

[2] Althaus, *The Theology of Martin Luther*, p. 11. 转引自奥尔森：《基督教神学思想史》，吴瑞诚、徐成德译，北京大学出版社，2003 年，第 396 页。

[3] Luther, WA，42.657—58. 转引自范浩沙：《圣经诠释学》，左心泰译，校园书房出版社，2007 年，第 171 页。

[4] 阿利斯特・E・麦格拉斯：《宗教改革运动思潮》，蔡锦图、陈佐人译，中国社会科学出版社，2009 年，第 155 页。

源。寓意释经法最早可以追溯到斯多亚学派，他们认为希腊经典著作字面含义充斥的诱惑、暴力和纵欲等描述，与英雄和诸神行为不符。因此，斯多亚学派发明了寓意释经法，以便对英雄和诸神的行为作出合理解释。根据斯多亚学派托名－赫拉克利特所言，寓意释经是“这样一种陈述方式，它言说的是一件事，指向的却是另一件事”。[1] 寓意释经的先例在《圣经》文本中也有章可循，使徒保罗在《加拉太书》中阐述律法和福音关系时，将亚伯拉罕的婢女夏甲称为《旧约》的律法，亚伯拉罕的妻子撒拉称为《新约》的福音。他也将《旧约》中以色列人从红海中经过，解释为《新约》中的“洗礼”。1 世纪的犹太教哲学家斐洛认为《圣经》中没有任何事物是多余的，每个细节都有含义，都带有启示。他声称通过仔细观察，便能够从摩西的智慧里找到希腊哲学。如亚当代表天性，夏娃代表感官，埃及代表肉体，以色列代表灵魂等。[2] 克莱门特继承了斐洛的寓意释经思想，开启了基督教寓意释经的先河。其寓意释经思想直接由奥利金继承并发展出系统的基督教寓意释经理论，对整个亚历山大学派的释经传统和后世基督教寓意释经思想的发展都有深远影响。

二、克莱门特寓意释经的必然性

克莱门特大约于公元 150 年出生于雅典或亚历山大的一个异教徒家庭，早年在希腊文学和哲学上接受过良好的教育，后皈依基督教，并在潘代诺（Pantaenus）之后接替负责亚历山大教理学校。当瑟皮提母・瑟维如斯（Septimus Severus）皇帝对基督教的迫害爆发后，克莱门特到迦帕多西亚避难，于公元 215 年前后在流放中去世。[3]

克莱门特一生大部分的时间都在亚历山大城度过，亚历山大城作为当时仅次于首都罗马的第二大城市，是罗马帝国的知识和文化中心，融合了各种学派的思想。这里不仅汇聚了柏拉图主义者，犹太教徒，诺斯替主义

[1] 李勇：《寓意释经：〈从斐洛到奥利金〉》，上海三联书店 ,2014 年 , 第 16 页。
[2] 范浩沙：《圣经诠释学》左心泰译，校园书房出版社，2007 年，第 165 页。
[3] Battista Mondin, *A history of medieval philosophy* (theological publications in India Bangalore, 1991), p. 23.

者以及各种神秘宗教的信众，还有许多从使徒时期就皈依的基督徒。基督教在亚历山大城的繁荣从亚历山大教理学校的建立和七十士译本的诞生中可见一斑，但同时，基督教也面临亚历山大城其他教派和团体的质疑。在文化上，占据公共层面话语主导权的希腊知识分子普遍认为，基督教的信仰是荒谬而不合理性的，如死人复活等教义。犹太教徒则控告基督徒妄称自己是上帝新的选民，并否认《旧约》的弥赛亚预言已经应验在耶稣的身上。被初代教会指控为异端的马西昂强调《旧约》中耶和华和《新约》中耶稣的差异性，认为耶稣的拯救是一位陌生上帝带来的福音。[1]诺斯替主义者则否认耶稣的人性，认为十字架上被钉的耶稣只是上帝迷惑魔鬼的空壳。

在这样的时代背景下，克莱门特作为早期亚历山大学派的护教士，使用寓意释经法成为他必然的选择。寓意释经法使克莱门特可以透过《圣经》的字面意义来解释经文背后的含义，除掉字面上对希腊知识分子难以理解的障碍，有利于《圣经》文本在希腊哲学的背景下进行理解。此外，克莱门特的寓意释经法以基督为中心解释《旧约》。一方面可以使他在不违背《旧约》字面内容的前期下找到《新约》中的耶稣，表明《旧约》中希伯来人的上帝和《新约》中的耶稣是同一位上帝。另一方面也规避了诺斯替主义者寓意释经脱离字面历史含义，天马行空的弊端。

首先，克莱门特主张运用柏拉图的概念和思想体系来解释《圣经》。克莱门特认为神只有一位，既是犹太人的神也是外邦人的神（罗 3：29—30），因此，希腊人寻求的智慧就是神。为了使希腊人认同这一点，克莱门特认为应该尽可能使用希腊人能够理解的事物进行表达，他引用使徒保罗的话："向软弱的人，我就作软弱的人，为要得软弱的人。向什么样的人，我就作什么样的人。无论如何，总要救些人。"（林前 9：22）。克莱门特认为柏拉图哲学是希腊哲学的杰出代表，是帮助希腊人认识上帝的有力工具。从下文中，我们可以看到克莱门特如何使用柏拉图的理念论来解释《旧约》中大祭司从圣所进入至圣所的过程：

[1] 哈纳克：《论马克安：陌生上帝的福音》，朱雁冰译，北京，三联书店，2007 年。

祭司长脱去他的祭袍，洁净自己后穿上进入至圣所的外衣……他作为大祭司，是其他祭司的首领，代表了利未人和诺斯。大祭司超越其他祭司之上，将可知事物从感官事物中区别出来，急速进入理念世界的入口，他不是像利未人一样用水洁净自身，而是全心被圣言所洁净，得到彻底的管理，从普通祭司的生命模式上升为大祭司，他的话语和生命都得到洁净，进入上帝的荣光之中，同时获得灵性和完全人不可言喻的产业：是眼睛未曾看见，耳朵未曾听见，人心也未曾想到的。他成为（上帝的）儿子和朋友，在（与上帝）面对面的深邃沉思中得力。没有任何事如同倾听圣言自身，他（即圣言）通过《圣经》启示给大祭司丰富的智慧。[1]

在这段作品中，克莱门特将圣所解释为柏拉图的可感世界，至圣所解释为理念世界。柏拉图理念论的目的是运用理性，透过变动的可感世界发现不变的理念世界，从而获得真正的知识。克莱门特则是通过上帝的话语洁净至圣所中大祭司的心灵，使大祭司与上帝建立如同朋友或儿子般的关系，从而获得灵性的智慧。

从上文中我们可以发现，克莱门特使用希腊哲学的概念体系组织并重建了对《圣经》字面含义的解释。对于克莱门特而言，希腊哲学之于信仰如同果皮之于果实，信仰的种子不会因为外在表达形式的改变而发生变化。如他在作品《杂文集》的前言中所言："《杂文集》将包含混合哲学教义的真理，如同有皮覆盖的坚果果实，或是被覆盖，或是被掩藏。在我看来，真理的种子可以为着信仰的繁殖而保存，而非其他。"[2] 克莱门特认为哲学作为追求智慧的研究，是各门基础学科的主人。但是，哲学各个学派的智慧缺乏统一，如同酒神女祭司巴克坎斯特（Bacchants）将潘特厄斯（Pentheus）的身体撕成碎片，每个哲学派别持有的立场都只是片段的真理，因此哲学中的真理与基督教的真理正如部分之于整体的关系。[3] 克莱门特引用斐洛的创造，认为哲学应当被冠以"神学的婢女"这一称号。一方面，希腊哲学作为通向真理的道路之一，与犹太人的律法平行，可以为

[1] Clement, *The Miscellanies*（*The Stromata*）, Book V, chap. VI.

[2] Clement, *The Miscellanies*（*The Stromata*）, Book I, chap. I.

[3] Clement, *The Miscellanies*（*The Stromata*）, Book I, chap. XIII.

真理作预备，正如“律法是为犹太人预备的，哲学是为外邦人预备的，直到耶稣的到来”。[1]另一方面，希腊哲学为基督教提供了篱笆和围墙，免于受到异端的攻击。如果上帝的启示是可以理解的，那么使用逻辑和辩证法来研究对神启示的诠释，一定比弃之不用更会产生比较健全的信仰与伦理道德。异端的错误来自于心智的混乱，哲学使用逻辑和辩证法可以用来检验和辨别真伪。关于哲学的这个角色，克莱门特写道：“清楚的表达对于真理的沟通有帮助，而逻辑恰使我们不至于沦为我们自己大加挞伐的异端。”[2]

其次，克莱门特的寓意释经法以基督为中心来解释《旧约》。他认为在《旧约》中，上帝的救赎是一个奥秘，直到《新约》中的耶稣才完全启示出来。福音的奥秘即耶稣的受难和复活在使徒之前一直处于隐藏的状态，[3]使徒保罗提到自己传讲的“乃是从前所隐藏、神奥秘的智慧，就是神在万世以前预定使我们得荣耀的。这智慧，世上有权有位的人没有一个知道的，他们若知道，就不把荣耀的主钉在十字架上了”（林前 2：6—8）。克莱门特认为由于不当地拘泥于《旧约》的字句，所以犹太教徒看不到基督是《旧约》中弥赛亚预言的实现。马西昂则将新旧约割裂，认为《旧约》中的上帝作为造物主是恶神，《新约》中的耶稣才是至善的。这正如保罗所言：“字句是叫人死，精意是叫人活。”（林后 3：6）。“精意”在这里也作圣灵，指在圣灵的启示下，犹太人才能脱离奴役，认识到耶稣就是弥赛亚，从而带来自由。当《旧约》还被字句的帕子遮掩来阅读的时候，犹太教徒反对取消《旧约》中安息日的律例和各种祭祀上帝的礼仪。

相比犹太教徒和马西昂拘泥于《圣经》字面的解释，诺斯替主义者则走向另一个极端，他们的寓意释经天马行空，完全无视《圣经》字面历史的含义。诺斯替主义者认为耶稣只是一个人的形状而已，他没有真人的躯体，激情和痛苦，如瓦伦底认为，耶稣降生为人时经过玛丽亚如同流水经

[1] Battista Mondin, *A history of medieval philosophy*, (theological publications in India Bangalore, 1991), p. 23.
[2] Clement, *The Miscellanies* (*The Stromata*), Book I, chap. I.
[3] Clement, *The Miscellanies* (*The Stromata*), Book VI, chap. XV.

过水管一样，只是走走过程而已。降生只是一个表面的形式，并非真实地生于女人。[1] 克莱门特反对诺斯替主义者为了将《圣经》作为支持立场的依据而废弃《圣经》文本字面的含义。他批评诺斯替主义者释经“不会引述《圣经》的全部，也不会使用先知规定的文本，而是选取《圣经》中模糊的表达，抓住这些来阐述他们自身的观点”。[2]

故此，为了回应犹太教徒的字面主义解释和马西昂对新旧约的割裂，规避诺斯替主义寓意释经脱离字面，天马行空的弊端，克莱门特将《旧约》的经文放在基督的光照下进行阅读。例如《旧约》十诫中上帝要求以色列人守安息日的诫命[3]，其中提到上帝用六日创世后，第七日安息，因此人类也要安息，克莱门特将这处经文放在《新约》基督的启示下理解，他认为上帝并非需要安息，而是说我们要在基督里安息。

三、克莱门特的圣经观

上文提到作为早期基督教护教士，克莱门特面对初期教会和亚历山大城的外部环境，采取寓意释经法是他的必然选择。从内部来看，他采取寓意释经法与他本人的圣经观密不可分。

克莱门特解释《圣经》的基本法则是多重含义说，他认为每段经文至少有两重含义，即字面含义和字面背后隐藏的奥秘。例如《圣经》中记载以色列人会幕的圣所和至圣所被一条由蓝色、紫色和朱红色线并细麻织成的幔子隔开。克莱门特认为幔子构成的四个部分代表上帝启示包含的四种元素，蓝色像空气，紫色出自于水，细麻出自于土地，朱红色像火。[4] 正如蒂利希所言：“在某些情况下，《圣经》文本只具有神秘的意义，因此，

---

[1] Pheme Perkins, *“Gnosticism” in The New Dictionary of Theology*, ed. Joseph A. Komonchack (Collegeville, Minnesota: The Liturgical Press, 1987), p. 422. 转引自申合修：《基督论：从圣经、历史和神学三个层面对耶稣的研究》，宗教文化出版社，2014 年，第 151 页。

[2] Clement, *The Miscellanies* (*The Stromata*), Book VII, chap. XVI.

[3]《出埃及记》20：8—11：“当记念安息日，守为圣日。六日要劳碌作你一切的工，但第七日是向耶和华你神当守的安息日。这一日你和你的儿女、仆婢、牲畜，并你城里寄居的客旅，无论何工都不可作；因为六日之内，耶和华造天、地、海，和其中的万物，第七日便安息，所以耶和华赐福与安息日，定为圣日。”

[4] Clement, *The Miscellanies* (*The Stromata*), Book V, chap. VI.

这与文字上的意义相一致。但是一般来说，神秘的意义与文字上的意义有区别。神秘的意义通过一种寓意的方法而发现，这是一种发现在文本背后隐藏意义的方法。"[1]

虽然克莱门特寓意释经后的含义与《圣经》的字面含义会有不同，但他并没有以寓意释经来削弱字面释经的重要性。例如他在解释《出埃及记》时，对摩西出生后被法老的女儿收养，学习埃及的一切学问后逃离皇宫，在旷野牧羊四十年直到被上帝呼召，这些事件克莱门特都作为历史，完全依照字面意思解读[2]。冈萨雷斯对此作出这样的评价："《圣经》对于他……是关于发生于历史中的启示的记载，是用具体的事实，和真实人的活动来叙述上帝对待世人的故事，以及上帝三番四次地插手世界历史的故事。"[3]

克莱门特认为《圣经》的字面含义是真实的，除非字面含义与上帝不符。如《圣经》中关于上帝有口、眼睛等感官和愤恨、后悔等情绪的描述，克莱门特认为都是拟人化。这些表达方式是永恒中的上帝为了俯就人类理智的软弱，运用人类可以理解的语言启示自己。虽然在《创世记》中记载上帝用他的话语创世，但这种语言绝对不是人类可以听懂并理解的任何一门语言。克莱门特认为："上帝是没有形式和名称的。如果我们命名上帝，我们不会恰当地命名，把他称作是一，或善，或思想，或绝对的是者，或父亲，或上帝，或造物主，或主。我们说这些不是提供他的名字，而是为了需要，我们使用好的名字，以便头脑可以有这些要点作为支持，以免在其他方面犯错。因为每一个名字自身都不能表达上帝；但所有的名字一起表明了全能者的力量。"[4] 也就是说，《圣经》中对上帝的称呼只是为了需要，并不能真正表达上帝超越的存有。

克莱门特认为《圣经》文本是超越的上帝运用隐喻对人言说。在《旧约》中上帝会用比喻对以色列民说话（诗 78：1，2）。《新约》中四卷福音

[1] 蒂利希：《基督教思想史：从其犹太和希腊发端到存在主义》，尹大贻译，东方出版社，2008 年，第 59 页。
[2] Clement, *The Miscellanies* (*The Stromata*), Book I, chap. XXIII.
[3] 冈萨雷斯：《基督教思想史》，陈泽民等译，译林出版社，2008 年，第 187 页。
[4] Clement, *The Miscellanies* (*The Stromata*), Book V, chap. XII.

书也记载了耶稣宣称自己是“生命的粮”[1]、“道路”[2]、“葡萄树”[3]，他用各样的比喻教导百姓，宣讲天国的福音（路 8：2—15）。克莱门特为比喻作出如下定义：“比喻——是一种基于一些问题的叙述，这些问题不是核心问题，却与核心问题相似，从而引导人理解真实而重要的事物；如同一些人说的，核心问题是依靠其他的环境，呈现出一种有活力的演说方式。”圣经的含义之所以被隐藏，在克莱门特看来主要有两方面的原因。一是为了让人关注救恩。圣经字面背后隐藏的含义会激发人的好奇心，从而使人发现救恩。他认为：“所有事物透过掩饰，更加显明出真理的宏伟和壮观。正如水果透过水更加发亮，身材透过面纱的遮掩更加动人，掩饰反而更加将这些事物凸显出来。”[4] 二是为了拣选之人。克莱门特认为《圣经》用比喻的方式将得救的奥秘启示给人，对于不认识真理的人而言，隐喻或比喻的方式是保护真理的一种方式，能够隐藏上帝内在秩序的奥秘。

克莱门特认为《圣经》的奥秘如同希腊人的密室或会幕，并非不加节制地向所有人展现，而只对那些确实洁净和领受先前教导的人。“为了和隐藏的方法一致，真正的神圣语言，放置在真理的圣地之中，古埃及称为密室（Adyta），希伯来人称为会幕。只有被祝圣且将自己献给上帝，单单为了爱上帝的缘故，并在这种情感的渴望中受了割礼的人，才被允许进入圣地。柏拉图也认为‘不洁的人触碰纯洁的事物’是不法的。”[5] 克莱门特区分了属肉体的基督徒和诺斯。他认为教会是耶稣的身体，“那些被召却没有循道度日的人，乃是属肉体的部分”。[6] 而诺斯（gnostic）是真智慧人，他没有欲望，追求符合理性的生活，避免肉体欲望和享受，富有神的形象，道德完善，与神相似，具有像神一样的美德。克莱门特认为只有诺斯有能力按与上帝相宜的样式传授在真理中隐藏的奥秘。他引述柏拉图

[1]《约翰福音》6：35：“我就是生命的粮。到我这里来的，必定不饿；信我的，永远不渴。”

[2]《约翰福音》14：6：“我就是道路、真理、生命，若不借着我，没有人能到父那里去。”

[3]《约翰福音》15：1：“我是真葡萄树，我父是栽培的人。”

[4] Clement, *The Miscellanies*（*The Stromata*）, Book V, chap. IX.

[5] Clement, *The Miscellanies*（*The Stromata*）, Book V, chap. IV.

[6] Clement, *The Miscellanies*（*The Stromata*）, Book VII, chap. XIV.

的观点："发现宇宙的创造者是艰难的任务；即使已经找到上帝，也不能对所有人宣告他。"正如上帝为以色列人颁布律法，只有摩西能在西奈山上四十昼夜，进入上帝所在的密云中，而普通的以色列会众都不能陪同他（出 20：16—25）。诺斯如同摩西，能够比属肉体的基督徒更多认识关于上帝隐藏的奥秘。属肉体的基督徒只能喝奶，诺斯却可以吃干粮。属肉体的基督徒建造的是草木禾秸，而诺斯却是在信仰的根基上建造金银宝石。克莱门特认为属肉体的人在信仰上是小孩子。"他们固然是有福的，但还没有成为爱上帝的人，像诺斯一样。因为在教会中，正如在竞技中一样，有给成人和给小孩的冠冕。"[1]

四、从克莱门特的寓意释经思想回应路德的批评

从上文对克莱门特寓意释经思想的梳理中，我们可以发现，克莱门特的寓意释经法并非毫无原则的自由解经。一方面，他的寓意释经法立足于《旧约》的字面含义，并没有将《圣经》解释与历史的真实含义割裂。与此同时，他几乎没有以寓意释经法重新阐释《新约》事件，特别是耶稣的道成肉身和在十字架上的受难，他对历史上道成肉身的理解远比他的继承者奥利金坚定。[2]克莱门特认为寓意释经一定不能背弃经文的原意，除非字面的含义与上帝不相符。如《圣经》字面上关于上帝形体和情绪描述，克莱门特认为这些表达方式是拟人化，是永恒中的上帝为了俯就人类理智的软弱，而运用人类可以理解的语言方式进行表达。另一方面，克莱门特的寓意释经以基督为中心来解释《旧约》，回应了犹太教的字面主义解释和马西昂对新旧约的割裂，规避了当时诺斯替主义者寓意释经脱离字面，天马行空的弊端。因此，克莱门特的寓意释经并非舍字面而取寓意，而是从字面到寓意。

其次，克莱门特以柏拉图的概念和理论方式来寓意解释《圣经》，实

---

[1] Clement, *The Miscellanies* (*The Stromata*), Book VII, chap. XI.

[2] John Ferguson, *The Achievement of Clement of Alexandria: Religious Studies*, Vol. 12, No. 1 (Cambridge University Press, Mar, 1976), pp. 64—66.

际上并未远离基督教的信仰实质。在他看来，真理的种子在希腊哲学概念形式的掩盖下依旧可以保存。虽然理念、逻各斯、神等词语的含义在希腊哲学和在基督教中赋予的含义并不一致，但克莱门特转化了希腊哲学的语言，使它成为承载基督教信息的新工具。路德认为罪已经破坏了人类天然理性认识上帝的能力，因此他对哲学特别是理性探索信仰持怀疑态度，认为唯独信仰就足够了。克莱门特则对坚持唯独信仰的人持否定态度，他引述柏拉图的话语，认为这些人如同参加比赛却不作预备的运动员。克莱门特批判他们自认为天生具有恩赐，因而不愿意接触哲学或者逻辑学，甚至自然科学。人人都知道，一棵葡萄树能结出果子，需要经过农民的辛苦修剪，而这些人却希望，不需要给予葡萄树任何照料，从一开始就能采集葡萄。克莱门特认为几何、文法、音乐和哲学本身，如同修枝刀等农具，对于葡萄树的修剪和培育都是必需的，如此方可产出可以食用的果子。[1] 哲学中有益的部分可以帮助认识信仰，同时抵御异端的攻击。从后世三一教义和基督论的发展中可以看到希腊哲学对基督教教义建构的重要贡献。

最后，克莱门特寓意释经的目的是为了从字面含义中发现上帝隐藏的智慧，从道成肉身的耶稣发现永恒中的基督，在信仰的基础上追求一种灵性的成长。克莱门特之所以坚持多重含义说，是因为在他看来，《圣经》文本是超越的上帝运用隐喻对人言说。因此，圣经最高的价值在于把它作为象征或隐喻，来解释出宇宙更为深远的真理。[2]《圣经》蕴藏着上帝的无限丰富和智慧，虽然无知亦或聪明之人，上帝都可以根据他们的不同理解水平说话，但《圣经》隐藏的奥秘只有诺斯才可以发现。克莱门特认为救赎是通过超自然的信仰这种官能来获得的，因此，诺斯和属肉体的基督徒都可以获得拯救。但只有诺斯在信仰的基础上追求关于永恒中上帝的知识，即真知。如蒂利希所言，克莱门特追求的“真知是一种认识的信仰，一种以认识的方式发展其内容的信仰”。[3] 真知（gnosis）不同于科学的知

[1] Clement, *The Miscellanies* (*The Stromata*), Book V, chap. IV.
[2] 冈萨雷斯：《基督教思想史》，陈泽民等译，译林出版社，2008 年，第 187 页。
[3] 蒂利希：《基督教思想史：从其犹太和希腊发端到存在主义》，尹大贻译，东方出版社，2008 年，第 57 页。

识，科学的知识是在自然科学的意义上，依照分析论证的自由思辨而获得的知识，而真知则是通过参与到教会会众中，同时也参与到上帝中，进而获得的一种神秘知识。[1] 这种知识是基于教会的信仰，而非诺斯替主义者宣称在教会外保存的一些秘密知识。路德认为普通的基督徒也可以完全解释《圣经》，取消了教会解释《圣经》的权威。这种观点忽视了信徒理解水平和信仰程度的参差不齐，造成释经的混乱，新教不断衍生的教派和分支正是没有教会作为释经权威导致的结果。

五、结 论

克莱门特作为亚历山大学派的代表人物，其寓意释经法是他所处时代的必然选择。这种释经法化解了《圣经》文字上不易理解的经文，有利于《圣经》文本在异质文化下进行理解。他的寓意释经有以下几方面的价值：首先，克莱门特使用柏拉图的概念和方法解释圣经，回应了希腊知识分子对基督教合理性的质疑。他认为希腊哲学之于基督教只是掩藏或保存真理种子的外壳，运用希腊哲学解释《圣经》并未改变信仰的实质。希腊哲学中有益的部分既可以抵御异端的攻击，又能对基督教的信仰起到理解和建构的作用。其次，克莱门特的释经原则以基督为中心来解释《旧约》，不仅回应了犹太教徒和马西昂，使《旧约》成为了《新约》的预表，统一了《新约》《旧约》的割裂，而且规避了诺斯替主义者寓意释经无视字面、任意延伸的弊端。第三，克莱门特的寓意释经法坚持立足于字面的含义，即使他否认《圣经》中描述上帝身体和情绪等字面含义，也是因为这些与真实的上帝不符，是永恒中的上帝为了俯就人类理智的软弱而使用的表达方式。故此，他认为这些字面描述都是拟人化。最后，克莱门特的寓意释经是在信仰的基础上，在教会的背景下追求真知。克莱门特认为《圣经》是上帝使用隐喻对人言说，因此他认为《圣经》最高的价值在于把它作为象征或隐喻，来解释出宇宙更为深远的真理。所以克莱门特的寓意释经并非

[1] 蒂利希：《基督教思想史：从其犹太和希腊发端到存在主义》，尹大贻译，东方出版社，2008 年，第 57—58 页。

路德批判的过度自由，而是基于《圣经》的奥秘性，在教会信仰的背景下，探索上帝永恒中的奥秘，在信仰的基础上追求灵性的成长，诺斯正是克莱门特心目中完美成熟基督徒的最佳代表。

参考文献：

Battista Mondin, *A history of medieval philosophy*, theological publications in India Bangalore, 1991.

Clement, *The Miscellanies*（*The Stromata*）. Ante–Nicene Fathers, VolumeII. Peabody: Hendrickson Publishers, 1994.

奥尔森：《基督教神学思想史》，吴瑞诚、徐成德译，北京大学出版社，2003 年。

范浩沙：《圣经诠释学》，左心泰译，校园书房出版社，2007 年。

冈萨雷斯：《基督教思想史》，陈泽民等译，译林出版社，2008 年。

阿利斯特 · E · 麦格拉斯：《宗教改革运动思潮》，蔡锦图、陈佐人译，中国社会科学出版社，2009 年。

On Allegorical Interpretation of Clement

（Mu Lan, Wuhan University, 430072）

Abstract: The traditional interpretation of the Bible has two approaches: literal interpretation and allegorical interpretation. The reformers represented by Luther advocated the literal interpretation, criticizing the allegorical interpretation for neglecting the literal meaning of the Bible and putting a personal own mind on the Bible. This paper finds that Clement's allegorical interpretation is not excessive freedom by analyzing the inevitability of Clement's allegorical thoughts and his biblical view. First of all, his allegorical thoughts are based on the literal history of the Bible, and Christ is the center to explain the Old Testament. Clement regards the literal content of the Bible describing God's body and emotions as anthropomorphic because he believes that these expressions are the eternal God who uses the language that humans can understand in order to condescend the weakness of human reason. Second, Clement believes that Greek philosophy is only a cover for hiding or preserving the seeds of truth. The use of Greek philosophy to interpret the Bible does not change the essence of faith. Finally, Clement regards the Bible as a metaphorical text. Therefore, he believes that the highest value of the Bible is to use it as a symbol or metaphor to explain the far-reaching truth of the universe. In essence, Clement's allegorical interpretation is based on the belief, in the context of the church, the pursuit of the growth of Christian spiritual life.

Keywords: Allegorical Interpretation; Clement; The Bible

莱布尼茨论信仰与理性的一致

王成军*

摘要：信仰与理性的关系问题既是莱布尼茨基于其时代的要求必须涉及的一个议题，也是其哲学尤其是实践哲学的一个理论前提。莱布尼茨认为，信仰与理性是一致的，基于对理性的界定以及对理性真理的类型划分，莱布尼茨通过分别论证信仰与“永恒真理”以及与“实证真理”并不矛盾论证了信仰与理性的一致性。尽管莱布尼茨的这一论证中隐藏着一些重大的理论缺陷或困难，导致其论证的说服力有限，但仍然具有重大的理论意义和价值。

关键词：莱布尼茨；信仰与理性；永恒真理；实证真理

莱布尼茨无疑是西方哲学从中世纪向现代进行范式转换过程中最为重要的哲学家之一，作为一位综合的大师，莱布尼茨的哲学既具有为罗素之流的分析哲学家所激赏的冷峻抽象的逻辑和科学色彩，也具有同他所处的时代背景相呼应并与中世纪哲学一脉相承的信仰的激情和宗教神学色彩。莱布尼茨哲学的这样一种极大的综合性也导致了我们对其哲学之理解的多样性。如果我们有理由如罗素一样，从莱布尼茨体系中的几个基本的逻辑原则出发去诠释其整个体系[1]，那么，我们同样也有理由从宗教的或

---

*作者简介：王成军，哲学博士，中南财经政法大学哲学院讲师，主要研究领域为欧洲中世纪哲学、宗教哲学、莱布尼茨哲学以及宗教学基本原理，E-mail: wang_cj_whu@hotmail.com。

[1] 在他的名著《对莱布尼茨哲学的批评性解释》(*A Critical Exposition of the Philosophy of Leibniz*）中，罗素认为，莱布尼茨哲学的整个哲学体系都是基于五个最基本的命题或前提建立起来的，尤其是基于其主谓逻辑（subject-predicate logic）建立起来的，这表明了“莱布尼茨的卓越性，以及他对哲学所作的恒久的贡献”。关于这五个前提，可参见 Bertrand Russell, *A Critical Exposition of the Philosophy of Leibniz*, London& New York: Routledge, 2005, pp. 4—5.

自然神学的角度去理解这一体系[1]。甚至，大多数研究者都会同意，“在哲学上，莱布尼茨所关注的大部分焦点都在于我们可以称之为‘哲学神学’（philosophical theology）的东西”[2]，而其整个思想体系的“最大的目标”，就是“要去调和科学、理性与宗教”[3]。

如果我们试图从“哲学神学”的角度去理解莱布尼茨，认同莱布尼茨思想体系最重要的目标就在于调和“科学、理性与宗教”，那么，我们就有必要考察一下莱布尼茨对于信仰与理性关系的看法。因为，如果莱布尼茨本人不认同信仰与理性的一致性并为之提出充分的辩护，那么，他便没有理由以其整个哲学体系来调和“科学、理性与宗教”这三者并将其体系打上显明的宗教标记，而我们也将只能接受罗素的看法，将莱布尼茨的哲学分割为“隐秘学说”（esoteric doctrine）与“通俗哲学”（popular philosophy）两部分，并认为后者不过是莱布尼茨为了“名声和金钱”迎合权贵和教会的正统意识形态而做的一种权宜之计，是莱布尼茨哲学遗产中“最坏的部分”[4]。

---

[1] 事实上，莱布尼茨的研究者之中并不乏从这个角度来诠释莱布尼茨哲学的，比如Jean Baruzi，就认为莱布尼茨“首先是一位致思于宗教的思想家，尤其受到了对于上帝之荣光的热忱的驱使”。参见 Frederic Copleston, *A History of Philosophy*, Vol. IV, New York & London: Doubleday, 1994, p. 270. 不论从这一视角来理解莱布尼茨哲学的整体是否得当，我们至少可以认同 Nicholas Jolley 的这一判断：“自然神学，或者运用理性来建立上帝的本性与存在的那部分神学，是莱布尼茨终其一生的关切之一。这也是与他的思想的其他领域紧密结合的一个关切。”（Nicholas Jolley, Introduction to *The Cambridge Companions to Leibniz*, Nicholas Jolley ed., Cambridge: Cambridge University Press, 1994, p. 12.）

[2] Franklin Perkins, *Leibniz: A Guide for the Perplexed*, London & New York: Continuum, 2007, p. 3.

[3] Franklin Perkins, *Leibniz: A Guide for the Perplexed*, London & New York: Continuum, 2007, p. 161.

[4] 罗素认为，莱布尼茨哲学有一种“整体上的两面性：他有忠于他自身的好的哲学，也有为了名声和金钱而发表的坏哲学”，进而，他把莱布尼茨的哲学一分为二：奠基于坚实的逻辑原则的“隐秘学说”（也即其思辨哲学部分）与“通俗哲学”（也即其实践哲学部分），并且声称“他的哲学最佳的部分是最为抽象的那部分，而最坏的部分则是与人类生活关切最甚的那部分”。参见 Bertrand Russell, *A Critical Exposition of the Philosophy of Leibniz*, London& New York: Routledge, 2005, pp. xiv—xv, 238.

一

一般认为，“信仰与理性”是欧洲中世纪哲学的主题之一。事实上，自圣保罗（St. Paul）提出“雅典和耶路撒冷”的关系问题起，这个问题就成了基督宗教思想家在构建他们的神哲学时必须要处理的任务，而在基督宗教意识形态处于支配地位的中世纪，情况更是如此。比如，在诸如托马斯·阿奎那这样的神哲学家在构筑其“大全”的时候，最先讨论的便是理性与信仰的关系（比如，《反异教大全》第一册第 3—8 章）。无疑，用理性来为其信仰进行辩护并驳斥异端，是那个时代的神哲学家的天职，而这一工作的前提，就是要厘定理性与信仰这二者间的关系。然而，在莱布尼茨的时代，也即 17 世纪后半叶，西方文明业已经由文艺复兴的洗礼，进入了所谓的“现代”（modern），在这一时期，宗教精神已经出现了衰微，而理性与科学也开始取代信仰成为欧洲人的精神之光，对于一个哲学家来说，特别是对于莱布尼茨这样的深信理性与逻辑力量的哲学家来说，在这样一个时代重启一个中世纪的问题似乎不合时宜。

然而，如果我们重新考虑一下莱布尼茨身处的时代背景，我们至少能够发现莱布尼茨之所以重视这一问题的一个外在理由。在莱布尼茨的时代，虽然人文主义已经兴起，但是，宗教在欧洲社会生活中仍然占有相当大的影响。特别是，因为宗教改革而导致的“三十年战争”虽然刚刚结束，但新教与天主教之间的关系仍然十分紧张，仍旧是欧洲政治和社会生活的核心议题。这一紧张状况在深受“三十年战争”重创的德国表现得尤为明显，虽然德国是新教改革的大本营，但其传统的天主教势力仍然据有部分地区并同新教地区处在对峙之中。不管是出于“太有智慧而不能以一种偏执应对另一种偏执”，还是出于“对欧洲精神太过同情”，莱布尼茨都试图“建立一种由所有好人参加的公共宗教”[1]，也即，一种调和了天主教与新教之分歧的统一信仰。而莱布尼茨深信，要想修复这种分歧并带来政治和社会的和平，就必定要调和理性与信仰，因为，要在那些宗教歧见之

[1] 奥斯丁·法勒：《〈神正论〉英译本导论》，莱布尼茨：《神正论》，段德智译，商务印书馆，2016 年，第 4 页。

间取得一致，就必定要依赖理性——既然理性是为不同教派的信奉者实际上所共有的，那么，一旦我们有充分的理由向他们表明理性与信仰的一致性，则不同教派在信仰问题上就可能达成一致。

从莱布尼茨在《神正论》(*Theodicy*)第一部分对于信仰与理性的关系进行集中论述时所批评的对象看，上述的这一理由是明显的。这一文本有着十分明确的批判对象，此即“罗马天主教神学家”和“新教神学家”。对于前者，莱布尼茨认为，他们虽然试图调和信仰与理性，但这一努力“并未充分成功”，不仅神学“为无知和偏执弄的腐朽不堪”，而且哲学也“除自身犯有重大错误外，还承载着神学的种种错误”，而这“又进一步致使神学与一种模糊不清、极不完善的哲学结盟”[1]；与之相比，后者则走向了另外一个极端——以路德为首的新教神学家“根本拒绝哲学，把哲学看成对宗教有害的东西”[2]，以至于将“自然真理”与“启示真理”对立起来[3]。这些判断表明，莱布尼茨对于他的前人以及时人为处理信仰与理性关系所提供的方案并不满意，而他要做的，就是既克服罗马天主教神学家在哲学上的缺陷，又向新教神学家们表明理性真理与信仰的一致性，从而基于“信仰与理性相一致”这一原则建立不同教派间宽容和对话的平台。

当然，莱布尼茨之所以要特别讨论信仰与理性的关系，除了上述的外在理由，也是出于其哲学尤其是实践哲学的内在要求，既然这二者的关系对其实践哲学来说是一个“有重大意义的”[4]前提。和后来者罗素对莱布尼茨哲学的取舍不同，莱布尼茨本人决计不会承认实践哲学是自己哲学中“最坏的”那部分，相反，他更为看重的恰恰是自己的这一部分哲学。在《人类理智新论》(*New Essays on the Human Understanding*)中，莱布尼茨

[1] 莱布尼茨:《神正论》，段德智译，商务印书馆，2016年，第101页。
[2] 莱布尼茨:《神正论》，段德智译，商务印书馆，2016年，第109页。
[3] 应该说明的是，在莱布尼茨看来，将“自然真理”与“启示真理”对立或者割裂的做法，不仅仅是持有一种极端信仰主义的路德派神学家的错误，也是那些受“阿维洛伊主义”影响的学者们的错误，与前者不同，后者虽然主张“双重真理”，但认为哲学或者理性的真理有独立于启示真理的标准。莱布尼茨:《神正论》，段德智译，商务印书馆，2016年，第102—107页。基于相同的理由，具有极端理智主义倾向的英国自然神论者也在其批评之列，关于此点，可参见段德智:《〈神正论〉汉译者序》，莱布尼茨:《神正论》，段德智译，商务印书馆，2016年，第xxi页。
[4] 莱布尼茨:《神正论》，段德智译，商务印书馆，2016年，第94页。

就曾假借“提奥菲鲁斯”(Theophilus，意即“爱神者”)之口向影射洛克的“菲拉莱特”(Philalethes，意即“爱真理者”)表明:“您与那些思辨哲学家更为接近，我却更多地倾向于道德问题。”[1] 然而，我们知道，如同我们在后来的康德那里看到的一样，对莱布尼茨来说，要解释道德乃至人类生活的一切领域，都必须依赖于“上帝”观念，既然道德必要性所依据的乃是“关于存在的大原则”也即“充足理由原则”(the principle of sufficient reason)，而这一“充足理由原则”又只可能由一个完满的动力因与目的因来充当。[2] 为此，莱布尼茨必须要解决理性与信仰的关系问题，更确切地说，要为理性与信仰的一致性提出辩护，既然作为其实践哲学前提与基础的“上帝”观念无疑是带有宗教色彩的。

事实上，莱布尼茨不仅在其实践哲学部分需要解决“信仰与理性”这一先决问题，而且他将自己的整个哲学体系都自觉地视为了一种“理性与信仰”的综合并为此而颇为自矜，在《人类理智新论》里他就曾通过“提奥菲鲁斯”之口自诩道：他的这一“新系统”“看起来统一了……经院学者与现代哲学家，神学、道德与理性。显然，它从所有的系统那里取出了最好的东西，并且将它们推进到任何人都尚未做到的地步”。[3]

二

在信仰与理性的关系问题上，莱布尼茨持有的总体立场乃是：信仰与理性是一致的。在《神正论》第一部分，他开宗明义地说道：

> 我设定，这两条真理不可能相互矛盾；信仰的对象乃上帝以超常的方式启示出来的真理；而理性虽然是各种真理的联结，但当其同信仰相比较时，便特别地是那些人的心灵无需借助于信仰之光而能够自

[1] G. W. Leibniz, *New Essays on the Human Understanding*, Peter Remnant & Jonathan Bennett, tarns. & eds., Cambridge: Cambridge University Press, 1996, p. 71.

[2] 参见段德智:《莱布尼茨哲学研究》，人民出版社，2011 年，第 343—344 页。

[3] G. W. Leibniz, *New Essays on the Human Understanding*, Peter Remnant & Jonathan Bennett, tarns. & eds., Cambridge: Cambridge University Press, 1996, p. 71.

然获得的真理之间的联结。[1]

对于传统的神学家来说，这二者之间的一致性似乎是一件自然的事情，因为我们马上可以找到一个神学上的理由来支持它：因为“理性之光，也和启示一样，都是上帝的赠品”。[2] 也就是说，既然人的理性和信仰一样，都是上帝所创造或赠予的，则它们二者之间不会存在矛盾，否则上帝就要么是一位糟糕的设计师，要么是一位带有恶意的设计师，而不会是一位“全善”的超级智慧者。但显然，这一神学上的理由并不足以为二者之间的一致性进行辩护，因为这一理由是以信仰，也即，以“一位全知、全善、全能的上帝存在并赋予人以理性和信仰”这一宗教信念为前提的。用这一神学理由来论证二者之间的一致性无疑是“乞题的”（question-begging）。作为一位哲学大师，莱布尼茨显然还需要更多的哲学的理由，或者说，需要从理性上对这二者的一致性进行说明。

对于“理性与信仰相一致”这一命题，莱布尼茨的基本论证策略是，首先对“理性”进行重新界定并将与之相关的那些真理进行了区分，然后论证信仰与不同类型的真理都不会矛盾。于此，他首先将“理性”界定为“各种真理的联结”（the linking together of truths），进而强调，基于自己这一“严格而真实的”理性定义，理性所涉及的真正对象并不是感官经验给我们提供的“真理”，也即，不是我们根据感觉而在心灵中形成的那些判断或命题，而是“仅仅同那些不依赖于感官经验的真理相关”，尽管理性毫无疑问也“有资格”（is entitled to）将经验提供给它的真理关联起来，以便从中得出综合的结论。[3]

在对“理性”进行了界定之后，莱布尼茨进一步将“理性真理”区分为两个类型，此即“永恒真理”（Eternal Verities）和“实证真理”（Positive Verities）。[4] 所谓“永恒真理”，莱布尼茨指的就是“具有逻辑的、形而

[1] 莱布尼茨：《神正论》，段德智译，商务印书馆，2016 年，第 94 页。
[2] 莱布尼茨：《神正论》，段德智译，商务印书馆，2016 年，第 126 页。
[3] 莱布尼茨：《神正论》，段德智译，商务印书馆，2016 年，第 94—95 页。
[4] 关于莱布尼茨对不同真理的区分，段德智先生曾经有过清晰的阐释，请参见段德智：《莱布尼茨哲学研究》，人民出版社，2011 年，第 274—308 页。

上学的或几何学的必然性的真理”[1]，亦即一些在逻辑上“绝对必然”的命题，比如，“一个东西不能在同一时刻从同一角度来考察既是 A 又不是 A”。这一类命题是不可否认的，其否命题必然“蕴含有矛盾”。而所谓“实证真理”，莱布尼茨指的是“上帝凭喜好而赋予自然界的规律，或者依赖于这些规律的东西”，对于这类真理，莱布尼茨认为，我们既可以由经验来“后验地”（a posteriori）认识，也可以通过理性对“事物之间的‘适宜性（fitness of things）’”的考察来“先验地”（a priori）认识[2]，比如，我们既可以“后验地”知道“所有物体都是有量的”，既然我们可以通过我们的经验发现现实中的所有物体都是有量的，我们也可以“先验地”知道这一点，既然“量”这个观念就蕴含在“物体”这个观念之中。对于“永恒真理”与“实证真理”这两类理性真理的必然性，莱布尼茨又分别称之为“绝对的（几何学的、逻辑的、形而上学的）必然性”与“物理的必然性”。

借助于以上对于理性的定义以及两类真理（必然性）的区分，莱布尼茨认为，信仰与理性是一致的，它们二者之间不可能相矛盾，因为信仰既（1）不可能与永恒真理（绝对必然性）相冲突，且（2）也不可能与实证真理（物理必然性）相冲突。

对于（1），莱布尼茨提供的理由是，既然“所有派别的神学家（仅仅狂热分子除外）都至少同意：凡信仰的条文都绝对不能蕴含有矛盾”[3]，而那些永恒真理又是绝对必然为真的，其反面一定蕴含矛盾，因此，信仰不可能与永恒真理相矛盾，否则，我们要么必须承认信仰是荒谬的，要么必须承认两个相矛盾的东西可能同时为真，而这都是不可接受的，因为这要么违背了一致同意的前提，要么违背了矛盾律。然而，我们似乎可以在基督宗教信仰的条目里找到一些同永恒真理或“绝对必然性”相矛盾的例子，比如，在《路加福音》（13：32），耶稣曾以“狐狸”来指称希律（“你们去告诉那只狐狸说……”），很显然，如果像路德派神学家那样严格按照

[1] 莱布尼茨：《神正论》，段德智译，商务印书馆，2016 年，第 95 页。
[2] 莱布尼茨：《神正论》，段德智译，商务印书馆，2016 年，第 95—96 页。
[3] 莱布尼茨：《神正论》，段德智译，商务印书馆，2016 年，第 120 页。

字面意思来理解，则这意味着希律在耶稣说这话的时候真的变成了一只狐狸，以至于我们可以说“一个叫希律的人不是一个人，而是只狐狸”或者“希律既是个人又是只狐狸”，这无疑有违形而上学的或逻辑的必然性。于此，莱布尼茨认为，如果信仰的内容同永恒真理看起来相冲突，其问题也并不在于这二者之间真的相矛盾，而是因为我们对信仰的内容采取了不恰当的解释原则造成的一种错觉，[1] 或者说，这只表明“这个所谓的信条将是错误的而非启示出来的”，它是“人类心灵的一种幻觉”，以致“这种信仰的胜利就可以同战败之后点燃的篝火相提并论”。[2] 因此，莱布尼茨特别强调，某些信仰的条目，“(其字面解释)并不是绝对不可能的，但如若不拒绝就会非常不合适的话，那我们就必须拒绝对其的字面解释”[3]。

对于(2)，莱布尼茨认为，既然我们承认那些自然规律乃是上帝赋予给自然的，或者说，既然“实证真理”所具有的“物理的必然性”奠基于“道德的必然性”，也即奠基于“上帝的自由选择”，则信仰也不太可能同这部分真理相矛盾。因为，既然“智慧者”(the wise one)同“智慧者的选择”总是相称的，则上帝选择“相适宜的事物并使之存在”就不可能“出自任性或突发奇想”，而是出于自身的某种“关于善和秩序的普遍理由”，也就是说，上帝对自然规律的赋予尽管是出自其自由意志的，但也必定是基于一定的理由的。[4] 因此，信仰的条目不可能同上帝之神圣理性对自然所作的安排相矛盾，既然信仰的条目与自然规律(物理的必然性)都归属于上帝的神圣行动或启示，而上帝不会做有违他的神圣理性的事情。

莱布尼茨的这一解释显然会遭到激烈的挑战。最为直接地表明信仰同物理必然性相冲突的例子就是宗教中的神迹，比如，耶稣水上行走的例子。对此，莱布尼茨又诉诸上帝的自由意志，认为正因为上帝是出于自身的自由意志来安排自然规律的，因此“自然规律依然真的是由立法者予以豁免的”，也即，“促使他做出选择的关于善和秩序的普遍理由，在某种情

[1] 莱布尼茨：《神正论》，段德智译，商务印书馆，2016年，第119页。
[2] 莱布尼茨：《神正论》，段德智译，商务印书馆，2016年，第135页。
[3] 莱布尼茨：《神正论》，段德智译，商务印书馆，2016年，第119页。
[4] 莱布尼茨：《神正论》，段德智译，商务印书馆，2016年，第96页。

况下，却可能为达到更好秩序的更强大的理由所制服"[1]。于此，他甚至说，对于"物理的和道德的必然性"（也即自然规律和人的伦理），"如果上帝觉得合适的话，这些事情也是可以不发生的"。[2] 而这意味着，信仰也始终不会与物理必然性相冲突，如果信仰的内容同物理的必然性发生了表面的冲突，那只能表明上帝出于充分的理由在例外而特定的情境中自由地改变了自然规则。

但莱布尼茨的这一解释仍然不足以回应一种更强的反例。相比较于上述的"神迹"，这类反例所表明的不是信仰的个别条目所指涉的例外的物理事实同理性真理（也即我们所能反思到的普遍自然规律）的冲突，而是信仰的基本主张与我们的普遍经验之间的冲突。这类冲突之最为典型的例子就是"恶"的问题。很显然，我们对于世界中的恶有一种普遍的经验，然而，如果我们稍加反思，我们就会发现这一事实同信仰中的"全知、全能、全善"的上帝这一基本信念是相冲突的。对于这类反例，我们上面所说的莱布尼茨针对神迹的解释最多只能表明：上帝有足够好的理由容许甚至安排恶在世界之中发生。[3] 很显然，对于一个理性的人，尤其是对于一个证据主义者（evidentialist）来说，这一解释是无法令人信服的。

对于这一种针对信仰的异议，莱布尼茨给出的回应是确定的：这种异议并不能对信仰的真理构成实质性挑战。这首先是因为，在莱布尼茨看来，我们并不能真的通过经验来把握事实（实在），因为，我们经验到的无非是现象（appearances），也即，事情向我们有限的认知能力显现出来的

[1] 莱布尼茨：《神正论》，段德智译，商务印书馆，2016 年，第 99、98 页。
[2] 莱布尼茨：《神正论》，段德智译，商务印书馆，2016 年，第 98 页。
[3] "我们知道，他是照管整个宇宙的，而宇宙的所有部分都是相互关联的。我们据此可以推断：他已经进行过不计其数的思考，从而使他认识到阻止一些恶发生是有失明智的。人们甚至可以得出结论说：必定存在有一些重大的或无可辩驳的理由推动着上帝的智慧去允许恶事的发生……我们将根据这类事件能够后天地作出判断：这样一种允许是绝对必要的，尽管我们通过详尽无遗地列举上帝之所以能够做出这样一种允许的理由先天地证明这一点是完全不可能的……就上帝而论，这种推论是行得通的：他既然这么做了，从而他做这件事就是有理由的。"莱布尼茨：《神正论》，段德智译，商务印书馆，2016 年，第 131 页。

样子，而对之到底是怎样的，我们也许并不真正知道。[1] 这表明，我们的这些经验都不足以被视为真实而有效的挑战上帝观念的证据。其次，莱布尼茨也根据经验的偶然性与现象性指出，我们根据经验而形成的对偶然事实的判断都只是一种盖然性论证（probable argument），而盖然性论证是缺乏确定性的。这意味着，尽管我们经验到世界中恶的存在，但鉴于这些经验形成的都是盖然性命题，我们也无法据此确定无疑地推导出“上帝出于恶意安排了世界中的这些恶”并进一步推翻“全善的”上帝观念，尽管他一定有为人所不知道的充分理由允许恶在世界之中存在。再其次，莱布尼茨似乎还进一步否认了我们可以在基于经验的盖然性命题与信仰真理之间建立关联并判定其冲突的可能性。在他看来，如果说经验的内容是现象，那么信仰的内容则属于与现象“相对的”“奥秘”（mysteries）。然而，对于奥秘，人又只能以理性来“解释”（explain）却不能对之有真正的“理解”（comprehension/understanding）。[2] 这也自然导致我们的理性无法在这样两种命题之间建立任何的关联并判定它们是相冲突的，既然不仅那些盖然性命题缺乏确定性，而且人也不可能真正理解宗教之奥义。由此，莱布尼茨明确说，与“恶”之类的事情相关的普遍经验以及根据这类普遍经验建立起来的盖然性命题“不具有反对信仰的任何力量”[3]。

在莱布尼茨看来，不仅根据经验以及信仰的实质，我们无法就它们之间是否冲突做出断言，而且，即便基于这些经验形成的盖然性推论看起来同信仰的条目的确是相冲突的，这种冲突也不能在恰当的意义上被说成是理性真理与信仰真理的实际冲突。因为，根据莱布尼茨对理性的定义，理性也即“真理之间的联结”，而这类盖然性推论并不是“严格推演的证

[1]“感官的表象……往往与真理相矛盾。……感觉获得的表面现象并不能绝对地确保我们获得事物的真相，并不会比梦提供给我们的东西更多一些。我们也会因为利用这些感觉表象而使我们自己蒙受欺骗，也就是说，我们自己会因我们的错觉而使我们自己蒙受欺骗。”莱布尼茨：《神正论》，段德智译，商务印书馆，2016 年，第 156 页。
[2] 莱布尼茨：《神正论》，段德智译，商务印书馆，2016 年，第 98—99 页。
[3] 莱布尼茨：《神正论》，段德智译，商务印书馆，2016 年，第 97 页。

明”，只是“意见和议论”，并不真正属于理性真理的范畴。[1] 这也就是说，哪怕这些盖然性推论与信仰真的相冲突，这也并不能表明理性与信仰之间的冲突。不仅如此，莱布尼茨认为，真正的理性如果能基于“健全的盖然性逻辑”，无疑是可以用“更加无比强大有力的理由”来推翻那些“偏见和盖然性”并与信仰保持一致的。他特别用一个圣洁的人的例子做了一个类比论证：如果一个大家都熟悉的人一向圣洁，那么，当他被指控盗窃或凶杀并被送上法庭的时候，除非指控他的人有足够确定而充分的证据证明他犯下了相应的罪名，那么他应该被无罪释放，因为，很显然，根据他一贯的表现，“他没有犯下那些罪行”要比“他犯下了那些罪行”在概率上要更大，更值得我们相信。[2] 这一类比论证似乎表明，既然我们能够从我们的经验中获得更多的关于上帝善与正义的认知（比如被造的自然界的美善与秩序等等）并深信这一点，则我们经验到的恶或其他什么看起来跟上帝的善相冲突的现象就并不能撼动我们的那一信仰，既然“上帝是善的且正义的”在概率上要远远大于“上帝是恶的”。[3] 为此，莱布尼茨说，“一旦需要回答似乎怀疑上帝的正义和善这样一种盖然性问题时，我们只要说我们对有关事实缺乏充分的知识也就够了；倘若我们充分地了解事实，这样一类盖然性问题也就立即烟消云散了……一如克里斯蒂娜女王所说，倘若日常的表面现象反乎奥秘，我们只要不承认日常的表面现象也就够了；而这也并不反乎理性……”[4]。

至此，我们看到，对于莱布尼茨来说：（1’）信仰不可能同永恒真理相矛盾，如果发生了表面上的矛盾，那只能是因为我们对于信仰采取了错误的解释原则或者进行了错误的表达；（2’）信仰也不可能同实证的真理

---

[1]“所谓理性，我这里所意指的并不是人们的意见和议论，甚至也不是人们业已形成的按照自然的通常过程判断事物的习性，而毋宁说是那种存在于诸多真理之间的神圣不可侵犯的联结。”莱布尼茨：《神正论》，段德智译，商务印书馆，2016 年，第 121 页。

[2] 莱布尼茨：《神正论》，段德智译，商务印书馆，2016 年，第 132 页。

[3]“人们所能够提出的与上帝的善与正义相对立的一切，都无非是一些表面现象，这些表面现象用来反对一个人无疑相当有力，但倘若用到上帝身上，倘若用来权衡致使我们确信其属性的无限完满性的证据时，它们就全都无关痛痒了。”莱布尼茨：《神正论》，段德智译，商务印书馆，2016 年，第 137 页。

[4] 莱布尼茨：《神正论》，段德智译，商务印书馆，2016 年，第 134 页。

相矛盾，如果发生了表面上的矛盾，那只是因为上帝在特殊的情境中出于更好的理由更改了自然规律；此外，即便我们普遍经验到一些同信仰在表面上相冲突的现象，那也既不表明信仰出了错，也不表明信仰同理性的冲突。因此，莱布尼茨似乎有理由认为，既然理性关涉的是永恒真理与实证真理，而信仰不可能与这两类真理相矛盾，则信仰与理性就并不矛盾。

为了说明信仰和理性并不矛盾，莱布尼茨还进一步区分了“超理性”（which is above reason）与“反理性”（which is against reason）两种情况。所谓“超理性的东西”，即“仅仅是同人们惯常经验或理解的东西相对立的东西”，而所谓“反理性的东西”，则指的是“与绝对确定的和不可避免的真理相反的东西”。[1] 这也就是说，如果一个信念是“反理性的”，当且仅当它同莱布尼茨所谓的“永恒真理”相矛盾的时候；如果一个信念仅仅是“我们的心灵（甚至一切受造心灵）理解不了的”，只要它是真信念，则它就不是“反理性的”，而是“超理性的”。依此，我们可以进一步作结说：在莱布尼茨看来，作为人无法理解的奥秘，信仰的真理不可能是反理性的，因为它不可能违背永恒真理，而且在大多数情况下也不会违背实证真理（自然规律），如果它违背了，它也应该被视为是“超理性的”而非“反理性的”，因此，信仰同理性并不矛盾。

三

以上，我们重构了莱布尼茨对“信仰与理性相一致”的论证，对于莱布尼茨的这一论证，我们很快就能发现其一些困难或缺陷。那么，这些困难或缺陷是可辩护的吗？

莱布尼茨的论证当中首要的一个缺陷是：他所论证的始终只是信仰与理性不矛盾，而这一论证并不能推导出二者的一致性（conformity）。我们知道，即便两个真命题并不矛盾，但这二者也并不必然一致，因为它们也可以是无关的。因而，按照莱布尼茨的论证方案，信仰与理性也可能是两种独立的、不相关的真理，正如为他所批评的“阿维洛伊主义”持有

[1] 莱布尼茨：《神正论》，段德智译，商务印书馆，2016 年，第 121 页。

的“双重真理论”所主张的那样。此外，如果我们承认他的主张，认为信仰的奥秘是超理性的而不是反理性的，那么我们也必须质疑说，“超理性”并不意味着“与理性是一致的”。而且，既然按照莱布尼茨的理解，信仰的奥秘是不可能被人真正理解的，那么，人如何可能认识到并断言信仰同理性的一致性呢，既然我们断定两件事物的一致性必须以同时对这两件事物有清晰的理解为前提？

对于这一类可能的质疑，莱布尼茨事实上采取了一种退守的辩护立场：如果我们有足够好的理由驳斥那种认为二者之间不一致的看法，也即，证明二者之间并不矛盾，则我们就可以说二者是一致的。于此，他说：“至于我们是否认识奥秘与我们的理性相一致这个问题，我的回答是：至少我们认识不到奥秘与理性之间的任何不一致或任何对立。再者，鉴于我们总是能够排除这样一种所谓的对立，由此，如果这能被称作信仰与理性的调和或和谐，或者称作对于二者之间的一致性的承认的话，那就必定可以说：我们能够承认这样一种一致性与这样一种和谐。”[1]

莱布尼茨的论证所蕴含的第二个缺陷在于，尽管莱布尼茨始终在避免仅仅从神学上对于信仰与理性的一致性给出断言，但我们仍然发现，在他的哲学论证中，依然预设了一个神学性的前提：被他视为真信念的基督宗教信仰。比如，在论证信仰同永恒真理不矛盾的时候，他明显预设了“信仰不可能蕴含矛盾”这一点，而在论证信仰同实证真理不矛盾的时候，他又预设了“自然规律乃是上帝基于充分的理由凭自己的自由意志来安排的”这一基督宗教信念。从这样的前提出发来论证信仰并不同理性相冲突，似乎仍然难逃循环论证之嫌。或者说，他的论证只可能对于基督信徒来说是可信的，而对于基督宗教之外的人来说则缺乏可信度，既然那些教外人士大概不会接受他的前提。看起来，这一困难似乎是莱布尼茨所不能避免的。但是，如果我们对莱布尼茨采取一种“同情之理解”的态度，则我们应该看到，莱布尼茨至少是有理由这么做的。如我们在前面所说，莱布尼茨对于信仰与理性关系的论证，其所针对的主要对象本来就是基督宗

---

[1] 莱布尼茨：《神正论》，段德智译，商务印书馆，2016 年，第 156 页。

教内部的不同派别，尤其是那些割裂了信仰与理性的基督宗教神学家。他一直在试图论证的其实是这样一个假言命题：如果信仰是真理，那么，它就不可能与理性的真理相冲突。因此，我们至少可以说，尽管莱布尼茨在他的论证中使用了信仰的前提，但是对于一个基督徒来说，它却是内在一致的。

当然，在这一点上，莱布尼茨也考虑到了那些根本不承认基督宗教信仰的人可能的异议。比如，一个人可能根本反对“上帝存在”这一基督宗教的根本信念，并且指出世界中恶的存在与基督徒的上帝观念是不相容的。对此，莱布尼茨一个可能的回应是：“上帝存在”之类的信念至少是可能的，而对于一个可能的信念，辩护的义务并不在于主张这一可能信念的一方，而是在于否认这一可能信念的一方。就“上帝存在”这类的信念来说，除非反对者有确定无疑的证据表明上帝的确不存在，则一个人就可以合理地持有这类信念。为此，他以法庭诉讼的例子来类比说：“所谓推定，在法学家看来，就是在相反情况未被证实的情况下必须将这一情况暂时视为事实。”[1] 由此，莱布尼茨说，面对那些对基督宗教信仰有着根本质疑的人，也即“用一些哲学原理来反对我们”的人，“我们也没有义务去清楚明白地证明这些原理与我们的教义相一致，而我们的对手却有义务去证明这些原理与我们的教义相矛盾”，既然“举证并非辩方的义务，对于辩方来说，他只要对其对手的理由作出回答也就够了”。[2] 而且，在他看来，信仰的持有者去回应那些针对信仰的控诉是很容易的，因为“这一异议仅仅奠定在表面现象之上，或者奠定在那些最经常发生的例证之上，如果提出这一异议的人却想要从中得出一个普遍的和确定的结论，则那个支持奥秘的人，就可以用一个仅仅具有可能性的例证加以回答，因为这样一种例证足以证明：人们期望从这些前提推论出来的东西既不是确定的，也不是普遍的”。[3]

在我看来，莱布尼茨关于信仰与理性一致性的论证真正的困难在于这

[1] 莱布尼茨：《神正论》，段德智译，商务印书馆，2016 年，第 130 页。
[2] 莱布尼茨：《神正论》，段德智译，商务印书馆，2016 年，第 169—170 页。
[3] 莱布尼茨：《神正论》，段德智译，商务印书馆，2016 年，第 170 页。

样一种可能处境：尽管莱布尼茨对于二者之一致性的论证始终是在基督宗教的语境中展开的，但他的这一论证方案却同样适用于与基督宗教持有类似信仰的其他宗教并导出相同的结论。换句话说，如果某个宗教声称它所信奉的神圣者创造了包括自然规律的一切并且声称其持有的信条都是真理，那么，按照莱布尼茨的论证，我们同样可以认为这个宗教的信条是与理性一致的，或者至少是不违背理性的，哪怕这个宗教所主张的信条有着明显的荒诞。比如，最近几年非常引人注目的“飞天意面教”（Flying Spaghetti Monsterism）所谓的教义就与基督宗教有类似的表达，即认为整个宇宙是由一位“飞天意面神”创造并赋予规则的，而我们知道，这个所谓的“宗教”完全是一位美国人一时性起的恶搞。然而，按照莱布尼茨的论证，这一恶搞的“宗教”同样有理由宣称自身的教义是与理性相一致的并捍卫自身的真理性。即便我们不拿这种荒诞的伪宗教来举例，而是拿伊斯兰教、琐罗亚斯德教、摩尼教等为人所普遍承认的宗教来举例，情况也是如此，也即，这些宗教当中的信条也能被论证为是与理性一致的并且因此是真理性的。而这也会导致一个新的困难：既然它们都能被视为是真理且都不违背理性，那么，它们的信条就不可能是相冲突的，然而，在这些宗教之间，我们却常常可以发现明显相互冲突的信条，比如，基督宗教认为耶稣基督是圣子与真神，而伊斯兰教却主张耶稣只是一位受了上帝启示的凡人，一位先知。如果莱布尼茨深信自己对于信仰与理性之一致性的论证方案是成功的，那么，他就应该肯定这两个关于耶稣的信条都为真，既然它们二者都可以在各自的宗教语境中被论证为既不违反永恒理性也不违反实证理性。显然，莱布尼茨不可能接受这一结论，在论到其他宗教的真理性的时候，他明显持有一种独断的排他主义的立场，也即，在他看来，其他宗教中的上帝不过是“虚假的上帝”[1]，而且也只有基督宗教才是以理性为基础的[2]。因此，莱布尼茨要么必须承认他的论证方案是不够成功的，

---

[1]“如果世上所有的事情都依赖于一种任意力量的突发奇想……则我们还有什么办法在真正的上帝与琐罗亚斯德的虚假的上帝之间作出区别呢?”莱布尼茨：《神正论》，段德智译，商务印书馆，2016 年，第 133 页。

[2]“因为理性，不仅不与基督宗教相对立，反而构成了这一宗教的基础……”莱布尼茨：《神正论》，段德智译，商务印书馆，2016 年，第 145 页。

要么，他就必须收回他关于其他宗教真理性的独断并承认不同宗教之间相互冲突的信条都为真。面对这一困境，我们只能遗憾地说：假使莱布尼茨的关于信仰与理性一致性的论证是有说服力的，其说服力也仅仅是对于他那样的基督徒而言的，而对于其他有理性的人或其他宗教的信徒，他的论证以及对于基督宗教信念真理性的声言都是缺乏说服力的。

尽管如此，我们还是不得不肯定，莱布尼茨对于信仰与理性之间一致性的论证，其目的乃是试图在当时欧洲的信仰混乱中重建自然神学的根基，调和信仰与理性并为基督宗教不同的教派提供一个宽容与对话的平台，正如他引用在当时的欧洲备受尊敬的克里斯蒂娜女王的名言所说的："我们既不需要为了倾听信仰而放弃理性，也不需要为了清楚看见而弄瞎眼睛。"[1] 他论证二者的一致，并以此为前提来展开他的实践哲学，也并不是要顺从在当时的德国占主流的路德式的信仰主义，相反，他所批评的最为主要的对象就是对理性抱有极端贬斥态度的路德神学，在信仰问题上，他自始至终都坚持着一种温和的理智主义（intellectualism），也即，强调信仰同理性的一致而非相反，而这一倾向同他在他哲学的其他部分呈现出来的理智主义的倾向是一致的。在这个意义上，我们在前面所引述的罗素对于莱布尼茨实践哲学的批评是不公正的。

从自然神学历史的角度来看，莱布尼茨的上述努力也足以令他跻身于"自然神学史上少数几个最值得敬重的人物之一"[2]，跻身于自然神学"最著名的倡导者和辩护者之一"[3]。无疑，他对于信仰和理性之一致性的辩护不仅继承了来自于诸如托马斯·阿奎那这样的中世纪哲学家的遗产，在17世纪的欧洲恢复了自然神学的重要性，而且，他也用新的哲学概念和方法对于中世纪自然神学的范式进行了转换，令其获得了现代的形式和新的生命力，并为当代的，尤其是英美分析哲学界的自然神学和宗教哲学开辟了空间，无论是在理查德·斯温伯恩（Richard Swinburn）论证上帝存在时的

[1] 莱布尼茨：《神正论》，段德智译，商务印书馆，2016年，第134页。
[2] 段德智：《莱布尼茨哲学研究》，人民出版社，2011年，第375页。
[3] David Blumenfeld, Leibniz's Ontological and Cosmological Arguments, *in The Cambridge Companions to Leibniz*, Nicholas Jolley ed., Cambridge: Cambridge University Press,1994, p. 353.

"概率论方法"中，还是在阿尔文·普兰丁格（Alvin Plantinga）为世界中的恶所作的"自由意志辩护"中，我们都能找到莱布尼茨的影响。

Leibniz on the Conformity of Faith with Reason

By Wang Chengjun (Zhongnan University of Economics and Law, 430073)

Abstract: The relation between faith and reason is an issue that Leibniz must treats of not only to respond the calls from his era, but also to set a premise for his practical philosophy. For Leibniz, there must be a conformity of faith with reason. Based on his definition of reason and division of the truth of reason, Leibniz argues for the conformity by asserting that faith is by no means contradict with both so-called eternal verities and positive verities. Though there are some remarkable defects and problems hidden in Leibniz's arguments and therefore undermining the persuasive power of his arguments, his attempts are significant and inspiring.

Keywords: Leibniz, Faith and Reason, Eternal Verities, Positive Verities

论莱布尼茨哲学对神的理性转化

桑靖宇　程　悦*

摘要： 莱布尼茨对神的理性化是面临十七世纪欧洲宗教文化危机的哲学反思，他力图通过理性宗教来克服信仰主义的偏执，为欧洲的和平和繁盛奠定思想基础。莱布尼茨通过对神的理性转化批判了当时流行的神学意志主义，使神成为理性秩序和道德原则的化身，而非莫测的专制力量。他指出神的意志自由正是体现在符合理性的最佳选择上，而非无区别状态的任意专断。对神的理性化使他得出了现实世界是最好世界的乐观主义和进步主义思想。莱布尼茨的这种理性主义宗教观对其单子论、自然哲学和实践哲学等有着深刻影响，对于今天合理面对东西方宗教文化的差异仍具有重要参考价值。

关键词： 理性宗教；神学意志主义；意志自由；神正论

莱布尼茨（1646—1716）被公认是人类历史上最渊博、最伟大的百科全书式的思想家之一，然而他强烈的救世情怀和深切的宗教关怀往往被忽视，作为其哲学思想核心的宗教哲学更是常被视为讨好权贵的肤浅之作。实则莱布尼茨宗教哲学有着深刻的内涵，是对十七世纪欧洲深重的宗教文化危机进行严肃反思的结晶。莱布尼茨诞生于三十年战争（1618—1648）末期，这场欧洲历史上最具破坏性的战争源于天主教与新教之间的冲突，使德国几乎成为一堆瓦砾。战后天主教、路德教和加尔文教之间依然强烈的憎恨使德国和欧洲充满了紧张不安，随时都可能陷入混乱。面临着严重的时代危机，莱布尼茨自青年起就力图建立理性主义宗教哲学来克服

* 作者简介：桑靖宇，武汉大学哲学学院教授，E-mail:sangjingyu@aliyun.com; 程悦，武汉晴川学院传媒艺术学院讲师，E-mail:630848507@qq.com。本文为国家哲学社会科学基金一般项目（11BZX051）和国家社科基金重大项目（14ZDB020）成果。

信仰主义的冲突，实现天主教与新教各派的和解及统一，从而给欧洲带来和平和繁盛，这构成了他毕生的努力目标（无论是社会活动上还是学术思想上）。莱布尼茨宗教哲学的核心在于通过对神的理性化来克服信仰主义的迷狂，使人们从对虚幻天国的无谓争吵中摆脱出来，转向建立尘世间全人类的上帝之城，以此为混乱的欧洲带来理性的秩序。莱布尼茨丰富深刻的宗教哲学并没有以系统完整的形式呈现出来，而是散见于他的著作、短文、书信和笔记之中。本文拟从神的意志服从理性、神的意志自由以及神正论这三方面较系统地论述莱布尼茨对神的理性主义转化，并简要分析这种宗教观念对莱布尼茨哲学思想的深刻影响及其意义。

一、神的意志服从理性

莱布尼茨认为信仰主义的错误源于对神的意志主义理解，即认为神的意志高于其理性，从而使其成为变幻莫测、反复无常的专制力量，不能为人的理性所领悟，只能乞灵于盲目信仰了。而在信仰领域，各教派又因具体内容上的分歧而水火不容。在他看来信仰主义造成了宗教的堕落与混乱："这些人没有很好地理解了宇宙主宰者的善和正义；他们所设想的上帝既不值得去效尤也不值得去爱。依我看，这在后果上是很危险的，因为现在正值防止虔诚的真正源泉遭受污染的关键时刻。过去时代那些指责上帝或由此而建立邪恶原则的人的陈旧错误，在我们时代不时地又故态复萌了：在本该上帝体现其至善的地方，人们却祈求他具有不可抗拒的力量；本该想到上帝的力量是由最完善的智慧所规范的，可人们却偏偏把他设定成专横暴虐的。"[1]

神学意志主义使神成为专制的最高力量，践踏了爱与正义的尊严，从源头上破坏了博爱的宗教精神，使人也变得专制而盲目。莱布尼茨对信仰主义的思想基础——神学意志主义的批判是毫不留情的："他们把他（神）描绘成目光短浅而混乱，总是修补自己的工作，吹毛求疵，耽于表象，任性无常，对一些人不同情而对另一些人不公正，赏罚任意，对美德漠不关

[1]［德］莱布尼茨：《神正论》，段德智译，商务印书馆，1997 年，第 60—61 页。

心，通过恶来展示自己的伟大，对善无能为力或半心半意；行使任意的权力且在错误的时刻使用它，最终是虚弱、不讲道理、狡诈，简言之（神）就像他们自己拥有权力或认为自己拥有权力时所表现出的样子：他们把自己膜拜的偶像效仿得太好了。”[1]

在莱布尼茨看来，这种把神视为是任性无常、破坏价值与秩序的专制力量的神学意志主义使人陷入迷信和堕落的泥潭，从而造成了欧洲的混乱。因此他针锋相对地提出，神的理性高于其意志，神的一切活动都出于充足的理由。这样神就成了理性秩序和道德价值的化身，而非为所欲为的力量。

从宗教史来看，近代流行的神学意志主义是对斯各特（John Duns Scotus）和奥卡姆（William of Occam）的神学思想的继承。斯各特反对阿奎那将神理智化的亚里士多德主义，认为神的意志是不受任何约束的，从而一件事情之所以是善的，并非因其自身而善，而仅是神命令如此。奥卡姆继承发展了斯各特的这种意志主义，认为神的意志是最高主宰，理智只不过是执行意志命令的工具。世间没有任何永恒秩序、客观价值可言，一切都是神的莫测的意志的表现。从而古希腊哲学和托马斯主义的世界的神圣秩序被连根拔起，神与世界、人被极度地隔离开来。宗教改革者们把神学意志主义作为反对腐化的天主教的武器，如路德认为神的意志是绝对自由的，与任何律法和人的事功无关，只与人的信仰相关，从而反对罗马教会的特权，主张人人都可以通过信仰得救，由此揭开了宗教改革的大幕。神学意志主义不仅在宗教领域中盛行，对十七世纪欧洲的形而上学、自然哲学、政治哲学等均有强烈的影响。它主张神意完全不能为人的理性所把握，只能从神的各种经验表现中来揣度，从而大大推动了早期近代经验主义哲学思想的流行。在自然科学上，亚里士多德主义注重逻辑演绎的理性推理法被抛弃，强调观察、实验的近代实证科学兴起，自然被视为是僵死的机器，如培根所说的，研究自然是为了征服自然。在政治哲学上传统的德性论和理性主义的自然法理论被置之不顾，建立在经验主义人性论之上

---

[1] G. W. Leibniz, *The Shorter Leibniz Texts*. Edited and translated by Lloyd Strickland. New York: Continuum.2006, p. 165.

的契约论流行起来，社会法则不是由人的先天的理性所决定，而是基于人的意志的契约。霍布斯的“利维坦”就成了意志主义的神在人间的代表。

神学意志主义及与之密切相连的经验主义思想在近代欧洲影响深远，可谓形成了一种新的文化范式。莱布尼茨则对这种神学意志主义的内在缺陷深怀忧虑：首先，宗教改革所引发的激烈的宗教冲突不是神学意志主义的付诸信仰所能解决的，反而会加深教派间的矛盾。这种宗教对立不仅存在于新教与天主教之间，新教内部的路德派与加尔文派也互相敌视。这使欧洲社会处于撕裂、混乱的状态。其次，神学意志主义将神与人对立起来，否认了人与社会具有客观的、理性的价值和法则，使人的活动失去理性的范导而陷入混乱。霍布斯主义的契约论在他看来正是“强权即公理”的表现。

为了重建理性秩序莱布尼茨将神视为是理性的化身，认为神意及他创造的世界都遵循理性的范导，能为人的理性所了解，从而使他成为近代理性主义哲学的主要代表。与各种形式的神学意志主义的斗争是莱布尼茨哲学的一大核心主题，例如《神正论》对培尔不可知论的批判、与牛顿学派关于自然哲学的论战、与霍布斯主义者普芬道夫关于政治哲学的论战等均与此直接相关。

二、神的意志自由

神学意志主义之所以坚决主张神的意志至上，主要是因为他们认为如果神的意志为理性所决定的话，神就丧失了自由。于是神的意志是否服从理性归根结底是如何理解意志自由。莱布尼茨要想实现对神的理性转化必须要解决神的意志自由问题，因此他称自由与必然问题是人类理性的两大迷宫之一。

莱布尼茨认为意志总是有原因的，没有不被决定的意志。他著名的充足理由律认为：“没有充足理由就没有东西能够发生。”[1] 他认为归根结底

[1] [德] 莱布尼茨：《莱布尼茨自然哲学著作选》，祖庆年译，中国社会科学出版社，1985 年，第 132 页。

神是事物存在的充足理由，但神本身的行为也必须具有充足理由，否则一切理由和原因都会失去根基。即神的意志必须有个动机作为它的原因或理由。在他看来，神的意志当然为最佳动机所决定，在其完美智慧的指引下，他的行动必是最完善的。

当说神的意志总是做出最佳选择的时候，就预设了一个客观的关于善恶、好坏的评价标准。而神学意志主义者试图强调神的意志至上时，客观的价值就被摧毁了，神无论如何行动都是善的，哪怕是毫无理由地毁灭无辜者。因此莱布尼茨称意志主义把神理解为专制暴君，破坏了神的慈爱性。

在《形而上学论》的第二小节莱布尼茨指出："当我们说事物并非由于符合任何卓越的法则而仅仅是由于神的意志才是好的，我认为我们就不自觉地毁坏了所有神的爱和荣耀。因为如果神做恰恰相反的事也值得赞美的话，那我们为什么要为神所做的而赞美他？如果只剩下某种专制的权力，如果意志取代了理性，如果根据暴君的定义，使最有权力者满意就是正义，那么到哪里去找神的正义和智慧。况且，每一意志行为包含着意欲的某种理由，这一理由自然在该意志行为之先。这就是我发现某些哲学家的说法完全无法理喻的原因，他们居然说形而上学和几何学的永恒真理以及善、正义和完善的法则仅仅是神的意志的产物。然而在我看来，它们是神的理解的结果，它们就像神的本质一样完全不依赖于他的意志。"[1]

神学意志主义者的不受决定的意志的另一个重要论证是意志能在两个无任何差别状态下进行选择，而这时是没有任何理由的。莱布尼茨对此的回应是世界上不存在无差别状态，他的"不可辨别者的同一性原则"认为，每一事物都是特殊的，不存在两片相同的树叶。如果真的存在无差别状态的话，莱布尼茨认为就没有可能做出选择了，如同布里丹的驴子，在两堆同等距离的同样草料之间活活饿死。莱布尼茨的这个例子看上去很奇怪，似乎并不是很有说服力，其实他想强调的是无区别状态是不存在的。

但由于事物间的差别可以是微小以至于不被意识觉察到，由于人们

---

[1] G.W.Leibniz, *Philosophical Papers and Letters*. Edited and translated by Leory E.Loemker. Dordrecht: D.Reidel publishing company. 1969, p. 305.

就以为这是“无差别状态”，以为人的意志可以毫无理由地进行选择。莱布尼茨认为这是出于对无意识的微知觉的无知，他指出正是微知觉“在那些对我们显得最无差别的情况之中，在作任何磋商查问之前就决定了我们，因为我们是永不会处于平衡状态并且不会对两种情况确切地不偏不倚的”。[1] 即人的认识能力是有局限的，当人自以为是无理由地做出选择时，其实理由和动机存在于不被觉察的无意识之中。然而，神的认识能力是完美的，所以不会有无区别状态的幻觉。莱布尼茨在一篇短文中对此给出了明确的说明：

“一切活动都是受决定的，而决不是无区别的。因为总有一种理由使我们倾向于其一而不倾向其他，这是由于没有什么事情是毫无理由地发生的。诚然这些造成倾向的理由并不迫使事情成为必然，并且既不毁坏偶然性也不毁坏自由。

“一种无区别的自由是不可能的。所以它在任何地方都找不到，即使在上帝那里也找不到。因为上帝是受他自己决定来永远做那最好的事。而创造物则永远是受内在或外在的理由决定的。

“实体越是受它们自身决定，越是远离无区别状态，它们就越完满。因为，它们总是受决定的，它们的决定或者出于自身，并以此而相应地更为有力和完满，或者出于外界，这样它们就将与其外来的程度成比例地不得不服务于外在的事物。”[2]

在莱布尼茨看来，一切意志活动都是受决定的，或受自身决定，或受外物决定。所谓受自身决定，是指意志主体受理性本性的指导做出最佳选择而言；而受外物的决定，则是指意志主体屈从于感性欲望，偏离了理性的道德要求。不同于人具有感性的局限性，神作为最完满的存在，只会做出符合理性的最佳选择。

神学意志主义者之所以对神的无区别状态的自由如此看重，甚至于近

[1]［德］莱布尼茨：《人类理智新论》，陈修斋译，商务印书馆，1982 年，第 180—181 页。

[2] 转引自［英］罗素：《对莱布尼茨哲学的批评性解释》，段德智译，商务印书馆，2000 年，第 234 页。

代理性主义哲学的创始者笛卡儿也赞同这种观念，这很大程度上跟基督教的神从虚无中创世的观念密切相关：如果神创世时面对的是绝对的虚无，那就的确类似于无区别的自由。但莱布尼茨否认这一点，他认为在创世之前就存在着无数的可能世界，从而使神的最佳选择成为可能。

莱布尼茨的可能世界显然受到柏拉图理念世界的影响，都是本质、普遍观念和永恒真理的领域，但莱布尼茨并不是像柏拉图那样把抽象世界视为是最完美的存在，而只是需要实现的潜在，这鲜明地表现出他注重现实世界的价值取向。其次，柏拉图的理念世界指的是一个以最高善为顶点的理念系统，而莱布尼茨的可能世界则包括无数个自身内部可共存的观念系统。在他那里，所谓可能性是指一个概念不包含自相矛盾，所谓可共存性，是指若干可能的概念不互相冲突，能服从于某种普遍的规律。因此，一个可能世界是指为某种普遍规律所范导的观念系统，“存在有许多可能的宇宙，可共存者的每一个集合体都造成一个宇宙”。[1]

莱布尼茨认为这些可能世界及其法则都存在于神的理智之中，是独立于神的意志的。他在《单子论》(第 43 条) 中指出：“同样真实的是，上帝不仅是存在的源泉，也是本质的源泉，就本质是真实的而言，也就是说，是可能性中真实的东西的源泉。因为上帝的理智是永恒的真理或观念的依附之处，没有上帝就没有任何在可能性中真实之物，不仅没有任何东西存在，甚至没有任何东西是可能的。”[2] 神的意志并不能改变可能世界的结构和法则，而是选择最好的可能世界使之现实化。在创世之后，神只是持续地维系着世界万物的存在，而不会去干涉事物的运行。从这个意义上说，莱布尼茨宗教哲学其实是一种自然神论 (Deism)，尽管出于种种考虑他不愿承认这一点。可见莱布尼茨的理性宗教其实是很激进的，但为了基督教再统一的现实需求，他不得不对此加以掩盖，这也使他的宗教哲学不能不带有矛盾、妥协的色彩。

---

[1] 转引自 [英] 罗素：《对莱布尼茨哲学的批评性解释》，段德智译，商务印书馆，2000 年，第 272 页。

[2] G.W. Leibniz, *Philosophical Papers and Letters*. Edited and translated by Leory E. Loemker. Dordrecht: D.Reidel publishing company.1969, p. 648.

在批判了没有理由的意志、确立神的意志符合最佳者原则之后，莱布尼茨面临另一个问题，即如何把意志的受决定与否认意志自由的决定论区别开来。这一问题对于神而言尤其重要，因为人由于有限的理智和意志的软弱，会做出种种错误的选择，而神拥有完美的智慧不可能不去选择最佳者，也就是说神只会做出一种选择，那他还有没有自由呢？在这个问题上莱布尼茨的主要参照者和批评对象是斯宾诺莎。斯宾诺莎认为，神出于几何学的必然性产生万事万物，没有任何偶然性可言，从而现实世界是唯一可能的世界。在他看来，所谓意志自由只是人的幻想，真正的自由在于对必然性的认识。

莱布尼茨断然否定斯宾诺莎的决定主义，认为这会导致宿命论。为了使意志自由与受决定统一起来，他区分了两种必然性："我们也必须区别这样两种必然性：一种必然性之所以成为必然性，是因为其对立面蕴含着矛盾（这种必然性叫做逻辑的、形而上学的或数学的必然性）；另一种是道德的必然性，它使一个有智慧的存在物挑选那最好的，并使一切心灵都遵循那最强有力的倾向。"[1] 所谓绝对的必然性或形而上学的必然性是与意志自由相冲突的，因为其反面因包含矛盾而不可能；道德的必然性是指意志选择最佳者时其他选择仍是可能的，因此与意志自由是相容的。斯宾诺莎认为"万物是从神的无上圆满性必然而出"[2]，也就是说神只能如此产生万物，没有其他的可能性。而莱布尼茨的可能世界理论则认为神在创世时有无数的选择，神创造万物并非是绝对的必然性，而是道德的必然性，这其实就是意志自由。

三、神正论

莱布尼茨对神的理性化得出了他著名的乐观主义思想：神所创造的现实世界是所有可能世界中的最好世界。由此引发了著名的神正论问题：神

[1] 转引自［英］罗素：《对莱布尼茨哲学的批评性解释》，段德智译，商务印书馆，2000 年，第 273 页。
[2]［荷］斯宾诺莎：《伦理学》，贺麟译，商务印书馆，1982 年，第 33 页。

所创造的最好世界何以会存在如此多的恶？伏尔泰的小说《老实人》描写了世界的种种罪恶、苦难，对最好世界的思想极尽嘲讽之能事。的确，说现实世界是最好世界看上去与人们的常识相违背。但莱布尼茨不是不谙世事的书斋里的幻想家，他除了伟大的学者身份之外还是干练的外交家，对欧洲混乱的政治形势洞若观火，他本人改造社会的宏大抱负屡屡受挫，晚年甚至被牛顿指责剽窃了他的微积分。深谙世态炎凉的他所提出的最好世界理论自然有其深意。

首先最好世界理论是莱布尼茨对神的理性转化的必然要求。在他看来，神为最完美的存在，必然会从可能世界中选择最佳世界使之现实化。如前所说，这种必然性并非那种其反面蕴含矛盾的形而上学的必然性，而是基于理性选择的道德的必然性，神的自由恰恰体现于其中。若非如此，世界就会陷入一片混乱："如果神的意志不遵从最佳者原则，它就会倾向于邪恶，这是最糟糕的了；或者它对善恶漠不关心，被偶然性所主导。但一种随机摇摆的意志对世界的统治并不比在没有神的情况下物质微粒的偶然协作更好。"[1] 也就是说，如果现实世界不是最好世界的话，神就没有存在的必要了。

但人世间如此多的恶如何与神的正义与爱相共存，仍需要进一步具体说明。莱布尼茨不赞同像斯宾诺莎那样，把神与世界等同起来，从而一切都绝对圆满，恶只是人的错误认识所产生的幻象。莱布尼茨正视恶的存在，他把恶分为三种："恶可以形而上学地、物理地和道德地看。形而上学的恶在于单纯的不完满性，物理的恶在于受苦，道德的恶在于罪恶。"[2] 其中形而上学的恶是最根本的，其余两种恶都是由之派生出来。"我们首先要问，恶是从哪里来的？如果上帝存在，怎么会有恶？如果没有上帝，怎么会有善？古人把恶归因于物质，而且相信物质是非创造的和独立于上帝的；这样，我们这些认为一切都来自上帝的人又到哪里去寻找恶的源头？答案是：恶只能在创造的观念的本性中去寻找，因为这种本性被包含

---

[1]［德］莱布尼茨：《神正论》，段德智译，商务印书馆，1997 年，第 390 页。
[2] 转引自［英］罗素：《对莱布尼茨哲学的批评性解释》，段德智译，商务印书馆，2000 年，第 238 页。

在永恒真理之中，而这种永恒真理又在上帝的理智之中，而且独立于上帝的意志。因为我们必定注意到在创造物里有一种原初的不完满性，它是先于罪的，因为创造物本质上是被限制的；而且创造物对于它从哪里来的问题一无所知，而只会误解或干一些别的错事。”[1]

此处的“原初的不完满性”是指形而上学的恶而言。莱布尼茨认为形而上学的恶是不可避免的，因为任何被造物究其本质而言都不是绝对圆满的，否则的话，根据不可辨别者的同一性原则，就会因跟神没有区别而又复归于神了。因此可能世界中的事物都必然具有不圆满性，这是独立于神的意志的。神所做的只是从可能世界中选择最佳世界使之现实化。所以神所创造的最佳世界自然会包含了恶，这是不依赖于神的意志的。

现实世界之所以被神所选择是因为它具有所可能具有的最大程度的完善性，尽管这是人有限的认识所难以清楚认识的，莱布尼茨对此极力加以辩护：“我的确主张，神不可能比他已做的做得更好，我们所以为的世界上的所有不完善都仅源于我们的无知。我们也不具备评判世界之美的正确视角。这有些像在天文学中，从地球上看行星的运动是一片混乱，但如果从太阳上看的话，哥白尼凭借推理所发现的体系的美好秩序就会呈现在我们眼前。既然最小的物体都是充满神奇造物的小世界，我们不应该设想有绝对荒芜的部分，尽管看上去如此。但事实是我们必须认为我们不是事物的尺度，尤其是在我们目前所处的状态下。罪恶本身只是对于那些犯罪的人才是恶的，最终而言，他们增加了事物的完善，就像绘画中的阴影增益了光线一样。神不允许恶除非他能从恶中获得更大的善。在我看来，除非我们完全理解了它们，否则我们就不能真正敬仰或爱神，视神为麻木不仁绝对是与（他的）完美智慧和善相冲突的。”[2]

莱布尼茨对最佳世界的恶的辩护可归结为：神允许恶存在是为了实现更大的善，这就是莱布尼茨著名的神正论。他强调不能孤立地看待恶，而

---

[1] 转引自［英］罗素：《对莱布尼茨哲学的批评性解释》，段德智译，商务印书馆，2000 年，第 239 页。

[2] G. W. Leibniz, *The Shorter Leibniz Texts*. Edited and translated by Lloyd Strickland. New York: Continuum.2006, p. 197—198.

要从整体的角度、辩证的角度去理解。局部的恶往往为整体的更大的善所需要，如图画中的阴影使光线更明亮。现在的恶常为将来的善做准备等。

此外，值得注意的是，莱布尼茨还谈到"我们不是事物的尺度"，即人类不是神唯一的关注对象，神关注的是整个宇宙的普遍和谐。莱布尼茨主张要超越人类社会的狭隘经验，从更广阔的视角来看待善恶问题。他认为在其他的星体上也会有人类存在，甚至比人更高级、更有理性的精灵也是存在的，还有那些比人类低级的生命，在思考现实世界是最佳世界时所有这些都应考虑在内。甚至无生命自然都丰富无比，远非近代哲学家们想象的僵死的、荒芜的物质。因此，伏尔泰对最佳世界的嘲讽并不能证伪莱布尼茨的理论，因为莱布尼茨所指的是整个宇宙，而非局限于人类社会的狭小范围。

莱布尼茨的最佳世界理论还引出了进步主义的观念，即整体而言，宇宙的运动不是循环往复的，而是不断地迈向更高的完善性："把所有事物考虑在内，我相信世界在完善性上持续增长，而不会在一个圆圈里循环，如果那样的话就没有目的因了。尽管在神之中没有快乐，但仍有某种类似快乐的东西，因此他因他的计划的持续推进而欣喜。……就宇宙趋向于成熟而言，它类似于一个植物或动物。但不同之处在于，它决不会达到最大程度的成熟，也绝不会倒退或陷入衰退。"[1]

这样莱布尼茨的乐观主义达到了更彻底的地步，现实世界不仅现在具有所可能具有的最大的完善性，而且随着时间的推移，这种完善性会越来越大："人们会反对说事物的普遍进步是不明显的，甚至相反有些混乱使其走向相反的方向。但这只是现象。"[2]莱布尼茨举例说行星的运行在以前人们认为是混乱的，但哥白尼天文学使人们意识到它们的神奇秩序。"因此不仅万物因秩序而向前发展，而且当我们的心灵进步的时候就会越来越多地认识到（万物的进步）。"[3]

---

[1] G. W. Leibniz, *The Shorter Leibniz Texts*. Edited and translated by Lloyd Strickland. New York: Continuum.2006, p. 195—196.
[2] G. W. Leibniz, *The Shorter Leibniz Texts*. Edited and translated by Lloyd Strickland. New York: Continuum.2006, p. 80.
[3] G. W. Leibniz, *The Shorter Leibniz Texts*. Edited and translated by Lloyd Strickland. New York: Continuum.2006, p. 80.

莱布尼茨认为，理性的发展和知识的扩充能使我们更好地认识到世界的完善性，从而不会为暂时的困难和混乱所压倒："为了跳得更好常有必要往后退：死亡和痛苦如果不是向前进步的伟大的转变所必须的话，它们就不可能在宇宙中存在。就像麦粒为了能够向上发芽而显得腐烂在土壤里。"[1]

然而，人类世界固然只是宇宙的一个小小角落，但人作为有感性的存在却不能不受到人类社会状况的极大影响。如果人们触目所及常是邪恶贪婪之徒得势，善良真正的人受压抑乃至遭厄运，是很难接受最佳世界的观念的。或者说就算整个宇宙有着高度的完善性，跟人又有什么关系呢？从感性的角度看，伏尔泰《老实人》的反驳自有其力量。莱布尼茨本人也对此有着清醒的认识，所以他坚信灵魂不朽和死后的报偿，只有这样，人的生活才能达到合理和正义。

莱布尼茨的最佳世界理论还有一个非常重要的内涵，即神的创世只需要一次意志的决定："因为宇宙中的一切都处于相互一致的状态，全智者只有在对一切深思熟虑之后，方才做出决断，而且只就整体做出决断……因此，确切地说，并不需要一系列的神性决定。人们可以说，在对现在的事物序列所属的一切加以审慎思考并与属于其他秩序的事物相互比较之后，通过上帝的唯一决定现在的事物序列便到其此在了。"[2]

在他看来，神创世时是遵循整体主义的原则，通过对所有可能世界的通盘考虑和比较，选择最好的可能世界现实化。创世之后，神只是维系世界的存在，而不进行任何干涉。"最高智慧决不允许上帝不顾律法和规则，强行干预事物的秩序和本质，破坏普遍的和谐，选择不同于最好事物序列的另一种序列。在这一最好序列中包含着：听任一切人自由行事，因而有些人的邪恶得以泛滥。"[3] 也就是说，神在创世之后就不再干涉世界的运作，

---

[1] G. W. Leibniz, *The Shorter Leibniz Texts*. Edited and translated by Lloyd Strickland. New York: Continuum.2006, p. 83.

[2] [德] 莱布尼茨：《神义论》，附录四《为上帝的事业辩护》，朱雁冰译，三联书店 2007 年，第 456 页。

[3] [德] 莱布尼茨：《神义论》，附录四《为上帝的事业辩护》，朱雁冰译，三联书店 2007 年，第 473 页。

而是不干涉的神，静观的神，因为事物具有高度的完善性，遵循内在的法则运动即可逐步向上达到更高的完善性，而无须神再额外施以援手了。尽管事物会遭遇困难，甚至出现混乱和倒退，但永恒向上的趋势是不可改变的。这就是神所选择的最佳世界的永恒本质所在。莱布尼茨的不干涉的神显然与传统宗教的拯救神的观念大异其趣，倒是类似于中国思想中的“天道无为”。为了免遭宗教保守势力的反弹，他常常不得不把自己的激进观念小心地隐藏起来，大谈神的惩恶赏善、恩宠救赎等等。这些都应在象征、比喻或者无奈妥协的意义上来理解，否则莱布尼茨的思想就会陷入不可克服的矛盾。

总之，莱布尼茨的理性宗教使他极为看重最佳世界理论，他认为这是激发人的宗教情感所必须的。在他看来，只有真正认识到现实世界具有所可能有的最多的完善性，人才能理解神的伟大与慈爱。而只有理解了神，才能真正爱神，并像神爱世界一样，博爱世人，为人类福祉而努力奋斗。

四、神的理性化对莱布尼茨哲学的影响及其意义

莱布尼茨力图通过对神的理性化来克服使欧洲四分五裂的信仰主义，以给欧洲带来秩序和繁盛。他的这种理性神学对其哲学有着深远的影响，甚至可以说，他的整个哲学都有着浓厚的宗教哲学的气息。下面简要论述理性神学对其单子论、自然哲学、实践哲学所打下的深深烙印。

一、单子论。莱布尼茨的“不干涉的神”极大地影响了他的单子论思想。首先他极力反对各种形式的以神来吞没一切的一元论思想，捍卫个体的独立性，他的单子论就是对个体实体的捍卫。其次，莱布尼茨反对把一切力量归于神的观念，认为被造物因其自身的力量而活动，从而他把力视为是单子的根本规定，突破了西方传统的静态的实体观。世界是由无数不同等级的单子构成的，因自身的内在动力而永恒地追求着更大的完善性。这使他修正了传统基督教否定世界的消极倾向，肯定世界自身的价值和尊严，带来了积极洋溢的乐观主义精神。

二、自然哲学。现实世界作为最佳世界具有着高度的完善性，因自身

的内在原则而活动，无须神的干涉。在其晚年与牛顿学派的论战中，他说道："牛顿先生和他那一派还有对上帝的作品的一种很好笑的意见。照他们的看法，上帝必须不时地给他的表重上发条，否则它就会不走了。……上帝的这架机器照他们看来甚至是这样不完善，以致他得不得不时时用一种非常规的协助来给它擦洗油泥，甚至来加以修理，就像一个钟表匠修理他的钟表那样……"[1] 英国科学史家亚历山大·柯依若（Alexandre Koyre）形象地把牛顿学派和莱布尼茨的神的观念比喻为"工作日的神与安息日的神"。莱布尼茨的"安息日的神"使他突破了近代流行的僵死的机械论自然观，赋予了自然以生机和活力。

三、实践哲学。莱布尼茨的理性神学克服了传统神学中的神与人之间的对立和冲突，在推崇神的同时为人的独立自主提供了保证，不致使人沦为神的阴影和幻象，而是"每一个精神在他自己的范围内颇像一个小小的神"。(《单子论》第 83 条)[2] 这种思想使莱布尼茨摆脱了传统基督教的厌恶尘世的阴郁、悲惨的面貌，而表现出了类似古希腊和文艺复兴时期以及中国思想中的那种欢快、明朗的气息。值得注意的是，莱布尼茨的个体性与近代哲学中流行的孤零零的个体观念迥然不同，他的个体是处于整体中的个体。根据他的理性神学，神创世时并非是考虑单个的个体，而是关注所有存在构成的世界整体。从而，他认为人总是处于社群之中的，近代政治哲学所讲的孤独个体的自然状态只是一种无根据的虚构。由此他提出了建立在"有智慧的爱"之上的德性论政治哲学，主张所有人都是上帝之城的成员，人类共同的福祉才是神意所在。值得注意的是，莱布尼茨对神的理性转化使其宗教哲学突破了传统基督教的狭隘性，达到了普遍宗教的高度。他不但主张基督教各派别摒弃信仰上的冲突，在理性的基础上重新统一起来，即使对基督教的死敌伊斯兰教他也加以包容。对于中国文化他更是极为推崇，认为儒学是与他的宗教哲学相一致的自然神学，并提出欧洲

---

[1] [德] 莱布尼茨：《莱布尼茨与克拉克论战书信集》，陈修斋译，武汉大学出版社，1983 年，第 1 页。
[2] G.W. Leibniz, *Philosophical Papers and Letters*. Edited and translated by Leory E. Loemker. Dordrecht: D.Reidel publishing company.1969. p. 652.

与中国联合起来共同促进人类福祉的伟大构想。

由此可知，莱布尼茨对神的理性转化对其整个哲学有着深刻的影响，使其哲学充满了对世界和人性价值的肯定，这与近代西方流行的深受神学意志主义影响的、对世界与人性价值祛魅的哲学思想大异其趣。德国心理学家弗洛姆把宗教分为两种基本类型：威权主义宗教（authoritarian religion）和人本主义宗教（humanistic religion）。他指出："威权主义宗教和威权主义宗教经验的基本要素是对超越人的力量的屈服。这种宗教主要的德行是服从，其最大的罪就是不服从。正如神被认为是全能和全知的，而人则被视为是无力的和微不足道的。"[1]而人本主义宗教却正相反，其目标是充分实现人的潜力，"在人本主义宗教中人的目标是获得最大的力量，而非最大的软弱；德性是自我实现而非屈服。信仰是基于自身思想和感受的经验的确信，而不是随波逐流接受教条。它的情感基调是欢乐，而在威权主义宗教中则是悲哀和负罪感。就有神论的人本主义宗教而言，神是人力图在生活中实现的自身力量的象征，而不是压迫人的强力和控制的象征。"[2]很显然，强调神的莫测的意志和无上权力的神学意志主义所提倡的正是威权主义宗教，而莱布尼茨的神学理性主义则强调神的理性和爱，则是人本主义宗教的表现。

令人遗憾的是，西方世界并未如莱布尼茨所设想的那样在理性宗教的基础上实现和平，其内部冲突激烈如故，随着殖民主义的扩张使整个世界都陷入严重的矛盾之中，终于导致了两次世界大战的惨剧。在全球化的今天，如何合理面对世界各民族宗教文化间的差异日益重要，对此莱布尼茨的理性宗教哲学仍不乏重要的参考价值。他所提出的西方与中国在理性宗教的基础上建立文化共同体以共同促进人类福祉的构想尤其具有现实意义，在当代中国正积极推进"人类命运共同体"这一伟大构想的今天，莱布尼茨的相关思想颇显得意味深长。

---

[1] Fromm, Erich. *Psychology and Religion*, New Haven: Yale University Press.1950. p. 35.
[2] Fromm, Erich. *Psychology and Religion*, New Haven: Yale University Press.1950. p. 37.

On the Rational Transformation of God in Leibniz's Philosophy

(Sang Jingyu, Wuhan University， 430072, Cheng Yue , Wuhan Qinchuan University， 430204)

Abstract: Leibniz's rational transformation of God is a profound philosophical reflection of the religious crisis in 17th century Europe. By this he attempts to defeat Fideism, and provides a foundation for the peace and flourishment of Europe. By rationalizing God, Leibniz criticizes theological voluntarism popular in contemporary Europe, and makes God not the dictatorial power, but the embodiment of rational order and moral law. He holds that the divine free will lies not in the indifferent state but in the best choice following reason. The rationalization of God leads him to the optimistic and progressive conclusion that our world is the best possible world. Leibniz's rational religion has a deep influence upon almost his whole philosophy including monadology, natural philosophy and practical philosophy, and still has value in helping us deal with the religious difference between the East and the West.

Keywords: rational religion; theological voluntarism; free will; theodicy.

现象学与解释学研究

胡塞尔现象学观点下的“自然主义”及相关问题

庄　威*

摘要： 胡塞尔认为自然主义倾向于将意识自然化以及将观念自然化，它产生于追求严格的哲学—科学的欧洲精神的本欲，是一种相对于自然态度的理论态度。现象学的观念的或精神的世界较之自然主义世界具有本体论优先性，尽管二者可以呈现为态度或语言转换。在对语言和直观的有效性进行分析后会发现，现象学难以避免地成为无限逼近严格科学的一种理论态度或承诺。胡塞尔的这一理论态度及其背后的哲学—科学诉求可能使其无法接近诸东方哲学所提供的自然的另一区域，这需要一种新的文化态度。思想、行动和文明的多声部可以共同构成今日的哲学新生活。

关键词： 现象学；胡塞尔；自然主义；自然

不同的哲学家使用“自然主义”这个词所意指的含义不尽相同，限于主题和行文的紧凑，这里不想尽数思想家们的诸论述，而只关注胡塞尔对这一问题的反馈，以及必然连带着的与现象学和自然主义的种种值得注意的关联。胡塞尔在很多文本中都涉及自然以及自然主义的问题，出于个人阅读的有限性，在此笔者主要只对照《哲学作为严格的科学》、《纯粹现象学通论》(以下简称《观念 1》)、《现象学的构成研究：纯粹现象学和现象学哲学的观念》第 2 卷（以下简称《观念 2》)、《欧洲人的危机与哲学》（载于中译本《欧洲科学的危机与超越论现象学》附录，原为胡塞尔 1935 年在维也纳的两次演讲）这几个文本。

---

* 作者简介：庄威，湖北大学哲学学院，副教授，主要研究方向为现象学、德法哲学。

一、胡塞尔从“态度”的角度描述自然主义的产生

在 1910 至 1911 年之间完成的《哲学作为严格的科学》这一文章中，胡塞尔已就自然主义评说得很明确了：“自然主义是对自然之发现的结果现象，自然在这里是指一个按照精确的自然规律而在空间、时间存在的统一之意义上的自然。随着这个观念在不断更新的自然科学中、在奠基于大量严格认识上的自然科学中逐步得到实现，自然主义也一再地得到扩展。……与流行的理解习惯相符，自然科学家趋向于将一切都看作是自然……因此，就我们这里尤其所要关注的自然主义者而言，他所看到的只是自然并且首先是物理的自然。”[1] 胡塞尔还认为自然主义者倾向于将意识自然化以及将观念自然化。

在《欧洲人的危机与哲学》中胡塞尔具体谈及了“态度”的问题，并将其放入一种庞大的关于历史、文化和哲学的总体思考中。他这样谈论“态度”：“一般来说，态度是指意志生活的习惯上固定的风格，这种意志生活具有由这种风格预先决定的意志方向或兴趣，具有最终目的，文化成就，而最终目的和文化成就的总的风格因此也是由这种意志生活的固定风格决定的。各个人的确定的生活就是按照这种作为规范形式的持久的风格进行的。”[2] 可见胡塞尔对“态度”进行了一般性的思考，如果人们总是生活在上述具有固定风格的历史境况中，那么进而可以一般地界定何为“态度的改变”：“如果具有其新颖性的理论的态度被回溯到一种从前的态度，一种更早的规范的态度，这种理论的态度就被称作原来态度的改变。”[3]（《观念 1》也曾说：“我们关于自然态度的给与物特性以及由此获得的该态度本身的特性所做的说明，是一种**前于一切‘理论’的**纯粹描述。”[4]）态度的改变被胡塞尔联系到理论态度的产生上来了。据此可以对人类态度的更迭作一种线性想象。那么，是否可以说这一线性更迭的源头就是“原初的

---

[1]［德］胡塞尔：《哲学作为严格的科学》，倪梁康译，商务印书馆，1999 年，第 8 页。
[2]［德］胡塞尔：《欧洲科学的危机与超越论现象学》，王炳文译，商务印书馆，2001 年，第 380 页。
[3]［德］胡塞尔：《欧洲科学的危机与超越论现象学》，王炳文译，商务印书馆，2001 年，第 381 页。
[4]［德］胡塞尔：《纯粹现象学通论》，李幼蒸译，商务印书馆，1992 年，第 93 页。

自然的生活态度”呢？胡塞尔的回答基本上是肯定的，“我们所谈的是自然的朴素的态度，是原初的自然的生活态度，是最早的原初自然的文化形式，不论是较高的还是较低的，不论是顺利发展的还是停滞的。因此，所有其它的态度都作为自然态度的改变被回溯到自然的态度。”[1] 显然，自然态度具有原初时间性。一个问题自然浮现出来：不同文化共同体中的原初性显然具有差异；但这并没有阻碍到胡塞尔，他泛而论之：“这种自然的生活现在被说成是朴素地直接地面向世界的生活，这个世界作为普遍的地平线总是以某种方式被意识到在那里，但并不是主题。”[2] 此刻成为人们主题的东西是包含在这一世界地平线（视阈）中的任何东西（包括目的或手段、重要或不重要的、感兴趣或无兴趣、私人或公共、日常或偶然出现的东西）。处于这一自然态度中的原初世界里的人没有突破他所处的原初世界，而突破这一世界同时改变自然态度只可能是这种情况，“……只能以一种绝对的意志决心的形式具有一种对于整个以后生活习惯地继续有效的持续性，……并且在相应的文化构成物中实现它”。[3] 这种新态度可以是实践的态度，例如政治家致力于公共利益服务于全体：他的思考和行动可以指向这个原初的共同体世界，这可以说是一种较高层次的实践态度。除了较高层次的实践态度能够改变自然态度之外，还有另一种“本质的可能性”，即：“理论的态度”，胡塞尔对此有界说：“理论态度虽然又是一种职业态度，却完全是非实践的。因此它是建立在对于它自己的职业生活领域中的一切自然的实践，也包括较高层次的服务于这种自然领域的实践的蓄意的悬搁之上的。”[4] 但是不要误解理论生活和实践生活一定是完全分离的，因为还有第三种态度：“即在从理论态度向实践态度的过渡中完成的两方面兴趣的综合，这样地综合，即使得在封闭的统一体中，并且在将一切实

---

[1]［德］胡塞尔：《欧洲科学的危机与超越论现象学》，王炳文译，商务印书馆，2001年，第381页。

[2]［德］胡塞尔：《欧洲科学的危机与超越论现象学》，王炳文译，商务印书馆，2001年，第381页。

[3]［德］胡塞尔：《欧洲科学的危机与超越论现象学》，王炳文译，商务印书馆，2001年，第382页。

[4]［德］胡塞尔：《欧洲科学的危机与超越论现象学》，王炳文译，商务印书馆，2001年，第383页。

践都悬搁起来的情况下，所产生的理论（Theoria)(普遍的科学）能够（并且在理论的洞察本身中证实它能够）以一种新的方式服务于人类，服务于在具体的存在中暂时是并且永远是自然生活的人类。……"[1] 这里胡塞尔所构想的新的"态度"是源于希腊的纯粹理论的态度。这种理论态度同时是一种新型的实践，胡塞尔认为它是通过对人类的一切生活及其目的、文化构成物和诸价值加以批评来实现的，"它所抱的目的是，通过普遍的科学的理性，按照各种形式的真理规范，提高人类，将人类转变成全新的人类——能够依据绝对的理论的洞察而绝对自我负责的人类"。[2]

要注意的是，自然态度和自然主义态度是有区别的，完全可以想象自然主义能够作为自然态度的一种；与自然主义对立的态度可能是"人格主义态度"，然而人格主义态度也可以作为自然态度，若它没有进行理论反思的话。

胡塞尔认为希腊哲学家们创造出了一种新型的文化形态即哲学生活，"人们被思考世界和认识世界的热情所激动，这种思考和认识抛开了一切实际的关心，在它的认识活动的封闭的范围内和从事这种认识活动的时间中，所追求和所获得的仅仅是纯粹的理论。换句话说，人变成了世界的不参与的旁观者，概观者，他变成了哲学家……"[3] 正是从这一起点开始，人们才能提出对认识进行批判的问题，因此开始能够产生一种超民族性，即"欧洲的精神形态"，胡塞尔认为"哲学通过欧洲文明始终执行其指导整个人类文明的功能"。[4] 胡塞尔指出哲学的道路经历过"朴素性"，这当然是理性主义的朴素性，"这种朴素性的最一般的称谓，就叫客观主义，这种客观主义采取了自然主义，即将精神自然化的各种形态"。[5]

---

[1] [德] 胡塞尔:《欧洲科学的危机与超越论现象学》，王炳文译，商务印书馆，2001年，第 383—384 页。
[2] [德] 胡塞尔:《欧洲科学的危机与超越论现象学》，王炳文译，商务印书馆，2001年，第 384 页。
[3] [德] 胡塞尔:《欧洲科学的危机与超越论现象学》，王炳文译，商务印书馆，2001年，第 386 页。
[4] [德] 胡塞尔:《欧洲科学的危机与超越论现象学》，王炳文译，商务印书馆，2001年，第 392 页。
[5] [德] 胡塞尔:《欧洲科学的危机与超越论现象学》，王炳文译，商务印书馆，2001年，第 395 页。

这种自然主义或自然化进程贯穿着文化态度的变迁。理论态度最初只是对于世界采取不参与的旁观者的态度，但同时去掉了世界的神话化的性质，世界变成了世界的表象（“即按照民族的和个人的主观而变化着的世界表象”[1]）或客观世界，因此哲学从宇宙学开始就是自然而然的，理论兴趣指向了物质的、客观的自然，人和动物也被归入到普遍的空间时间中的实在的东西，心灵事件或者说特定自我的事件（包括体验、思维、意愿等）都具有了某种客观性；在这一领域不再有所谓精神上的连续性，而是采用了心理物理意义上的因果性来联系心灵事件。自然界中的个别事物具有广延并处于同质的时间空间之中且因果性地相互规定。在这个基础上产生了一种克服自然客观自在这一有限性的具有无限性性质的方法或技术，即几何学和数学的方法，于是“自然，空间，时间，变成了可以在理想上无限延伸，并且可以在理想上无限分割的东西”。[2]

至此，可以看到在《欧洲人的危机与哲学》中胡塞尔从“态度”改变的历史视角描述了何为自然态度以及自然主义的诞生。不过在胡塞尔那里还有另一组以“精神”为标题的概念及用法值得同时加以关注。

二、胡塞尔论“精神”和自然主义的悖谬

显然，“精神”在胡塞尔的整个思想中是一个无法还原或删除的概念。例如古希腊国家的自然不是自然科学意义上的自然，而“是在他们的周围世界中作为自然的现实出现在他们眼前的东西。更充分地说，希腊人历史上的周围世界，并不是在我们的意义上的客观世界，而是他们的‘世界表象’，就是说，是他们自己的主观有效性，以及所有其中对他们有效的现实的东西，其中包括例如诸神、诸精灵等等”[3]；“‘周围世界’是一个仅在

[1]［德］胡塞尔：《欧洲科学的危机与超越论现象学》，王炳文译，商务印书馆，2001年，第395页。
[2]［德］胡塞尔：《欧洲科学的危机与超越论现象学》，王炳文译，商务印书馆，2001年，第396页。
[3]［德］胡塞尔：《欧洲科学的危机与超越论现象学》，王炳文译，商务印书馆，2001年，第370—371页。

精神领域内才有其地位的概念”。[1] 可以说，胡塞尔似乎持有一种并不复杂的观念主义（唯心论）思想，即周围世界被投射于“精神”这一幕布才有可能，“因此总而言之情况就是：将周围世界的自然看作是本身不同于精神的东西，因而想通过自然科学来论证精神科学，并借此将它变成所谓精确的，这乃是一种荒唐之举”。[2] 所以，“同样显然被忘却了的是，自然科学（与所有一般科学一样）是精神成就的一种称号……作为这样的东西，它们与所有的精神事件一样，毕竟属于应该按精神科学的方式加以说明的东西的范围”。[3] 正是在这个意义上自然科学无法说明自身，用自然科学自己来说明和解释自己乃是循环论证。“现代科学家认为，建立一种有关精神的纯粹自身封闭的普遍的科学的可能性，甚至不值得讨论，因此干脆否定了这种可能性”[4]，然而在胡塞尔看来真正无法封闭自身的乃是自然科学以及企图将一切自然化的自然主义自身。所以笔者完全同意这一看法：“对胡塞尔来说，说现象学解释可以被吸收进、还原为或替代为自然主义解释是全然无意义的。”[5]

笔者在这里要停留一下：所谓一门科学能够“封闭”自身究竟是何意义呢？为什么精神科学（现象学属于此列）可能封闭自身呢？之前胡塞尔已经将整个周围世界包括在“精神”这一标题之下了，这里还可以列举更为明确的类似说法：“在我看来，在心理领域中不具有现象和存在的区别，并且，如果自然是一个在现象中显现的此在，那么这些现象本身（心理学家将它们看作是心理的东西）并不重又是一个通过后面的现象而显现出来的存在——任何一个对任意现象之感知的反思都可以明晰地指明这一点。因此可以看出：实际上只有一个自然，即在事物现象中显现着的自然。所

[1]［德］胡塞尔：《欧洲科学的危机与超越论现象学》，王炳文译，商务印书馆，2001 年，第 371 页。
[2]［德］胡塞尔：《欧洲科学的危机与超越论现象学》，王炳文译，商务印书馆，2001 年，第 371 页。
[3]［德］胡塞尔：《欧洲科学的危机与超越论现象学》，王炳文译，商务印书馆，2001 年，第 371 页。
[4]［德］胡塞尔：《欧洲科学的危机与超越论现象学》，王炳文译，商务印书馆，2001 年，第 370 页。
[5]［丹麦］丹·扎哈维：《自然化的现象学》，符鸽译，《求是学刊》2010 年第 5 期。

有那些被我们在心理学的最宽泛意义上称作心理现象的东西，自在和自为地看，都只是现象，而不是自然。”[1]

这段话明确表明的“现象”在胡塞尔那里的一种意味就是“自然”，甚至可以包括可能的自然，只要这一自然尚未现象化。当然人们可以说这真是彻底的观念主义。《观念2》也明确表达过类似的想法：“心灵投射也作为自然主义态度的前提。”[2]《欧洲人的危机与哲学》也提及精神的自足性，并且还说“一种真正方法——即按照精神的意向性把握精神的根本性质并由此出发建立一种无限一贯的精神分析学的方法——的产生，导致了超越论的现象学”。[3]

如同G.E.摩尔在《驳唯心论》中曾经批评（笔者认为不能视为驳倒）观念主义或唯心主义是一种同语反复。胡塞尔用一种被他视为严格科学的唯一一种语言封闭了这种语言自身，这是观念的封闭、本质学或现象学的封闭，除此之外还有别的封闭的可能吗？严格的科学等价于自身封闭的科学，在这个意义上自然主义由于其必然的经验的实证特征而无法完成封闭，但是作为一种观念的封闭的现象学真的可以完成封闭吗？如果现象学不断追求严格而不断涂抹、修改概念，这同实证背景下不断修改的自然主义的无法封闭不是一样处在不断清除失误的过程之中吗？

《观念2》曾提及精神世界对自然主义世界具有的本体论优先性，但《观念2》却是以自然主义态度为出发点的：自然作为物质的、躯体的、心灵的自然被给予并达到了理论认知，并且在心理物理的意义上研究了动物和人，正是在此的意义上胡塞尔说：“心灵在自然科学中并无独立存在，它只是躯体上实在事件的一个层次。”[4]不过人们并不总是甚至主要并不是按照自然主义的态度看待世界的，如同在从事物理学和动物学研究似的，

[1][德]胡塞尔：《哲学作为严格的科学》，倪梁康译，商务印书馆，1999年，第31页。

[2][德]胡塞尔：《现象学的构成研究：纯粹现象学和现象学哲学的观念》第2卷，李幼蒸译，中国人民大学出版社，2014年，第147页。

[3][德]胡塞尔：《欧洲科学的危机与超越论现象学》，王炳文译，商务印书馆，2001年，第402页。

[4][德]胡塞尔：《现象学的构成研究：纯粹现象学和现象学哲学的观念》第2卷，李幼蒸译，中国人民大学出版社，2014年，第147页。

每个个人始终知道自己是自己周围世界的主体，将自身设定为个人，在意识中处于和“周围世界”的关系中；“情况甚至显示为：在此并未存在两种同样正确的和同样级次的态度，或者两种完全同样正确的和同时相互渗透的统觉，而是自然主义态度从属于人格主义的态度，并通过个人自我之排除或自忘却而获得某种自足性，从而按此自足性，以非正当的方式，同时将世界和自然绝对化了”。[1] 在人格主义的世界中胡塞尔研究了个人的存在，个人与周围世界之间的关系以及个人如何进入个人间关系，个人联合体如何构成较高层阶上的具体对象等问题。这一人格主义的方向上的建构必然会再次遇到自然和自然科学；这并不是一种恶性循环，而是“态度”的改变，这意味着：“从一种统握方向在主题上过渡到另一种统握方向，与此方向相对应的是相关而不同的对象。……我们可以指涉观念世界和经验世界之间的关系，……所有这些区别都联系着‘态度’上的基本区别，联系于统握或经验的根本不同方式，而且相关的对象，不管它们之间根本上多么不同，都仍然可能是以意义关系为中介的，此意义关系已经……”[2] 而意义涉及语言或表达层面，心理物理研究实际上建立在此层次上的。所以，“态度”的转变涉及语言的转变。可以说《观念 2》不仅仅只是提出现象作为两种自然的覆盖物，且还提出意义—语言层面。这意味着从自然态度到现象学的转变可以从意义、表达、语言选择的不同来进行；那么自然和精神的也可以说表面上只是在“意义”上的区别。但是隶属于精神领域的胡塞尔的现象学和自然主义之间的差别不能因此简单理解为同一事物的两面、不能理解为平行论，“精神可被理解为依存于自然，其本身可被自然化，但只是在一定的程度上如此”。[3]

在《观念 2》中“精神”这个概念来自于对主体与其周围世界关系的一种“设定方式”，周围世界由主体所设定，这种设定意味着被设定的客

---

[1] [德] 胡塞尔:《现象学的构成研究：纯粹现象学和现象学哲学的观念》第 2 卷，李幼蒸译，中国人民大学出版社，2014 年，第 154—155 页。

[2] [德] 胡塞尔:《现象学的构成研究：纯粹现象学和现象学哲学的观念》第 2 卷，李幼蒸译，中国人民大学出版社，2014 年，第 175 页。

[3] [德] 胡塞尔:《现象学的构成研究：纯粹现象学和现象学哲学的观念》第 2 卷，李幼蒸译，中国人民大学出版社，2014 年，第 248 页。

体和“精神性的主体”也可称作意向性主体。胡塞尔认为这种主体—客体之间存在一种并非实在的因果关系，他称之为“动机化因果性”[1]。这种动机化因果性标记着一种新型的并非自然主义意义上的因果关系，在此关系中“客体具有价值性质，客体与价值一起‘被经验’，被统觉为价值客体。……我不仅是评价者，而且也是意欲的主体，并证明自己不只是价值经验的主体和在此情境中进行判断等等的思维主体，我也可以创造性地将此物改变，为对其加以利用的目的使用它，等等”。[2] 也许有人会认为价值主体的观念活动或这一精神领域不是也有其神经对应物吗？胡塞尔也看到了精神可以被理解为依存于自然，但是胡塞尔认为这种神经对应物人们并不而且无须知道：“我不‘知道’的东西，在我的体验行为、表象行为、思想行为以及行动中未对我呈现为被知觉者、被记忆者、被思想者，在精神上并不‘决定着’我。而且，没有在意向性上包含在我的体验的东西，哪怕是未被注意或潜在的东西，都对我不产生动机化作用，甚至也不在无意识的方式中。”[3] 当然，今日的神经学家会接过这个话题讨论神经对应物究竟为何物；胡塞尔则一直采用现象学的话语机器专注于观念领域。

但是，这种描述这一精神领域的载体（也是意义、观念的载体）值得注意，它当然是语言。例如如何统握人而不仅仅是那具躯体呢？人和它的躯体属于两种不同的统握，“对人的统握是这样的：作为‘意义’它穿透对躯体的统握……作为奠基性的躯体性之躯体统握，成为对理解性的意义统握之构成性基础：基本上，本质上，其方式类似于语词声音是心灵化的‘意义’之‘躯体’”。[4] 胡塞尔很早就注意到语言、表达对于现象学的基础地位（《逻辑研究》第一研究就是对表达行为的研究），因为直观、描述、本质学都离不开表达或语言，对于人的统握也是如此。胡塞尔承认精

[1] [德] 胡塞尔：《现象学的构成研究：纯粹现象学和现象学哲学的观念》第 2 卷，李幼蒸译，中国人民大学出版社，2014 年，第 181 页。
[2] [德] 胡塞尔：《现象学的构成研究：纯粹现象学和现象学哲学的观念》第 2 卷，李幼蒸译，中国人民大学出版社，2014 年，第 181 页。
[3] [德] 胡塞尔：《现象学的构成研究：纯粹现象学和现象学哲学的观念》第 2 卷，李幼蒸译，中国人民大学出版社，2014 年，第 193 页。
[4] [德] 胡塞尔：《现象学的构成研究：纯粹现象学和现象学哲学的观念》第 2 卷，李幼蒸译，中国人民大学出版社，2014 年，第 201 页。

神领域的现象学的独立性，但他不是二元论者，同时他并不否认精神和躯体之间存在着的心理物理的关系，“人，在适当的态度中，作为具有实在特性的实在的统一体存在于我们面前，此特性我们称之为心理物理的，而且它以躯体于精神间的一种因果关系为前提”。[1] 在精神和躯体、观念和实在层面可以灵活转换态度和调动不同的语词描述。

这里应该补充一位人物马克思，马克思是超出了精神设定和语言转换的理论层面的。胡塞尔的精神领域的“设定”，仍是基于把自然和自然主义视为至少是理论上异己的对象的，他的“设定”和态度的双侧“转变”本身就是他自己作为一种理论动物、一种自然存在物的活动。马克思的话印证了这一点：“设定并不是主体；它是对象性的本质力量的主体性，因此这些本质力量的活动也必须是对象性的活动。对象性的存在物进行对象性活动，如果它的本质规定中不包含对象性的东西，它就不进行对象性活动。它所以只创造或设定对象，因为它是被对象设定的，因为它本来就是自然界。因此，并不是它在设定这一行动中从自己的‘纯粹活动’转而创造对象，而是它的对象性的产物仅仅证实了它的对象性活动，证实了它的活动是对象性的自然存在物的活动。”[2] 马克思当然表达的是一种完全不同的实践唯物论的旨趣，在他那里“理论”不是胡塞尔意义上的反思内省的哲学—科学，而是“实践活动”，因而在一定程度上超出了欧洲精神下的“理论”范围。后面读者会看到马克思的“实践活动”也可能仍有遗漏之处。

三、胡塞尔为作为严格科学的现象学的辩护

谈了许多关于自然、科学、自然主义的问题，现象学是不是得谈论一下呢？其严格性是不是能够成立呢？这意味着必须对现象学进行评估。这一评估工作自胡塞尔在世就已经在进行了。胡塞尔自己也一直在做自我评估。

德里达在《声音与现象》中曾指出胡塞尔利用了语词所摆脱不了的

[1] [德] 胡塞尔：《现象学的构成研究：纯粹现象学和现象学哲学的观念》第 2 卷，李幼蒸译，中国人民大学出版社，2014 年，第 206 页。
[2] [德] 马克思：《1844 年经济学哲学手稿》，中央编译局译，人民出版社，2000 年，第 105 页。

“书写”这一非纯粹性领域，不过胡塞尔对于语词和现象学的问题也有关注，笔者注意到《哲学作为严格的科学》所提供的相关分析。胡塞尔注意到同时代的心理学家施通普夫、李普斯等人对于实验心理学缺陷的认识，实验预设了无法由实验来完成的东西，“即对意识本身的分析”。[1] 而现象学的内在分析或内省方式能够提供严格性吗？这种本质分析的内在分析研究者在当时已经被斥为经院学者，“这里的原因无非在于，这些研究的自然出发点是对心理的通俗语言标识，尔后，在这些标识的含义得以成活的过程中，问题便会指向那些与此种标识首先是含糊而歧义地相关联的现象”。[2] 对此，胡塞尔的态度是：“现象学的分析家根本不从语词概念中获取判断，而是看入到那些由语言借助于相关的语词而唤起的现象中去，或是深入到那些构成对经验概念、数学概念等等完全直观之实现的现象中去——难道为此也应被打上经院学者的烙印吗？”[3] 由此可见胡塞尔的现象学思考可以说是建立在部分超出语言的直观基础之上的。现象学的表达需要语言，但是现象学的施行一开始需要“直观”。例如“所有心理因素……都具有一个或多或少复合的‘关于……的意识’的特征”[4]，可以认为这已经就是一种现象学的本质分析了；这同时也是一个最初的开端，因为“关于……的意识”这一特征具有各种各样的丰富形态，“对科学语言的最终确定以对现象的完备分析为前提——这是一个遥远的目标。而只要这个分析尚未完成，那么从外表上看，研究的进步便还是在一个大范围中进行，并且是以这样一种形式进行，即：证明那些在以往研究中被误认为已确定下来的概念所具有的新的、现在才可见的多义性。这显然是不可避免的，因为它根植于实事的本性之中”。[5]

不过胡塞尔虽然说现象学的分析家根本不从语词概念中获取判断，而是要“看入”由语词唤起的现象或是去直观现象，但是除了上述例子以

[1] [德] 胡塞尔：《哲学作为严格的科学》，倪梁康译，商务印书馆，1999 年，第 21 页。
[2] [德] 胡塞尔：《哲学作为严格的科学》，倪梁康译，商务印书馆，1999 年，第 21—22 页。
[3] [德] 胡塞尔：《哲学作为严格的科学》，倪梁康译，商务印书馆，1999 年，第 22 页。
[4] [德] 胡塞尔：《哲学作为严格的科学》，倪梁康译，商务印书馆，1999 年，第 22 页。
[5] [德] 胡塞尔：《哲学作为严格的科学》，倪梁康译，商务印书馆，1999 年，第 22 页。

外，并不是每一次的现象学分析都能成功避免语词。另外，对于直观来说，德里达在《声音与现象》中直接利用时间意识指出了其当下性的可疑，胡塞尔可能会回应："这些在本质直观中被把握到的本质可以在坚实的概念中得到确立，至少是在相当大的范围内得到确立，并且，它们因此而为坚实的和以其方式客观而绝对有效的陈述提供了可能；对于每一个无成见的人来说，这都是不言而喻的。"[1] 胡塞尔举例说：声音和颜色的区别，"以至于在整个世界上没有什么比这更可靠的了"。[2] 这里的绝对区分所确立的本质也是"……所有确切意义上的心理因素的本质，是所有自我—'行为'和自我—状态的本质，它们与那些已知的标题相符合，如感知、想象、回忆、判断、感情、意愿，连同它们的所有无数特殊形态"。[3] 这里的每一个心理学标题都涉及意识分析和本质研究的最广泛区域，"在这方面，唯有自然科学能够与这个领域相比拟——无论这听起来是多么奇特"。[4] 先验现象学的本质研究任务是无限的，这一过程本身可能已经抹消了先验和经验的区别，因为即使是先验的现象学可能也要根据不断细致化的研究过程的推进而改写原来的概念或分析。扎哈维就认为，以对现象的极度细心的分析为基础的且可修改的经验性研究的结论可以被先验主体性分析所吸收，从而可以影响和限制先验主体性分析。胡塞尔的现象学作为一种意识哲学当然是会受到经验性的心理学、神经学等研究的影响的，胡塞尔自己也承认："心理学必然与哲学相距较近，并且它的命运就在于，它必然始终与哲学最紧密地结合在一起。"[5] 当然现象学要避免自然化和自然主义，尽管和后者态度、角度不同，但在"无限"的参照下二者是否可以说具有某种重合性呢？经验科学、心理学和现象学的距离可能是无限逼近的吧，或许最终只在于语词或态度的转变。

在 1930 年《观念 1》的英文版后记中胡塞尔谈及哲学无法素朴的开始，没有直截了当的给予物，但同时哲学又要求一种纯粹经验的绝对基

[1] [德] 胡塞尔：《哲学作为严格的科学》，倪梁康译，商务印书馆，1999 年，第 36 页。
[2] [德] 胡塞尔：《哲学作为严格的科学》，倪梁康译，商务印书馆，1999 年，第 36 页。
[3] [德] 胡塞尔：《哲学作为严格的科学》，倪梁康译，商务印书馆，1999 年，第 36 页。
[4] [德] 胡塞尔：《哲学作为严格的科学》，倪梁康译，商务印书馆，1999 年，第 36 页。
[5] [德] 胡塞尔：《哲学作为严格的科学》，倪梁康译，商务印书馆，1999 年，第 18 页。

础并加以把握并前进；这看起来是一个矛盾，即：胡塞尔看到了纯粹开端的虚幻性却又要求绝对基础。胡塞尔的另一段话给出了答案：“一种向绝对无前提性的还原，一种基本方法，通过这一切，进行开创工作的哲学家使自己确实获得了一种绝对基础，即在一切通常意义上‘当然的’前提中的，具有绝对明证性的前提。但是正是这一点必须在决定性思考中被阐明，并以其绝对承诺的精神加以揭示。这些思考在前进中逐渐交织在一起，并最终通向一门完整的科学，一门开始的科学，一门‘第一’哲学，从其根源处可产生一切哲学学科，甚至一切一般科学的基础。这一切必定是隐而不显的，因为欠缺这种彻底主义，没有这种彻底精神，一般来说哲学就不可能存在，甚至不可能开始。”[1] 绝对基础的要求最终变成胡塞尔的一种承诺和精神而不是可以达到的概念或语词的精确无误，最终若无此承诺就没有哲学的可能，这便是胡塞尔的哲学和科学的理念化梦想。德里达因此认为从现象学无限的任务可以知道，“现象学从中获得其合法性的历史的绝对就是一个‘通道’，‘一个不间断地拖延的在场’，或一个‘区别’。现象学的任务就在于逐步揭释这一伴随着‘延迟’的绝对”。[2] 诚如德里达所说：“我们总是以一种更苛求的描述为名，才能对种种与现象学相连的哲学论题提出质疑。”[3]

尽管现象学所使用所关注的概念本身具有必然的偏移性、不断震动，但是在胡塞尔那里还屹立着的是科学的态度或“绝对承诺”。

四、“哲学—科学”作为欧洲精神的原相及其局限

如前所述，作为严格科学的标志，现象学在观念或精神领域的自我封闭的问题上引发出另一个必然的连带的背景问题，即：“科学”问题。胡塞尔认为，欧洲人的哲学是从“欧洲的精神形态”或“精神的欧洲”开

[1] [德] 胡塞尔：《纯粹现象学通论》，李幼蒸译，商务印书馆，1992 年，第 466 页。
[2] [瑞士] R. 伯奈特：《论德里达关于胡塞尔〈几何学起源〉的“引论”》，张晓华译，《世界哲学》2014 (5)，第 101 页。
[3] 张宁译著：《结构之旅 · 中国印迹：德里达专集》，南京大学出版社，2009 年，第 274 页。

始的。精神的欧洲有其诞生地："这就是纪元前 7 世纪和 6 世纪古希腊国家。在古希腊国家中产生了一种个人对周围世界的新式的态度。其结果就是出现了一种完全新式的精神构成物，这种精神构成物很快就成长为一种系统而完整的文化形态；希腊人称它为哲学。按照原初的意义正确翻译，它所指的不是别的，而是普遍的科学，关于宇宙的学问……"，"哲学，科学，是一种特殊种类的文化构成物的称号"。[1] 注意在这里，哲学和科学是同一文化构成物的可互换的称号，这一文化构成物又叫欧洲精神。胡塞尔认为这种新的态度是希腊人独有的理论态度，只有在那里"我们才能得到一种普遍的（'宇宙学的'）具有纯粹'理论'态度这种全新形态的生活兴趣……"[2]。在 1910 至 1911 年间胡塞尔说："自最初的开端起，哲学便要求成为严格的科学，而且是这样的一门科学，它可以满足最高的理论需求，并且在伦理—宗教方面可以使一种受纯粹理性规范支配的生活成为可能。"[3] 这一要求从未被放弃，但也从未有能力被满足。哲学的历史目的已被胡塞尔表达得非常清晰了（作为严格的科学），但可以问一句这是（用胡塞尔的话来说）哲学"原初的本欲"[4]，还是胡塞尔自己的观念建构呢？从这一视角来看，反对自然主义除了因为其无法进行自身基础的说明之外还可以说是因为它对哲学进行严格科学的改造行动并不成功。人们不应忘记胡塞尔在《逻辑研究》中的出发点正是要为科学或科学论奠基，这一责任被现象学所承担，追求严格的科学正是"精神的欧洲的原现象"[5]，并且延伸到世代更新的无限性的未来地平线。胡塞尔认为正是这一科学的元欲决定了希腊人的纯粹理论态度，决定了欧洲精神。胡塞尔说："对于我们欧洲人来说，在科学—哲学的范围之外，还存在多种多样无限的理念……但是这些理念必须将类似的无限性性质（无限的任务，目的，证明，真

---

[1]［德］胡塞尔：《欧洲科学的危机与超越论现象学》，王炳文译，商务印书馆，2001 年，第 375 页。
[2]［德］胡塞尔：《欧洲科学的危机与超越论现象学》，王炳文译，商务印书馆，2001 年，第 380 页。
[3]［德］胡塞尔：《哲学作为严格的科学》，倪梁康译，商务印书馆，1999 年，第 1 页。
[4]［德］胡塞尔：《哲学作为严格的科学》，倪梁康译，商务印书馆，1999 年，第 5 页。
[5]［德］胡塞尔：《欧洲科学的危机与超越论现象学》，王炳文译，商务印书馆，2001 年，第 375 页。

理，‘真正的价值’，‘真正的财富’，‘绝对’有效的规范等等类似的性质）首先归功于通过哲学以及它的理念性东西对人进行的改造。因此处于无限性理念指导下的科学的文化，意味着整个文化的根本改造，意味着作为文化创造者的人类的整个存在方式的根本改造。它还意味着历史性的根本改造，这种历史性现在成了处于生成中的有限的人类向具有无限任务的人类发展的历史。”[1]

胡塞尔由科学性引出了文化乃至人性的问题，引领它们进步的主体正是欧洲精神，这一精神处在“科学—哲学的范围之内”，这个范围以外的异文化是被改造的对象，这不正是相对胡塞尔现象学态度之下的自然态度和之外的周围世界吗？胡塞尔从一开始就明确了自己应该处于这个范围之内：“也许哲学一词在与所有科学的标题相关联时便意味着一种研究，这种研究在一定程度上为所有这些科学提供了一个新的维度，并且因此而提供了最终的完善。但维度一词同时暗示：严格的科学始终还是科学，学说内涵始终还是学说内涵，即使向这个新维度的过渡尚未进行。”[2] 但是按照胡塞尔对“自然”或“现象”的界定可能超出了科学—哲学的范围，处在他所说欧洲精神的历史和人性之外；在诸文化间改造和被改造的问题上存在着多重可能性，相互引领，叠合，杂交是已经存在的现实。试举一例：死亡现象。

很多西方哲学家都止步于死亡，即使是现代思想家以及所谓后现代思想家都是如此：海德格尔、德里达、罗兰·巴尔特、鲍德里亚……死亡是一个他们无法穿过的界限。例如德里达生前曾说过：“我没有学过去接受死亡。我们都是缓期中的幸存者。……对于学会死亡的智慧，我还是孺子不可教也。”[3] 巴尔特则说：“永生。我从来就没有理解过这种古怪的、怀疑论的立场：我不懂。”[4] 海德格尔说：“死所意指的结束意味着的不是此在

[1]［德］胡塞尔：《欧洲科学的危机与超越论现象学》，王炳文译，商务印书馆，2001年，第379页。
[2]［德］胡塞尔：《哲学作为严格的科学》，倪梁康译，商务印书馆，1999年，第3页。
[3] 张宁译著：《结构之旅·中国印迹：德里达专集》，南京大学出版社，2009年，第165页。
[4]［法］罗兰·巴尔特：《哀痛日记》，怀宇译，中国人民大学出版社，2012年，第9页。

的存在到头，而是这一存在者的一种向终结存在。死是一种此在刚一存在就承担起来的去存在的方式。”[1] 海德格尔的“死”仍是一种此在所参照的“终结”，这一“终结”和德里达的“幸存”都把死亡作为一种不可逾越的参照面，海德格尔的世界也始终保持在这个参照面的一侧。海德格尔是注意到了死后的可能性的，他认为死亡在他那里被规定为此在在世的终结，这一分析本身不是从存在者层次上决定了死后是否还有一种可能的高低或地基的存在，以及此在是否继续持存或不朽，海德格尔说他的分析“并不从存在者层次上决定‘彼岸’及其可能性”，“我们的死亡分析只就死亡这种现象作为每一个此在的存在可能性悬浮到此在之中的情况来对它加以阐释；就这一点而论，这种死亡分析纯然保持其为‘此岸的’。也只有理解了死亡的整个存在论本质，才能够有方法上的保障把死后是什么这个问题问得有意义、有道理。这样一个问题究竟是否可以表述为一个理论问题，这里还悬而未决”。[2] 海德格尔把“理论”加了着重号，对于死后彼岸的问题是否值得用理论态度去对待，他持有疑虑，无论如何他不想让死后、彼岸的理解成为一种“仿佛预先设置对死亡的态度的规范与规则以资‘教化’似的”。[3] 这种避免教化专注理论的态度和胡塞尔的欧洲精神如出一辙，“此岸的、存在论的死亡阐释先于任何一种存在者层次上的彼岸的思辨”。[4]

胡塞尔广义的自然可以指现象涵盖的一切，然而这现象仍是来自主体直观的现象，这一主体是“我”，周围世界也是由这一主体所设定，“此世界不仅可能包括实在界，而且也可能（例如）包括鬼魂……”[5]。非实在界除了精神领域的主客体之间的设定关系（可以视为观念领域）之外，还有鬼魂的世界，这一世界究竟如何讨论呢？胡塞尔没有谈。他的“周围世

[1] [德] 海德格尔：《存在与时间》，陈嘉映译，生活·读书·新知三联书店，2006 年，第 282 页。
[2] [德] 海德格尔：《存在与时间》，陈嘉映译，生活·读书·新知三联书店，2006 年，第 285 页。
[3] [德] 海德格尔：《存在与时间》，陈嘉映译，生活·读书·新知三联书店，2006 年，第 285 页。
[4] [德] 海德格尔：《存在与时间》，陈嘉映译，生活·读书·新知三联书店，2006 年，第 285 页。
[5] [德] 胡塞尔：《现象学的构成研究：纯粹现象学和现象学哲学的观念》第 2 卷，李幼蒸译，中国人民大学出版社，2014 年，第 180 页。

界”仍可以说是被自然科学启蒙了的现代世界、欧洲的世界。马克思也没有超出死亡的界限，他的理想是在现实中拯救感性化的人类，他的“彻底的自然主义或人道主义”[1]也只道出了人的某一个世界历史的可能性，而轮回—死亡在这个历史之外。

笔者这里举出《西藏度亡经》为例，其拉丁化改写的藏文原名为“Bardo Thödol”，直译为《中阴得度》；按佛教的观点，生命系由一系列连续不断的意识境界所构成。最初一个是“出生意识”最后一个是死亡之际的意识，两个境界之间，旧新之交的境界叫“中阴”（the Bardo）。所以，这种对于死亡的观点不认为死亡是一个不可穿过的边界，而是轮回（这也是一种“自然”）之中的一个阶段。但以上或许只是粗陋的表达，因为“意识”可能不能完全对应《度亡经》中所说的“生命之流”（Hopho，藏文：“转移”），用“灵魂（soul）”翻译也欠妥当，“因为，就整个佛教来说，对于闪族信仰以及一般精灵论所说的，吾人有一个常恒不变的个人意识自体这种说法，是不予同意的……”[2]因此，《中阴得度》的英译者避免采用这一译法。

胡塞尔也注意到了东方思想或哲学的“态度”，但是其目的是为了“更深刻地理解希腊—欧洲科学（一般地说，哲学）”[3]，他称在欧洲科学产生出来之前的诸东方哲学的实践的一般态度为“宗教—神话的态度”：“神话的—宗教的态度就在于，作为整体的世界变成了主题，而且是在实践上变成主题的；世界在这里当然就是指在有关的文明（比如国家）当中，以具体传统的方式有效的世界，因此是按照神话的方式被统觉的世界。”[4]神话—宗教的世界仍是自然态度的世界，这一态度引起一种实践上感兴趣的世界观察，并推动相关的实践。之前笔者提到过胡塞尔认为以科学—哲学为体现的欧洲精神具有一种理论态度，并且这种理论态度会在其实践中规范人类，将人类转变为“能够根据绝对的理论洞察而绝对自我负责的人

---

[1]［德］马克思：《1844年经济学哲学手稿》，中央编译局译，人民出版社，2000年，第105页。
[2]莲华生：《西藏度亡经》，徐进夫译，宗教文化出版社，1995年，第69页。
[3]［德］胡塞尔：《欧洲科学的危机与超越论现象学》，王炳文译，商务印书馆，2001年，第384页。
[4]［德］胡塞尔：《欧洲科学的危机与超越论现象学》，王炳文译，商务印书馆，2001年，第384页。

类”。[1] 但是人们可以思考：诸东方哲学可能不具有胡塞尔所说的严格科学的性质，但是，严格科学的哲学为何不思考或能不能思考东方哲学所涉的领域呢？如死亡？如果不思考这一领域，这一领域仍能属于现象界吗？按照胡塞尔所说主体设定鬼魂的世界不是一直被他忽视了吗？这一世界是现世的人能够理性“设定”的吗？现象学可能伸展到这一领域来吗？能在鬼魂的世界思考一种作出设定的主体吗？该主体又是怎样呢？精神的欧洲和现象学能够把理论或者哲学—科学的旁观者的态度用到死亡领域中去吗？自然主义仍属于欧洲精神，它能够说明这一异域现象吗？

出于这些考虑笔者认为胡塞尔关于人类文化中的“态度”演进的线性模式是有偏差的，为什么这些态度不能共存、交叉、叠化、跃迁？相互诠释？但同时必须承认，胡塞尔的目的论统摄的理性有其力量，笔者反对他的对态度的带有价值和伦理意味的粗暴的目的论排序，但并不反对理性作为欧洲现象的力量。不过完全有可能可以思考另外一种力量的形态。例如《中阴得度》所描述的中阴之实相中阴的诸“现象”，荣格认为其当然不是推理的范畴，而属于“想象”的领域，“由于想象的产物从本质而言，总是视觉性的，因此，它们的形式只要一呈现，即免不了带有意象的性格，而且这种意象还是‘典型的意象’，这就是我为什么会采用奥古斯丁的用法，将它们称为‘原型’的缘故”。[2]

笔者认为古斯塔夫·荣格代表了西方具有超出哲学—科学这一欧洲精神本欲的思想者，但他同时也认为西方传统中的理性思考在面对上述东方经验仍是有用的，“因为主观也罢，客观也罢，事实摆在眼前，其中总是‘有物’。《中阴得度》所述也不能逾越上述的观点……其本身也不出心灵与料的范围”。[3] 荣格认为《中阴得度》里充满无意识原型，“在这些原型后面，没有物质的实体，也没有形而上的实体，唯一实在的只是灵魂的

---

[1] [德] 胡塞尔：《欧洲科学的危机与超越论现象学》，王炳文译，商务印书馆，2001 年，第 384 页。
[2] [德] 荣格：《东洋冥想的心理学——从易经到禅》，杨儒宾译，社会科学文献出版社，2000 年，第 15 页。
[3] [德] 荣格：《东洋冥想的心理学——从易经到禅》，杨儒宾译，社会科学文献出版社，2000 年，第 27 页。

经验”。[1]这里荣格所述的“灵魂的经验”“心灵与料”完全可以补充进入胡塞尔没有探索完毕的“现象”的新世界。胡塞尔可能忽略了另一种并非完全静观的、不完全理论化的“自然”，即用他自己的话来说的“神话—宗教”实践中的自然，后者会让自然的范围扩展。胡塞尔自己的旁观者的现象学态度实际上已经成为了束缚自身的一种需要进一步克服的自然态度了，如荣格所引的东方思想所提示出来的一种扬弃静观的态度，是要进入到现象之中，而不是旁观现象，例如：想象力和现象的共生、“灵魂的经验”等。自然主义、哲学—科学如何说明东方，现象学如何进入死亡等问题，会进一步引起态度、语言以及实践的转换，引发一种可能富有成果的混杂。笔者猜想在这里谈论思想、行动和文明的多声部共同构成今日的哲学生活可能并非全是空想。胡塞尔之后的法国现象学已经充分表达这种思想共存的前景，这得撰文另写，本文无法再叙述了。

“Naturalism” and Related Issues under Husserl’s Phenomenological Perspective

(ZhuangWei, Hubei University, 430068)

Abstract: Husserl thinks that naturalism tends to naturalize consciousness and ideas. Arising from the pursuing of the philosophical-scientific European spirit,it is a theoretical attitude relative to natural attitudes. Comparing to the naturalistic world,the phenomenological conceptual or spiritual world has a ontological priority, although both of them can be presented as an attitudes or language conversions to the other. After analyzed on its language and intuitive validity, it can be found that phenomenology is unavoidably a theoretical attitude or promise that approaches strict science infinitely. Husserl’s theoretical attitude and the philosophical-scientific appeal behind of it may make it impossible to approach another area of nature provided by Eastern philosophy,which requires a

[1] [德] 荣格:《东洋冥想的心理学——从易经到禅》，杨儒宾译，社会科学文献出版社，2000年，第26页。

new cultural attitude. The multiple voices of thought, actions, and civilization can constitute a new philosophical life today.

Keywords: Husserl, phenomenology,naturalism,nature

他者等同于他心吗？

——对自然化现象学的他者研究的反思

曾 允*

摘要：随着自然化现象学运动的兴起，现象学的他者理论与心灵哲学和相关经验性科学的他心问题研究之间的对话趋势不断增强。这种对话虽然在一定程度上给双方带来了益处，但其自身合法性却是成疑的。现象学他者理论具有多维度性，强调要从先验立场上对他者经验做本质研究，并因此具有相对于经验性科学研究的奠基作用和优先地位，这些都使它与他心问题研究间有着根本性差异。为了处理这些根本性差异，自然化现象学分化出激进派和温和派两条路线，但无论是主张取消这些差异的激进派还是试图调和它们的温和派，都因为难以妥善处理这些根本性差异，而在当前的对话的具体开展中陷入困境。

关键词：他者；他心；现象学；自然化

进入二十世纪后，无论欧陆的现象学，还是英美的心灵哲学，都开始反思近现代的主体性哲学，并分别开启了对他者现象和他心问题的研究。在上世纪的大部分时间里，由于现象学与英美哲学之间的分歧和各自为营，双方在相关研究上并没有太多交集。但最近二十多年来，尤其随着自然化现象学运动的兴起，双方增强了彼此间的对话和交流，心灵哲学和相关经验性科学开始关注现象学的他者理论，而部分现象学学者也力图基于

---

* 作者简介：曾允（1988—　　），广西罗城人，武汉大学哲学学院博士研究生，主要研究方向：德国古典哲学、现象学。本文的构思和写作受益于中山大学（珠海）哲学系的罗志达研究员在武汉大学哲学学院所做的“社会认知及其径路”专题报告，并于第十届南北五校哲学博士生论坛暨“自然、科技与人文”学术研讨会上，在与台湾政治大学的汪文圣教授的交流中受益匪浅，在此对他们表示特别感谢！

自身的相关理论资源，积极参与到他心问题研究中。这种对话不仅有效地促进了有关他心问题的研究，而且也让传统现象学中的他者理论在当代语境下重新焕发出生命力。

但是，现象学的他者能否等同于心灵哲学和相关经验性科学中的他心？这一根本性的问题不仅事关双方对话的合法性，而且也可能会给当代现象学的相关研究在自身定位和发展道路上带来困难。为了回答此问题，本文将首先勾勒心灵哲学和相关经验性科学中他心问题研究的大致图景和当代特征，随后概述当代自然化现象学如何基于传统现象学的他者理论参与到他心问题研究中，以及由此所产生的影响。然后，本文将着重从传统现象学他者理论的研究对象、理论立场和自身定位上，分别阐述他者理论区别于他心问题研究的特征，并指出自然化现象学将他者混同于他心所带来的问题，以及这些问题是如何让自然化现象学中的激进派和温和派陷入困境中的。

一、他心问题研究及其当代特征

他心问题（Problem of Other Minds）的存在由来已久。它可追溯至近代的笛卡儿，并早在密尔那里就得到了明确规定："我通过何种证据知道，或者基于何种思考能让我相信，存在着其他有意识的造物；即我所见所闻的那些行走着和说着话的人也拥有感觉和思维，或者换句话说，拥有心灵？"[1] 当代心灵哲学的他心问题正是由密尔的上述规定演变而来的，它关注的是我如何知道在我之外其他心灵的存在，或者说，我如何证实"其他存在也具有内在心灵"这一普遍信念。[2]

自二十世纪中叶以来，他心问题成为心灵哲学的研究重心，并被视为与心身问题并列的两大基本问题之一。为了回答此问题，学者们不仅进一步发展最早由密尔提出的类比推理论证，而且先后提出行为主义、同一

---

[1] John. Stuart Mill, *An examination of Sir William Hamilton's philosophy (fourth edition)*, London: Longman Green, Reader, and Dyer, 1872 , p. 243.

[2] Anita Avramides, *Other Minds*, London and New York: Routledge, 2000, p. 1.

论、最佳解释论证、直接感知理论等不同立场上的解答。[1] 在最近二三十年中，随着相关经验性科学、尤其是认知心理学和神经科学的发展，学者们也开始关注这些科学中的相关成果，并将他心问题研究中的理论资源与这些发展成果相结合，从而提出有关他心问题的心灵理论（theory of mind）。而在当前的心灵理论中，占据主流地位的是理论论（theory-theory）与模仿论（simulation-theory）这两条路线。其中，理论论认为我们通过日常信念建立了一套有关心灵的理论，它不仅能解释我们自身的行为，而且也作为参照系使我们能类比地理解和预测他者行为；而模仿论则认为在认知他心中这种理论构建不是必需的，并提出我们可以以自己为模型、通过自身经验对他者经验的模拟和投射而类比地理解他心。[2]

在当代，由于他心问题本身所具有的特点，以及相关经验性科学的加入，对它的研究表现出如下显著特征：首先是把他心当作一个理论性对象，并在研究中侧重于认识论层面。在心灵哲学中，他心问题研究包含形而上学和认识论维度，但无论是在哪个维度，他心都更多被看作一种理论性对象，学者们关注于对他心是什么以及他心认知如何可能和有效做出理论说明。这种理论性路线也使他心问题研究更侧重于认识论层面，而这与他心问题本身是相关的，因为无论是从他心问题的起源、即认识自我与认识他心之间的非对称性，还是从他心问题的目标、即说明我关于他心的信念如何得到辩护这两方面来看，他心问题都更多地体现出认识论色彩，而对他心问题的种种解答也更多地将关注点都放在"我对他心的认识是否可能以及如何有效"的问题上。在当前的心灵理论中，这种认识论色彩得到进一步强化，因为无论是理论论还是模仿论，它们的重心都在于说明有关他心的认知机制如何可能和发生作用。

其次是表现出明显的自然主义倾向，并重视相关经验性科学的发展成果。受心灵哲学中的自然主义倾向影响，当前有关他心问题的研究对相关

---

[1] 高新民：《"他心"的证明与认识问题——西方心灵哲学中的他心知研究》，《江海学刊》1998 年第 4 期，第 91—98 页。

[2] Søren, Overgaard. "The Problem of Other Minds," *Handbook of Phenomenology and Cognitive Science*, 2010, pp. 255—268.

的经验性科学持开放态度。这种对相关经验性科学的重视尤其体现在对神经科学的关注上，例如，对于里佐拉蒂（G. Rizzolatt）等神经科学家在大脑中发现的“镜像神经元”，心灵哲学家和认知科学家都予以高度关注。他们认为，镜像神经元不仅可以充当人类模仿、学习、理解以及认知他心的神经生理基础，而且由于实验发现镜像神经元在执行自身活动时的活跃程度高于观察他者行动时的程度，因此它也可以从神经层面上说明他心问题的产生根源——认识自我与认识他心之间的非对称性，从而为从根本上解答他心问题提供了可能。[1]

最后，随着相关经验性科学的参与，他心问题研究呈现出一种多学科交叉的趋势，即学科间的界限不断模糊，哲学层面的探讨开始与经验科学层面的具体研究相结合。这种交叉趋势在当前的心灵理论中有明确体现，无论理论论还是模仿论，都试图要在哲学理论的基础上通过具体科学的成果来为自身提供支持。具体而言，理论论和模仿论有着共同的哲学基础——类比推理论证，二者都强调认知他心需要以我为基础对他心进行类比，它们的区别只在于是以某种有关心灵的理论、还是以自身经验模型来作为类比的参照物。而从这种以类比为基础的思路出发，理论论和模仿论积极寻求相关科学成果的支持和帮助，例如，理论论尤其注重常识心理学（folk psychology）的作用，而模仿论则认为镜像神经元的发现为自己的理论提供更可靠的科学依据。

值得注意的是，在当前的交叉研究中，学者们开始关注欧陆现象学传统中的他者理论，而受其鼓舞，当代现象学学者们也开始积极提议双方间的对话和交流，并试图通过挖掘现象学传统中的他者理论而参与到当前的他心问题研究中。那么，在这种交叉研究的大背景下，当前现象学的他者研究有何特点，与他心问题研究的对话又给它带来了哪些影响呢？

[1] 黄家裕：《镜像神经元与他心认知》，《自然辩证法通讯》2010 年第 2 期，第 26—29 页；殷筱：《常识心理学“他心知”认知模式的非对称性》，《哲学研究》2013 年第 5 期，第 95—99 页。

二、当代现象学他者研究及其新趋势

受上述交叉趋势鼓舞，当代现象学学者也希望参与到他心问题的讨论中。而传统现象学对他者现象的研究为当代现象学学者提供了丰富的理论资源，使他们得以基于现象学他者理论的丰富内容和独特视角，积极与他心问题研究展开对话，并参与到相关研究中来。具体而言，这种参与可大致分为两种模式：一种是整理某些现象学家的相关理论资源，并强调它们所具有的借鉴意义，其典型代表是扎哈维（D. Zahavi），他对胡塞尔的同感现象学做了较为细致全面的整理，并强调现象学有关交互主体性、具身化以及对他者经验的现象学本质描述等理论资源，都对当前他心问题和社会认知研究具有独特价值。[1] 另一种模式则立足某些要点，考察现象学他者理论与他心问题研究间对话的可能性，并试图揭示他心问题研究中的某些不足，例如奥弗加德（S. Overgaard）基于现象学对他者经验的现象学描述，提出一种对他者的直接知觉模式，以此与后期维特根斯坦的他者直接感知理论相整合。[2] 而加拉赫（S. Gallgher）则基于现象学的具身化理论，提出一种整体涉身性（ holistic embodiment）思想，以此反思和批评当前心灵哲学和相关经验性科学研究中的不足。[3]

在这些学者们的努力下，现象学他者理论不仅参与到当前的对话中，而且还促进了对他心问题研究的反思和修正。对此，我们不妨以他们对心灵理论的批判为例来加以说明。如前所述，心灵理论包括理论论和模仿论两条路线，但在扎哈维等人看来，二者的冲突并不足以掩盖它们有着共同根基，即都依赖两个基础性假设：首先是预设他心的封闭性，强调他心无

[1] 扎哈维：《胡塞尔现象学》，李忠伟译，上海译文出版社，2007 年，第 116—134 页；扎哈维：《主体性与自身性：对第一人称视角的探究》，蔡文菁译，上海译文出版社，2008 年，第 187—226 页；扎哈维：《同感、具身和人际理解：从里普斯到舒茨》，陈文凯译，《世界哲学》2010 年第 1 期，第 9—25 页。

[2] Søren Overgaard, "Other people," *The Oxford Handbook of Contemporary Phenomenology*, Oxford: Oxford University Press, 2012, pp. 460—479; Søren Overgaard, "The Problem of Other Minds: Wittgenstein's Phenomenological Perspective," *Phenomenology and the cognitive sciences* 2006, 5 (1), pp. 53—73.

[3] Shaun Gallagher, "Phenomenological Contributions to a Theory of Social Cognition," *Husserl Studies*, 2005, 21 (2), pp. 95—110.

法被直接知觉，其次是认为只有借助理论或模拟等高阶意识模式，才能理解这种封闭的他心。当代现象学学者的批评正是围绕这两点展开的，即一方面基于现象学对躯体与身体的区分，强调他者是心身统一的具身化存在，由此反对他心的封闭性；另一方面则基于这种具身化特征，提出一种现象学路线的"直接社会知觉"模式，认为可以从身体特征中知觉到他心，而不必依赖某种理论推理或内部的模拟投射。这一新模式在当前引起很大反响，它不仅激起各方对心灵理论两种模式的反思，而且也使学者们对现象学如何揭示上述两个基础性假设的认识论根源抱以期望。[1]

当代现象学对他心问题研究的积极参与确实给双方带来了互利，因为这不仅使传统现象学的他者理论再次得到重视并焕发出当代价值，而且心灵哲学和相关经验性科学也能从现象学的理论资源中得到启发，从而促进他心问题研究。正是在此基础上，扎哈维等人相信双方可以建立一种"双向启蒙"关系：一方面，现象学的他者理论不仅可以在诸多具体洞见上启发心灵哲学和相关科学，而且可以提供区别于当前主流的模仿论和理论论的崭新道路；另一方面，现象学对他者和交互主体性的研究也可以直接受益于精神病理学、幼儿社会交往、知觉、记忆和情感等经验研究所提供的洞见。[2]

值得注意的是，在这种对话交流中，当代现象学也表现出一种被称为"自然化现象学（Naturalizing Phenomenology）"的新趋势，即为了展开对话并加入相关研究，部分当代现象学学者主张对现象学自身做出反思和修正。虽然在内部存在复杂分化，但整个来看，为了更好地与心灵哲学及相关经验性科学展开对话，自然化现象学试图弱化甚至是消解传统现象学与对方之间的根本性差异。这种自然化趋势也深刻影响着当代现象学的他者研究，并使后者表现出三个方面的新特征：首先，他心问题研究更侧重于

---

[1] Dan Zahavi, "Empathy and Direct Social Perception: A Phenomenological Proposal," *Review of Philosophy & Psychology*, 2011, 2（3）, pp. 541—558; Shaun Gallagher, "Direct perception in the intersubjective context," *Consciousness and Cognition*, 2008, 17（2）, pp. 535—543. 陈巍、李恒威：《直接社会知觉与理解他心的神经现象学主张》，《浙江大学学报》（人文社会科学版）2016 年第 6 期，第 46—58 页。

[2] 扎哈维：《自然化的现象学》，符鸽译，《求是学刊》2010 年第 5 期，第 5—12 页；扎哈维：《同感、具身和人际理解：从里普斯到舒茨》，陈文凯译，《世界哲学》2010 年第 1 期，第 9—25 页。

认识论维度，关注的是揭示他心的认知机制，因此当自然化现象学参与到其中时，它更重视的是传统现象学他者理论中的认识论资源，尤其是同感现象学。其次，受到他心问题研究的自然主义立场及其对经验性科学的开放态度的影响，自然化现象学主张，在对他者的研究中应当重新反思和修订传统现象学的先验立场和反自然主义态度。最后，在对自身做出反思的基础上，自然化现象学认为不应再单方面强调现象学他者理论的奠基作用和优先地位，而应当以一种更平等的姿态来重新界定现象学他者理论与他心问题研究之间的关系。

但也正是这些新特征，使自然化现象学备受争议：对于现象学的他者理论而言，为了参与对话而做的这些调整对其自身是否公允？这些调整在给现象学他者理论带来积极影响的同时，是否也会造成其真正价值的丢失？要准确回答这些问题，有必要进一步对比现象学他者理论和他心问题研究。因此，在下文中，笔者将通过双方的研究对象——他者与他心上的区别，以及双方在理论立场和自身定位上的差异这两个方面来展开对比，进而考察这些差异可能会给自然化现象学带来的问题和困难。

三、现象学视域中他者的多维度性

首先来看双方在研究对象上的区别。如前所述，在他心问题研究中，他心被看作一个理论性对象，对它的研究除了要在形而上学层面上说明和界定他心是什么之外，还特别侧重于在认识论层面上说明有关他心的认识如何可能以及有效。相较之下，传统现象学视域中的他者的维度要更为丰富，并且在理论和实践上都对我和整个世界有着多层面的价值和意义。对于他者的这种多维度性，胡塞尔、海德格尔、萨特和列维纳斯以及舍勒，曾从不同角度做过系统详细的阐述：[1]

---

[1] 这些现象学家的观点存在差异甚至是相互批判的地方，而这时常会带来一种误解，即认为传统现象学在对他者的研究上缺乏整体性和一贯性。但应该看到，正是这些分歧促成了现象学他者理论的批判性发展，而且如果从一种更全局性的目光来审视，即抓住他者的多维度性这一根本，那么我们也可以悬置这些分歧，将它们看作从不同维度对他者的特征、作用和意义所做的丰富揭示。

首先，他者也具有认识论维度。胡塞尔正是从这一维度出发的，在其同感现象学（Phenomenology of Empathy）中，他将有关他者的问题分为“我对他者的经验如何可能”和“关于他者的经验对我和世界有何意义”这两个层面。[1] 对于前一层面，他基于先验立场强调，他者经验以本己性还原所达到的纯粹自我的本己性领域为起点，在此基础上，我通过“对他者躯体的统握——基于结对将他者的躯体经验为身体——通过同感将自我移入他者身体中”这一机制来经验他者。对于后一层面，胡塞尔则基于上述同感机制，由他者走向“单子共同体”，即由我和他者构成的交互意义上的共同体，由此从现象学本我论转向交互主体性现象学，并试图在交互主体性的意义上揭示整个先验存在领域，以及不同先验存在的交互构造对彼此和世界的意义。[2]

其次，作为一个活生生的存在，他者对我和世界还具有存在论价值。在此在论中，海德格尔从存在论维度出发，批评胡塞尔等人的认识论路线[3]，认为它预设此在的现成性、固定性和先在性，却遗忘了我与他者“共在”的先在地位。他强调，作为在世之在，我总是首先与他者共在，“此在的存在之领会中已包含有对他者的领会……自我识认以源始地有所领会的共在为基础”。[4] 与他者的共在也从存在论维度上带来实践意义，因为要理解这种更本源的共在，我就不能将他者看作某种现成的比肩而立之物或有待说明的理论构建，而是应当在与他者的打交道中交互地理解彼此。这种打交道有非本真和本真之分：在前者中我并不尊重他者，要么把他者当作用具并妄图越俎代庖，要么使自己消失于他者中而沉沦为常人；只有在

---

[1] 可参看《笛卡尔式的沉思》中的“第五沉思”，其中第 48 至 54 节探讨第一层面，而第 55 至 59 节则探讨第二层面。

[2] 从单一主体走向交互主体在胡塞尔现象学发展过程中有其必然性，因为单一主体的自我构造并不能达到胡塞尔所要求的严格意义上的“纯粹性”。可参看杨宝富：《胡塞尔发生现象学中“纯粹性”的危机》，《云南大学学报》（社会科学版）2016 年第 1 期，第 20—28 页。

[3] 胡塞尔与海德格尔在他者问题上的不同旨趣可以看作二人对哲学的任务和作用的不同理解的体现，可参看朱松峰：《胡塞尔与海德格尔的一个比较——以“原初动机”为视角》，《云南大学学报》（社会科学版）2009 年第 3 期，第 18—23 页。

[4] 海德格尔：《存在与时间》，陈嘉映、王庆节译，生活·读书·新知三联书店，2006 年，第 143 页。

本真的共在中，我才能与他者保持恰当距离，既尊重他者又超脱于他者。

再次，基于他者的存在论维度，萨特和列维纳斯还通过对具体现象的现象学分析，揭示他者在生存论维度[1]上的具体特征及其独立地位。其中，萨特通过对注视现象的分析，认为我与他者是平等的，双方在相互注视中既是主体也是客体，并强调他者的本来面貌应当是作为主体的他者，因为他者也是一个世界中心，并会使我的世界发生中心转移，从而迫使我放弃对自身中心地位的偏执。[2]而列维纳斯则通过对面容的现象学分析强调他者的绝对他性，即只有在感受到他者面容抵制成为我的直观对象、拒绝我的主题化时，我才能确切知道自己所注视的不是面具，而是活生生的面容。这种绝对他性在实践中给我带来了责任，因为他者的他性不仅限制了我，使我无法通过主题化将他者作为某种所有物来占有，而且让我意识到他者的地位高于我，我对其负有责任并应服侍他。[3]

此外，作为一个独立存在，他者具有自己的情感，并因此在伦理—价值论维度上也具有意义。舍勒区分对他者的认知意向性和情感意向性，强调后者更为源初，并认为在对他者的情感意向性中最重要的是同情，因为它不仅是使个人得以成熟的行为，而且是个人走向社群的途径，只有通过它才能协调好我与他者的关系。[4]在此基础上，舍勒进一步将同情划分为直接的共感、随感、情感传染和同一感这四种基本形式，并对应地划分出四种社群形式，即大众、生命共同体、社会和集体人格。而在对这四种社群共同体的分析中，舍勒特别注重在其同情理论的基础上，从伦理—价值论的维度对现代性和现代社会做出反思和批判，认为正是由于缺乏同情，

---

[1] 整体来看，萨特和列维纳斯与海德格尔一样，都强调他者的存在论维度。不过海德格尔更注重从一般层面上揭示此在在世的结构，而萨特和列维纳斯则强调与他者的具体“相遇”，并注重揭示我实际相遇的他者所具有的具体特征。为区分他们侧重点的不同，本文将前一种揭示看作“存在论（Ontology）”维度上的，而后一种则是“生存论（Existentialism）”维度上的。

[2] 萨特：《存在与虚无》，陈宣良译，生活·读书·新知三联书店，2007年，第336—396页。

[3] Lévinas, *Totality and Infinity*, trans by Alphonso Lingis, London: Martinus Nijhoff Publishers, 1979, pp. 79—81, pp. 194—203.

[4] 黄裕生：《一种“情感伦理学”是否可能——论马克斯·舍勒的“情感伦理学”》，《云南大学学报》（社会科学版）2015年第5期，第3—23页。

才造成了现代社会中我与他者的关系的异化。[1]

可以看到，传统现象学视域中的他者是多维度的：他者不仅可以是我们的认识对象，而且作为活生生的存在，他还具有存在论维度上的地位和意义；在实际的生存中，我与他者"相遇"，他者在"相遇"中彰显出自身在生存论维度上的具体特征，并对我提出具体的要求；此外，情感性也是他者的一个重要维度，从这种情感性出发，我们可以更好地界定我与他者的关系，并从伦理—价值论维度对当前的社会关系做出反思。相较之下，他心则是单维度的，无论是形而上学还是认识论层面上的研究，心灵哲学和相关经验性科学都更多地把他心看作一个理论性对象。因此，就研究对象而言，他者并不能简单等同于他心。

四、同感现象学的先验立场和奠基作用

如前所述，现象学他者理论中也包含认识论维度，并集中体现在胡塞尔等人的同感现象学中，而且与他心问题研究对形而上学和认识论维度的划分类似，同感现象学也包含认识论层面（同感理论）和本体论层面（交互主体性现象学）。这种相似性使当代现象学学者把更多的目光放在了胡塞尔等人身上，并且似乎让他们有理由对同感现象学与他心问题研究的直接对话持乐观态度。但是，这种相似性是否足够可靠，它能否支持这种乐观态度？要回答这一问题，必须首先对同感现象学的具体特征，尤其是它的理论立场和自身定位，做进一步澄清。

在胡塞尔这里，同感现象学本质上被视为一种先验哲学。在《笛卡尔沉思》的开篇，胡塞尔就提出要通过现象学独有的先验还原方法回到先验自我，强调只有基于先验自我的构造功能才有可能在认识论层面上说明他者经验如何被给予。而在具体处理他者经验的"第五沉思"里，胡塞尔进一步提出"本己性还原"，即悬搁与他者相关的意向性成果，纯化先验经

[1] Max Scheler, *The Nature of Sympathy*, trans by Peter Heath, London: Routledge and Kegan Paul, 1954, p. 12. 舍勒：《伦理学中的形式主义与质料的价值伦理学》，倪梁康译，生活 · 读书 · 新知三联书店，2004 年，第 633—695 页。

验领域，从而得到纯粹的本己性领域。然后，立足于先验自我的本己性领域，胡塞尔进一步揭示他者的构造机制，指出它包含三个环节：首先是将他者的“躯体（Körper）”作为一个物体进行感知和构造，其次是在此基础上通过“结对（Paarung）”将这一躯体经验为一个“身体（Leib）”，最后将本我的自我通过“同感（Einfühlung）”移入他者身体中，从而构造出他者。由于他者经验——无论是对他者的身体层面还是心理层面的经验要得以可能，根基都在于先验自我的构造功能，因此胡塞尔的同感现象学体现出一种明显的先验色彩。

对先验立场的强调使胡塞尔持一种反自然主义态度。他将与先验态度相对的自然态度划分为“朴素的自然态度”和“自然主义态度”：前者泛指未经哲学反思的朴素态度，它的朴素性使它无法达到严格的明见性，因此经不起怀疑论的攻击；后者则是自然科学对哲学的反噬所带来的一种错误的科学至上态度，它的目标是将意识和一切观念自然化。在胡塞尔看来，自然主义态度缺少对意识活动的全面理解以及对纯粹意识的本质分析，忽视意识的体验性特征以及先验自我的关键作用，因此误把意识或心灵当作一种自然实在，并错误地把自然科学的原则和方法运用于意识研究之中。[1] 如果停留在自然主义态度上，那么对他者现象的研究将不仅会忽视追问他者经验得以可能的根基，而且还会错误地将实证研究方法扩展到他者研究中。正是为了克服这些缺陷，胡塞尔提出现象学还原，强调要由自然态度转变到先验态度，并将此转变称为一种“哥白尼式的革命”。[2]

由于同感现象学要求在更基础的先验层面上揭示他者经验得以可能的根据，这也使胡塞尔认为它对他者现象的研究更根本，因而自然态度中的对他者的经验性研究是奠基于同感现象学之上的。[3] 在胡塞尔看来，虽然经验心理学中的他者研究可以与同感现象学具有共同的研究对象，但它自身存在局限，即“缺乏对一些分析的独特性质，以及由意向作用和意向

[1] 胡塞尔：《哲学作为严格的科学》，倪梁康译，商务印书馆，1999年，第8—45页。
[2] 胡塞尔：《笛卡尔沉思与巴黎讲演》，张宪译，人民出版社，2008年，第179页。
[3] 胡塞尔：《笛卡尔沉思与巴黎讲演》，张宪译，人民出版社，2008年，第176—182页。

相关这样的意识所揭示的，要求根本上有一种全新方法的整个任务的理解”[1]，因此是不彻底的。要克服这种不彻底性，就必须依赖于同感现象学对它们的奠基作用：一方面，经验心理学所研究的问题是被奠基的“与发生相关联的问题”，它们本身要以先验层面上的澄清为基础，只有在先验的同感现象学的基础上，经验心理学的他者研究才能摆脱朴素性；另一方面，现象学研究强调“本质还原”，只有通过它，对他者现象和经验的研究才能从事实领域进入纯粹本质领域，而经验心理学的他者研究仅仅停留于事实层面，尽管这种研究是必要的，但它必须以对他者经验的纯粹本质的研究为基础，否则将会忽略和曲解自己的研究对象。[2]

因此，即使把现象学他者理论限定在其认识论路线——同感现象学上，它也意味着一条完全不同于他心问题研究的路径，因为双方在理论立场和自身定位上有着显著差异：对于他心问题，心灵哲学和相关经验性科学从经验立场出发，将关于他心的经验当作一种既定事实，它们的研究重心在于如何为此提供哲学层面上的证明，或是寻找科学中的实证证据。而在同感现象学中，他者经验并未被当作既定事实，相反，“他者如何在经验中被给予我”的问题被视为根本性问题，这种对经验可能性的追问意味着现象学强调一种先验立场。这种先验立场使同感现象学坚持自身研究对经验性科学具有奠基作用，因此在与经验性科学的关系定位上，同感现象学也与他心问题研究具有明显不同。虽然胡塞尔本人并不否定经验性科学研究的价值，但如果过分抬高后者，甚至倒向自然主义立场，那么无疑将与胡塞尔在同感现象学中所坚持的先验立场和反自然主义态度相矛盾。

---

[1] 胡塞尔：《笛卡尔沉思与巴黎讲演》，张宪译，人民出版社，2008 年，第 178 页。

[2] 同感现象学的奠基作用后来还在施泰因那里得到进一步强化。在《论移情问题》中，施泰因不仅对同感现象学与发生心理学的他者研究的关系做了更清晰的界定，再次强调了同感现象学的奠基性地位，而且尤为难得的是，她还对当时发生心理学中占主流地位的他者理论（模仿理论、联想理论和类比推理理论），提出了具体的批判。可参看：施泰因：《论移情问题》，张浩军译，华东师范大学出版社，2014 年，第 47—54 页。

五、自然化现象学在他者研究中的困境

应当肯定，自然化现象学所主张的在现象学他者理论与他心问题研究之间展开对话，确实能给双方都带来益处，但通过上述两个层面的比较也必须看到，双方无论是在研究对象上，还是在理论立场和自身定位上，都存在根本性差异：现象学视域中的他者的多维度性意味着，它不能简单等同于单纯理论性并偏向认识论维度的他心；具体到认识论路线上，同感现象学也因为强调自身的先验立场和对经验性科学的奠基作用而区别于他心问题研究。这些差异给自然化现象学带来了困难。如何处理传统现象学他者理论的丰富性，如何处理现象学的先验立场与它的自然化主张之间的矛盾，以及如何准确地在对话和交流中为现象学他者理论做好自身定位，都是自然化现象学必须面对的问题。如果无法妥善处理，那么自然化现象学在他者研究上的自身合法性，以及它与他心问题研究间对话的可能性，就都是成疑的。

对于如何处理这些问题，自然化现象学内部出现了分化，并因此区分为激进派和温和派两条路线。

激进派以佩蒂托特（J. Petitot）等人为代表。他们主张，由于科学的不断发展以及自然主义在科学和哲学领域中影响力的不断扩大，固守现象学传统已经不合时宜，相反应当从现象学传统中“抢救”出符合自然主义立场的理论资源，使其可以参与到当前心灵哲学和经验性科学的相关研究中，并为后者所利用。[1]具体到他者理论上，这种立场使激进派不仅只关注有可能与他心问题研究展开对话的现象学他者理论的认识论路线——同感现象学，而且由于倒向自然主义立场，激进派甚至主张要取消同感现象学的先验立场并放弃其奠基作用，从而更好地与他心问题研究展开对话。但问题在于，根据激进派的主张，他者的多维度性以及现象学他者理论的丰富性在与他心问题研究的对话中将不会得到足够尊重，而且由于取消了

---

[1] Jean-Michek Roy, Jean Petitot, Bernard Pachoud & Francisco Varela, “Beyond the gap: An Introduction to Naturalizing Phenomenology,” *Naturalizing Phenomenology: Issues in Contemporary and Cognitive Science*, Stanford: Stanford University Press, 1999, pp. 1—80.

同感现象学的先验立场，仅仅停留于事实层面而没有追问他者经验得以可能的根据，激进派还使同感现象学带有了不彻底性并丧失其本来的奠基作用，从而使同感现象学不再享有独立地位，而是被降格为经验性科学中的一个部门，导致双方之间关系的颠倒。虽然激进派彻底倒向自然主义立场的做法，可以得到心灵哲学与相关经验性科学的更多欢迎，但这种做法无疑背离了现象学传统，因而它在现象学内部是否具有合法性，即激进派所主张的自然化现象学还能否称之为一种现象学，这在很大程度上是有疑问的。正是由于其主张过于极端，激进派受到了现象学内部的强烈反对，即使是在自然化现象学内部，学者们也将目光转到了温和派身上。

相较之下，以扎哈维等人为代表的温和派的立场似乎更可取。他们虽然也将更多目光放在了同感现象学上，但与激进派不同，他们试图在坚持现象学的先验立场的前提下，对自然化现象学与同感现象学之间的差异进行调和，并力图达到一种“双向启蒙”的互利局面。具体而言，温和派的调和包括两个要点，即一方面基于胡塞尔对“先验现象学—现象学心理学—经验心理学”的划分，认为现象学与经验性科学可以具有同样的研究对象，并且可以以现象学心理学为中介展开沟通；而且另一方面，更为关键的是，温和派将现象学的终极目的（提供先验澄清）与具体目标（对感知、记忆、现象和他者经验等的意识分析）相区分，通过悬置现象学与经验性科学之间在本体论和方法论上的原则性差异，来为双方在具体层面的研究上的对话创造条件。[1]

但温和派同样面临困境，因为这种调和做法的一大关键在于对双方之间根本性差异的“悬置”，而这种“悬置”本身是具有争议并且会引发问题的：首先，“悬置”有可能会让温和派对“双向启蒙”的前景过于乐观，使他们低估当前的自然主义可能会给现象学带来的冲击，因为在自然主义日益壮大的环境中，现象学能否平等地与对方展开对话，这一前景本身是让人不安的；其次，在对话和交流的实际开展中，“悬置”也会使温和派更多关注双方能够互利的部分层面，而忽视双方的根本差异在具体研究中

[1] 扎哈维：《自然化的现象学》，符鸽译，《求是学刊》2010 年第 5 期，第 8—9 页。

可能带来的冲突；最后，更为严重的是，“悬置”还会使温和派在面对冲突时陷入两难的窘境：当面临冲突时，最终应当由哪一方来充当仲裁者？如果坚持传统现象学的基本立场，那么自然化的主张将会化为空谈；但如果倒向自然主义立场，那么温和派又将会面临与激进派一样的批评。因此，尽管区别于取消了同感现象学的独立地位的激进派，但温和派的“悬置”做法可能会使先验立场上的现象学与心灵哲学和经验性科学间的界限在一定程度上变得模糊，这不仅会使同感现象学在参与到对话中时的自身定位变得尴尬，而且还可能会使温和派自己陷入一种两边不讨好的两难窘境中。

温和派显然也意识到了这些有关自身定位的问题。例如扎哈维，为了摆脱这种二难窘境，他明确提出必须坚持现象学的先验立场，而且为了使自然化现象学在对话中不会丧失这种基本立场，他提议要扩大现象学的“先验”概念，将具身化和交互主体性等主题也纳入进来，并要求站在现象学的先验立场上重新思考“自然”概念，即打破当前自然主义对于“自然”概念的狭隘理解，从一种被过度限定并主要在自然科学框架内进行解释的“自然”概念，转变到一种“更丰富的自然概念，即为意义、语境、视角、赋使（affordances）和文化沉积等问题留有空间的自然概念”[1]上来。相较于激进派，扎哈维等人为代表的温和派的提议无疑更吸引人，因为它提供的是一条既能保持传统现象学的基本立场，又能积极参与到当前相关问题研究中并提供独特价值的路线。不过，正如扎哈维本人所承认的，尽管重新反思“先验”和“自然”概念的提议在理论上相当吸引人，“然而，很明显这个任务是使人畏缩的，而且还有很长的路要走”。[2]对于这条路线，温和派还需要更进一步的具体研究和更丰富的实际成果来回应对它的质疑。

至此可以看到，为了应对当代他心问题的挑战，自然化现象学试图重新挖掘传统现象学中的相关资源，并试图在与他心问题研究的对话中焕发出现象学他者理论的当代价值，这种做法肯定具有积极意义。但由于现象

[1] 扎哈维：《自然化的现象学》，符鸽译，《求是学刊》2010年第5期，第11页。
[2] 扎哈维：《自然化的现象学》，符鸽译，《求是学刊》2010年第5期，第12页。

学的他者理论与他心问题研究在研究对象以及理论立场和自身定位上的根本性差异，自然化现象学在对话的具体开展中陷入了困境。虽然自然化现象学为了摆脱困境而在内部分化出了激进派和温和派两条路线，但二者又都面临着各自的困难：就激进派而言，由于他们将他者直接等同于他心，并主张取消现象学之为现象学的先验立场，因此他们不仅放弃了现象学他者理论在方法与创见上的优势，而且也使激进派自身难以被视为一种现象学。而就温和派而言，他们承认现象学他者理论与他心问题研究上的差异，并试图通过调和或“悬置”这些差异来为双方的对话提供可能，但这种做法不仅模糊了双方的界限，而且有可能会使温和派陷入一种两边不讨好的两难窘境中。为了摆脱这种自身定位上的困难，温和派内部也提出了相应解决方法，即更坚定地站在现象学的先验立场上，通过扩展传统现象学的“先验”概念并在此基础上重新反思被自然主义所桎梏的“自然”概念，来为自然化现象学打开道路。比起激进派，温和派的这条道路更为可取，但温和派还需为此提供更深入的研究和更实际的成果，否则仍将无法摆脱对他们的质疑。

结　论

自然化现象学对他心问题研究的积极参与确实带来了一种互利的影响，即现象学的他者理论重新获得更多关注，心灵哲学和相关经验性科学的研究也能从现象学中获益良多。但是，现象学中的他者并不等同于他心，前者包含认识论、存在论、生存论和伦理—价值论等不同维度，而他心更多被看作一种理论性对象，对它的研究也更侧重于认识论维度。为了参与当前的对话，自然化现象学将二者默认为相等同的，这使得其研究视域更多被局限于认识论维度，并忽视传统现象学他者理论关于他者的其他维度的丰富内容。而且，虽然现象学也包含认识论维度上对他者的研究（集中体现在同感现象学上），但不同于停留于经验和事实层面上的他心问题研究，同感现象学是在先验层面上对他者经验的本质的研究，因此它具有奠基作用和优先地位。在与他心问题研究的对话中，自然化现象学并没有很好地处理同感现象学在理论立场和自身定位上的这些特征，其中主张抛弃这些特征的激进派由于放弃了现象学的自身立场而受到了自然化现象学内部的摒弃，而主张调整这些特征进而调和双方差异的温和派虽然描绘了一条前景较为光明的道路，但他们仍需提供进一步的理论研究和更丰富的实际成果，来佐证这条道路的可能性并回应对其的质疑。

Is "Others" Equal To "Other Minds"?
——Reflection on the Study of Others in Naturalizing Phenomenology

Abstract: With the rising of Naturalizing Phenomenology, the conversation between Phenomenological theory of Others and the study of problem of Other Minds in Philosophy of Mind has gotten more supports. However, the legitimacy of conversation is suspicious, even it has brought many benefits to both of them. As it involves different dimensions, focuses on the transcendental and eidtic analyse of the experience of Others and is the foundation and prior to empirical science, Phenomenological theory of Others is different with the study of problem of Other Minds. So it is wrong for Naturalizing Phenomenology to dissolve these foundational differences for promoting the conversation. Not only doesn't this attempt respect Phenomenological theory of Others enough, but also would bring Naturalizing Phenomenology ——both radicals and moderates ——into dilemmas.

Keyword: Others; Other minds; Phenomenology; Naturalizing

无他人的意向性是可能的吗

——对胡塞尔交互主体性思路进行重构的尝试

王　继*

摘要：通常对胡塞尔交互主体性的理解是基于《笛卡尔式的沉思》中从自我到他人的构成思路，但他又说过主体就是交互主体性的，这导致舒茨等人批判其有循环论证的嫌疑。本文尝试从意向性的客观性构成入手，首先来重新理解原真自我，即原真自我的统觉是最原初和基础的，但还不是概念化的思维行为，相应地不能说它有了真正的意向性，因为意向行为是一种超越的思维行为，构成着超越的观念相关项，而观念是客观的，所以超越本己领域正是走向客观性的关键一步。其次，超越本己领域需要他人的出场，这显示为类意识的源起。胡塞尔借助了类比化统觉来表明类意识是如何产生的，本文将进一步表明类比化统觉通过原初行走动感得以可能，因为同一与差异感起源于行走行为，它们构成了类意识的基础。最后本文将表明他人作为首位超越使意向性被引发，并借此对主客意识等相关概念做一个现象学的还原描述，说明交互主体性是原初的，从自我到他人的构成思路是一种积极的循环和认识论入手。

关键词：胡塞尔；意向性；自我；他人；行走动感

胡塞尔在多个文本中提到过主体就是交互主体性的，或者交互主体性是先验的这样的表述，但为了清楚描述他人（Andere）原初显现何以可

---

* 作者简介：王继，男，1988 年生，湖南大学岳麓书院哲学系助理教授，主要研究领域为现象学和德国古典哲学，E-mail: wangji096@163.com 基金项目：2018 年度湖南省社科基金青年项目“胡塞尔现象学中的动感问题及其效应研究”（18YBQ023）；2018 年度国家社科基金一般项目“现象学认识论研究（18BZX099）”，邮寄地址：湖南省长沙市岳麓区麓山南路 2 号湖南大学岳麓书院，邮编：410082。

能，他在《沉思》等文本中又从先验主体回返到了原真自我（primordiales Ich），以揭示他人的原初显现方式。正因此胡塞尔遭遇了诸如循环论证这样的质疑[1]。从原真自我到他人的理解思路确实包含着循环论证的嫌疑，因为在他人原初共在的前提下要抽出一个原真自我来重构直观他人的可能性，并且结论是自我与他人共在。不过本文要表明的是，即便这其中有循环论嫌疑，也是一种积极的循环，借由此种发问方式将会使我们更深入领会自我与他人的关系，并且开出很多新的理解视角，正如利科所说，“这种抽离方法在于，通过准备一经验场而对其进行限定，以便更清晰地辨析相互缠结的意义”[2]。

一、原真自我是没有意向行为的单纯逻辑起点

要达到原真自我就需把所有与他人相关的构成因素排除出去，从总体上来说便是要排除整个世界的客观规定性。因为一切客观规定从现象学来看都不是与主体体验无关的、自在的东西，而是起源于共同体的共同可经验性与一致的承认，“从这个现象世界的一切规定中抽象出来，因为这些规定在其自身的意义上看到了作为自我主体的他人，因而都要做出预设”[3]。排除了所有客观规定后，剩下来的就是属于本己经验（eigene Erfahrung）的原真自我领域。原真自我可以说单纯是连续的显现体验，与其相应的是统觉着的原真的现象世界，“在这种抽象中，我们就保留下来了现象世界的一个统一关联的层次，保留下来了一个连续、一致递进的世界经验的先验相关物的层次”[4]。笔者认为，原真自我的统觉是最原初和基

[1] 关于胡塞尔交互主体性思路的批评与争执，可见倪梁康先生的论文《胡塞尔的交互主体性现象学》[倪梁康：《胡塞尔的交互主体性现象学》，《中山大学学报》(社会科学版)，2014 年第 3 期，第 83—91 页]。

[2] 保罗·利科：《胡塞尔的〈观念 2〉：分析和问题》，李幼蒸译，附于《观念 2》中译本附录。具体可见胡塞尔：《现象学的构成研究——纯粹现象学和现象学哲学的观念》第 2 卷，李幼蒸 译，中国人民大学出版社，2013 年，第 379 页。

[3] 胡塞尔：《生活世界现象学》，克劳斯·黑尔德编，倪梁康、张廷国译，上海译文出版社，2002 年，第 157 页。

[4] 胡塞尔：《生活世界现象学》，克劳斯·黑尔德编，倪梁康、张廷国译，上海译文出版社，2002 年，第 157—158 页。

础的，是体验自身必然携带的，但还不能说它是概念化的思维行为，“统觉并不是推论，也不是思维活动”[1]，相应地也不能说它有了真正的意向性，因为意向行为是一种超越的意识行为，“它在自身内包含着、‘构成着’一切世界的超越（transzendent）存在”[2]，即意向行为总是超出实项（reell）体验要素而构成超越的意向相关项（Noema），就意向相关项而言又总是落入某些本质规定性之中，本质规定性则是客观的，所以超越本己实项体验领域正是走向客观性的关键一步。或者说，如果本己体验领域已经有了意向性，那么必然会越出自身构成具有某些规定性的意向相关项，这与胡塞尔的原真还原是相矛盾的。胡塞尔之所以反对通常的心理学，就是认为他们混淆了心理体验与体验的相关项，误把后者认为是主观内在的。如果说原真自我的统觉毕竟也构成着现象世界这样一种超越，那么相比于真正客观的超越，这种超越还只是幻象，没有实际的意向含义。明白了这一点我们就可以理解胡塞尔的这段话，“在这个原本的领域（原本的自我解释）的内部，我们还发现了一个超越的世界，后者通过还原到自身所固有的东西，在意向现象的基础上发展成为一个客观的世界：然而，一切相应呈现为超越的假象、幻想、纯粹的可能性、本质的对象性，只要它们仅仅依赖于我们的本己性还原，它们就还同属于这个领域——属于我本人的本己本质性的领域”[3]。进一步说，原真自我是领会他人的一个单纯起始点，它不仅不是纯粹意识自我、先验人格我、动物性人，而且本质上还不可能有主观与客观、内与外、主体与对象之分。首先主观与客观是一个彼此相对的概念，单从逻辑上讲没有主观也就无所谓客观，或者相反在没有客观性形成时，主观性也无从被立义。所以原真自我不能被认为是与客观性相对的单纯主观领域。同理，原真自我虽然是原初体验，但它并不是与外物相对的绝然内在的领域，因为外与内的被给予方式是通过意向性才被区别开的。与此相应，主体与对象意识在原真领域也无法获得，因为在意向行为

[1] 胡塞尔：《生活世界现象学》，克劳斯·黑尔德编，倪梁康、张廷国译，上海译文出版社，2002 年，第 174 页。
[2] 胡塞尔：《纯粹现象学通论》，李幼蒸译，商务印书馆，1992 年，第 136 页。
[3] 胡塞尔：《生活世界现象学》，克劳斯·黑尔德编，倪梁康、张廷国译，上海译文出版社，2002 年，第 167 页。

中才同时立义了自我极与对象极。总之，在笔者看来原真自我只能是一个没有任何概念被构成的原区域，是胡塞尔为了考察他人何以显现而回溯的一个单纯逻辑起点。

不过对原真自我的理解，胡塞尔似乎并没有走到这一步，而是提出了一些看似相互矛盾的说法。他对原真自我的大多数表述并没有这么彻底，比如他说原真自我是心理物理学的自我，有一个唯一的客体即身体，还有一个唯一的心灵，以及包容二者的人格，"通过躯体的身体，这个自然（原真还原后的自然——笔者）就把心理物理学的自我依次划分为了身体、心灵和人格的自我——纯粹是这个已经还原了的'世界'的独一无二的我"[1]，"作为原真的心理物理学的自我的我，总是被突现在我的原真感知领域中"[2]，与此相关他还说原真自我是有意向性的，通过身体动感的变化构成着空间自然[3]。但这里所涉及的这些概念严格追究起来都是有疑问的，比如心理物理学的我是自然主义态度下的分析结果，为何在原真还原后的自然中依然用此词。再者，原真自我如果有意向性，必然会构成超越之物，而这又指向了客观观念。同时，身体、心灵的区分也是意向性立义的结果，在独一的自我中不可能产生这些概念，更不要说产生人格主体意识了。这一点在《观念 2》关于唯我论自我的两处论述中也可以得到印证，即唯我论主体"不可能把自己立义为自然的一个成员，不可能把自己统觉为心理物理主体，统觉为动物，如同在交互主体的层阶上能够发生的那样"[4]，"然而在唯我论经验中，我们并未达到我们自身的、作为像一切其他物一样的空间物的被给予性（这种被给予性明显存在于我们的事实经验

[1] 胡塞尔：《生活世界现象学》，克劳斯·黑尔德编，倪梁康、张廷国译，上海译文出版社，2002 年，第 160 页。
[2] 胡塞尔：《生活世界现象学》，克劳斯·黑尔德编，倪梁康、张廷国译，上海译文出版社，2002 年，第 176 页。
[3] 胡塞尔：《生活世界现象学》，克劳斯·黑尔德编，倪梁康、张廷国译，上海译文出版社，2002 年，第 180 页。
[4] Edmund Husserl. *Ideen zu einer reinen Phänomenologie und phänomenologischen Philosophie. Zweites Buch. Phänomenologische Untersuchungen zur Konstitution*（Hua IV）[M]. Ed. Marly Biemel. Den Haag: Martinus Nijhoff,1952,S.90.

中），并且我们也未达到‘人’（动物的本质）这种自然客体”[1]。这些说法与我们上面的分析是一致的，即在排除了交互主体性后我们不可能拥有人的概念，无论是动物人还是人格人，也与胡塞尔自己在原真还原中对动物自然的排除相符合。所以如果严格按照他所说，先验交互主体性是一切客观性的起源，那么原真还原后的自我必然只是一个单纯起点。但是如何来解释这些看似矛盾的表述呢，笔者认为，这固然呈现出了胡塞尔在此问题上的探索与犹疑，然而又有不得已而为之的方法论考虑。因为只有从自我的身体、心灵这些前提出发，才能去类比他人的身心，而且他也提及这是对经验人原真还原后所剩下的人的概念要素，即人包括了身体、心灵、人格三部分[2]。所以我们应该把身体、心灵、意向性这些概念当作揭示他人的权宜之计。不过另一方面我们更要注意，原真自我严格说来是意向性引而未发的原始场域，只有原初显现了他人时，意向性才真正发动起来，身体、心灵所有这些概念才得以构成。所以如果说原真自我有身体、心灵经验的话，那也只是以视觉、触觉等原感觉的方式统觉着，并没有获得身体、心灵概念。正如 Dodd 所说，唯我论的身体是前观念的统一体[3]。这两个方面虽然看似矛盾，但唯有如此理解，才能更好领会胡塞尔从身体出发构成他人的思路。接下来我们就会看到这一点。

二、类比化统觉通过原初行走动感得以可能

胡塞尔在描述对他人的原初体验时借鉴了心理学的移情（Einfühlung）学说，但同时对心理学的经验性质，如对人类学意义上的他人预设进行了排除，因为他要思考的问题是他人的他性如何被原初意识到。只有理解了他人的他性，我们才能去考虑他人与我如何在更高阶上相互移情、相互理

[1] Edmund Husserl. *Ideen zu einer reinen Phänomenologie und phänomenologischen Philosophie. Zweites Buch. Phänomenologische Untersuchungen zur Konstitution*（Hua IV）[M]. Ed. Marly Biemel. Den Haag: Martinus Nijhoff, 1952, S.161.
[2] 胡塞尔：《生活世界现象学》，克劳斯・黑尔德编，倪梁康、张廷国译，上海译文出版社，2002 年，第 159 页。
[3] James Dodd. *Idealism and Corporeity: An Essay on the Problem of the Body in Husserl's Phenomenology* [M]. Dordrecht/Boston/Lodon: Kluwer Academic Publishers, 1997, p. 55.

解并构成同一世界的问题。在这个意义上也可以说胡塞尔是要考察移情的可能性，因而在手稿中不时会对移情问题提出质疑，比如他说移情的困难在于，如何将一个“外”物理解为具有像我一样零位显现的形式[1]，即理解为另一个主体我，再比如他说对他人的理解甚至不能说是移情，因为移情仿佛意味着我可以进入他人的生命[2]。但完全移入他人是不可能的，否则我与他人便可以等同，还何谈与我有别的他人。不过胡塞尔并非完全排斥移情概念，恰恰相反，他又在广义上将对他人的他性或陌生性意识视为移情。所以笔者认为，移情在他这里是一个宽泛但不同于经验心理学的概念，一方面他要考察移情的先验条件，另一方面这些先验条件又构成了移情的一个基础部分。

首先移情表示我是在类之中，即我有同类，而类的概念基于相似性的类比。所以如扎哈维所说，“移情预设了我所遇到的相异的、被体现的（embodied）主体与我自己之间的某种相似性”[3]。但这并不意味着原真自我是在有了身心概念的前提下来类比他人，否则便又回到了经验立场来理解身心和类比这些概念。一方面，类比在胡塞尔这里并不是一种经验意义上的推论，而是原初的统觉方式，“由此绝不会得出一个类比的推论”[4]，这种类比化统觉（analogische Apperzeption）是把前此意向物作为类比的基础，此物又被称为原始促创（Urstiftung）要素，“在原始促创中，某个具有类似意义的对象才首次被构造出来”[5]，它原初促动了尔后对类似某物一下子获得统觉的能力。另一方面，原真自我的类比化统觉是更原初和特殊的，因为如上所述，原真自我不可能有任何意向性概念，所以应该将原真自我的身、心视为一个触发类比的原初要素，而非已经形成的类的概

[1] Edmund Husserl. *Zur Phänomenologie der Intersubjektivität——Erster Teil:1905—1920*（HuaXIII）[M]. Hrsg.Iso Kern. Den Haag: Martinus Nijhoff, 1973, S.313.
[2] Edmund Husserl. *Zur Phänomenologie der Intersubjektivität——Zweiter Teil:1921—1928*（HuaXIV）[M]. Hrsg.Iso Kern. Den Haag: Martinus Nijhoff, 1973, S.527.
[3] 丹·扎哈维：《胡塞尔现象学》，李忠伟译，上海译文出版社，2007 年，第 120 页。
[4] 胡塞尔：《生活世界现象学》，克劳斯·黑尔德编，倪梁康、张廷国译，上海译文出版社，2002 年，第 174 页。
[5] 胡塞尔：《生活世界现象学》，克劳斯·黑尔德编，倪梁康、张廷国译，上海译文出版社，2002 年，第 174 页。

念，这样才可以恰当地利用身心这些词语。与此相应，胡塞尔提出了结对（Paarung）这一说法，来说明原真自我的身体与他人身体之间的原初关系。结对的意思就是成组或成对出现的类似要素，不过它在这里并不是指日常经验意义上类似物的组队，而是指原初被给予材料彼此被动产生的综合现象，"结对，即作为一对进而作为一组、作为多数而组态出现的东西，是先验的（相应的意向心理学的）领域的一种普遍现象"[1]。原初材料的被动综合原则是相似性，因为只有相似性才能使材料之间获得一致性的凸显并互相结合起来。而基于相似性的结合是联想的原初形态，所以胡塞尔又称结对为联想的被动综合的原始形式[2]。于是可以说，一旦结对发生了，就意味着在两个或多个材料之间具有一种意向上的重叠，并且是在被动中互相以联想的方式唤醒了对方，使彼此获得了相同与差异的意义，"一旦诸结对的东西已经被同时并且突出地意识到，……我们就会发现一种生动的相互的自身唤醒（wechselseitiges Sich-wecken），……作为相合的结果，就是在已结对的东西中实现了意义的转递"[3]。重叠的多少在程度上是有区别的，但不可能完全重叠，否则就是同一个材料了，因此彼此的意义既有相同的部分，也有相异的部分。或者说两个材料之间的同一与差异正是在结对中被唤醒的。如果说同一性为更高阶的类的概念提供了意向性基础，差异性为类中的个体性这一概念提供了基础，那么结对现象正是这些概念的起源。结合原始促创与结对来看，起初的材料可以解释为原初的促动因素，即原始促创物，它通过其后类似材料的触发才能形成原初的类概念，然后反过来原初材料便获得了概念性把握。总之，原始促创和结对为如何看待原真自我的身体和其他身体的关系提供了途径，即一方面原真身体是原始促创材料，另一方面在遭遇其他身体时类比才发生，彼此才相互唤醒而一同获得了意义。但目前剩下的问题是，原真身体与其他身体的结对如何能

---

[1] 胡塞尔：《生活世界现象学》，克劳斯·黑尔德编，倪梁康、张廷国译，上海译文出版社，2002 年，第 175 页。
[2] 胡塞尔：《生活世界现象学》，克劳斯·黑尔德编，倪梁康，张廷国译，上海译文出版社，2002 年，第 176 页。
[3] 胡塞尔：《生活世界现象学》，克劳斯·黑尔德编，倪梁康，张廷国译，上海译文出版社，2002 年，第 176 页。

够发生呢，笔者认为，这要回到原初的行走动感来解决。

在原真自我领域中，行走动感（gehende Kinästhese）首先表示作为显现中心和方位中心的原真自我从这里移动到其他地方的原初可能性。原初移动的可能性起码说明了两点，其一，原真自我本质上可以在任何一个这里，即把任何一个那里领会为这里，这可以说是同一性的起源。其二，原真自我只能在一个这里，即便我想象自己移到了那里，并想象此处的我在直观那里的我，或想象我在那里进行直观，但实际上我只能在唯一的这里，不可能同时在这里与那里，"这两种情况是相互排除的，它们不可能同时存在"[1]，这指示出这里与那里是不同的，从而可以说间距感是形成差异感的基础。而同一与差异又是基于类似性的结对的基本特征，所以行走动感内含了结对的原初可能性。正如胡塞尔所说，静态结对是彼此在间距中的相合，在类似性中不一致要素是作为间距张力（Abstandsspannung）被意识到的[2]。由此出发我们来看身体结对的可能性，首先，原真自我的位移指示出了自身和其他空间显现者具有类上的一致性，即都是空间躯体物，这是对他人类比化统觉的第一步。其次，当原真自我直接面对那里的他人躯体的显现时，一方面行走动感为唤醒回忆或想象我在那里时的躯体显现方式提供了前提，另一方面他人躯体显现的类似性立马唤醒原真自我进行结对，即让原真自我一下子统觉到此处躯体与彼处躯体属于同类，比如都有四肢和头部等，"进入到结对中去的不仅有最先被唤起的我的躯体的显现方式，而且还有那个作为许多其他的这样或那样的所熟悉的显现方式的综合统一体的躯体本身"[3]。最后，原真自我的此处躯体不仅可以直观显现，并且是具感觉和行为的，如果那里的躯体也有感觉和行为上的显现，那么这种彼此的结对就获得了新的统觉意义，即结对的躯体都被统觉为有感觉并行为着的身体。所以胡塞尔说移情首先包含了关于身体的双重

[1] 胡塞尔:《生活世界现象学》，克劳斯·黑尔德编，倪梁康、张廷国译，上海译文出版社，2002 年，第 183 页。

[2] Edmund Husserl. *Zur Phänomenologie der Intersubjektivität——Zweiter Teil:1921—1928* (HuaXIV)[M]. Hrsg.Iso Kern. Den Haag: Martinus Nijhoff,1973, S.531—532. 静态结对以已经形成的间距为前提，而不考虑使间距得以可能的行走动感。

[3] 胡塞尔:《生活世界现象学》，克劳斯·黑尔德编，倪梁康、张廷国译，上海译文出版社，2002 年，第 182 页。

含义，即我的身体仿佛移入那里，这时我的身体成为移情的，与此同时他人的身体被移情地统觉到[1]。而身体一经统觉立刻便指向了活动着身体、进行着感觉的自我，同时由于原真自我只能在一个此处，即彼处身体不可能被统觉为我的另一个身体，但是对彼处身体的类比化统觉又必然指示着一个彼处的我，所以这个彼处的我就会被统觉到是与自我共在的另一个我，“这个共此在的自我必须按照联想的整个意义给予过程而被必然地共现为处于在那里的样式中的现在共同此在的我”[2]。也就是说，彼处身体相对于本己身体而言，在类比化统觉中具有了一种不属于本己自我的陌生性，这种陌生性指向了拥有彼处这个身体的主体，即原真自我统觉到了不属于原真自我的另一个主体，后者有其本己自我的领域，并且绝然不同于我的本己领域，这正是意识到他人的原初体现，正如扎哈维所说，“当我拥有对于另外一个主体的本真经验时，我正是在经验到他者——与一般的对象相对——对我的逃避”[3]。

进一步说，陌生性体现为在原初的结对中只能直接直观到彼处身体，而不能直观到彼处身体的他人主体性一面，即通常所说的心灵体验侧，但同时他人心灵又必然会通过身体被共现出来。这种共现的可实证性就在于，彼处身体的感官场及其运动通过类似性而唤醒了我相应的感觉[4]，与此同时彼处身体也被唤醒即被我意识到是有感觉承载着的。并且按照胡塞尔在《观念 2》中所述，身心是原初交织（verflechten）的关系[5]，心灵必然原初通过身体行为而展现出来，因此他人的心灵体现在其身体协调一致的举止和行为中，或者说身体性的举止唤醒我将他人统觉为他人，并且对身体行为的直观构成了期待他人心理状态的可证实因素，“那个被经验到的

---

[1] Edmund Husserl. *Zur Phänomenologie der Intersubjektivität——Zweiter Teil: 1921—1928* (HuaXIV)[M]. Hrsg.Iso Kern. Den Haag: Martinus Nijhoff, 1973, S.529.

[2] 胡塞尔：《生活世界现象学》，克劳斯·黑尔德编，倪梁康、张廷国译，上海译文出版社，2002 年，第 183 页。

[3] 丹·扎哈维：《胡塞尔现象学》，李忠伟译，上海译文出版社，2007 年，第 121 页。

[4] Edmund Husserl. *Zur Phänomenologie der Intersubjektivität——Zweiter Teil: 1921—1928* (HuaXIV)[M]. Hrsg.Iso Kern. Den Haag: Martinus Nijhoff, 1973, S.527.

[5] 胡塞尔：《现象学的构成研究——纯粹现象学和现象学哲学的观念》第 2 卷，李幼蒸译，中国人民大学出版社，2013 年，第 78 页。

陌生的身体，不断表明自己实际上只是处于它的变化着的但又始终协调一致的举止（Gebaren）中的一个身体，这样一种举止既有它的物理的一面，又共现地表明了心理的东西”[1]。从静态的共现结构来看，他人和自我回忆、物体一样都具有共现特征，但它们的共现结构又是截然不同的[2]。我们在此只想点明的是，自我通过当下化的回忆而共现出了在时间性流逝中同一的自我，对物的共现是通过侧显而对其他尚未显现的空间性质的把握，对他人的共现则把握到的既不是本己自我的领域，也不是某种可直观的空间性质，而是绝对不可直观的另一个本己体验领域，“在这样一种原本不可通达的东西的可证实的可通达性方式中就建立起了存在着的陌生者的特征”[3]。正因此结对中他人的他性或陌生性不同于两个物体通过类比而凸显的差异性，因为两物间的差异是可以直观显现的，即可以图式化，这基于两物的类比有本已体验，而他人的本已体验则不属于我的本已体验，于是他又说他人的体验无法像物那样来类比，能类比的只是躯体[4]。不过自我躯体是零位显现的躯体，与其他躯体的类比性结对不同于一般物的结对，因而需要借助于移情感知的分析[5]。但我们同时要清楚，结对是相互的，在结对中的唤醒也是相互的，即彼此通过在间距中的类似性而互相转换，从而构成了自身[6]，所以真正说来本已的身体在结对中才被原初把握，与此相应本已心灵体验也凭借身体的结对才凸显了自身与身体的不同，即不是可外在直观的躯体物：他人的体验不直接显现，我的体验也不能以身体方式侧显。由此胡塞尔甚至说，设想唯我论的我没有身体似乎是可能的，而一旦

---

[1] 胡塞尔：《生活世界现象学》，克劳斯·黑尔德编，倪梁康、张廷国译，上海译文出版社，2002年，第178页。

[2] 关于自我、他人与物三种共现结构的具体分析，可以参考倪梁康：《超越笛卡尔——试论胡塞尔对意识之“共现”结构的揭示及其潜在作用》，《江苏社会科学》1998年第2期，第70—77页。

[3] 胡塞尔：《生活世界现象学》，克劳斯·黑尔德编，倪梁康、张廷国译，上海译文出版社，2002年，第178页。

[4] Edmund Husserl. *Zur Phänomenologie der Intersubjektivität——Erster Teil: 1905—1920* (HuaXIII)[M]. Hrsg.Iso Kern. Den Haag: Martinus Nijhoff,1973, S.311.

[5] Edmund Husserl. *Zur Phänomenologie der Intersubjektivität——Zweiter Teil: 1921—1928* (HuaXIV)[M]. Hrsg.Iso Kern. Den Haag: Martinus Nijhoff, 1973, S.533.

[6] Edmund Husserl. *Zur Phänomenologie der Intersubjektivität——Zweiter Teil: 1921—1928* (HuaXIV)[M]. Hrsg.Iso Kern. Den Haag: Martinus Nijhoff,1973, S.531.

涉及移情就必然需要身体的显现[1]。总之，一方面没有本己身体就看不到或者说无法统觉到他人[2]，但这时的本己身体只能作为原初的各种知觉来理解；另一方面对身体本身的概念性意识又离不开陌生身体的结对，正如胡塞尔所说，对身体的解释性把握“是在对所知觉的陌生身体本身的解释性立义中所完成的”[3]，这种双重性又进一步说明了自我与他人原初通过身体而共在着，交互主体性是先验的。

三、他人作为首位超越使意向行为得以引发

当我们明确了他人的原初显现方式以及他人与自我的原初共在后，便可以得出许多相互关联的重要结论，并印证在原真还原时的分析。首先我们将看到，对自我本己体验的意识或者说自我意识只有在体验到他人时才是可能的。一方面从本己自我来说，对他人的体验也是我的本己体验，他人是被我意识到的一个他人，但另一方面对他人的原初意识是一种边界体验，因为陌生经验（Fremderfahrung）指向了不属于我的另一个自我领域，“他者的自我给予性对于我来说是不可通达和超越的，但我所能经验到的恰是这个界限”[4]。这就意味着两点，其一是在其他主体身上认出了自我主体，即对其他主体的类比化统觉显示出我是其同类，也是一个主体，其二是意识到其他主体时，这个本己我的界限才被划定，而自我边界的意识同时是自我范围和自我同一性的意识，正如黑格尔所说否定同时是规定，所以可以说自我意识与他人意识是一同发生的，这也符合结对中相互唤醒的原则。由这个视角出发我们便可以理解胡塞尔的这些话，“起初独立的统一体人是这样构成的，即凭借移情和经验观察持续朝向随着陌生身体而共

---

[1] Edmund Husserl. *Zur Phänomenologie der Intersubjektivität——Zweiter Teil:1921—1928* (HuaXIV) [M]. Hrsg.Iso Kern. Den Haag: Martinus Nijhoff,1973, S.547.

[2] Edmund Husserl. *Zur Phänomenologie der Intersubjektivität——Erster Teil:1905—1920* (HuaXIII) [M]. Hrsg.Iso Kern. Den Haag: Martinus Nijhoff,1973, S.267.

[3] Edmund Husserl. *Ideen zu einer reinen Phänomenologie und phänomenologischen Philosophie.Drittes Buch. Die Phänomenologische und Die Fundamente der Wissenschaften* (Hua V) [M]. Ed. Marly Biemel. Den Haag: Martinus Nijhoff, 1971, S.8.

[4] 丹·扎哈维：《胡塞尔现象学》，李忠伟译，上海译文出版社，2007 年，第 121 页。

现、并持续和身体一同客观获取的心灵生命。继而我将这种统一体人转移至（übertrage）我自身之内”[1]，“在与他人对立时我才成为本己的我，并且能够说‘我们’，并且此时将首次使我成为我，他人成为他人”[2]。换句话说，在设想的原真自我的本己体验中可能有的只是持续的知觉，还不可能有物我之分，因为还无法拥有一种绝对差异的体验，而只有在体验到根本的差异时，才可能区分我与不属于我的对象。原初行走动感固然给差异感的形成奠定了基础，但真正说来在行走动感中遭遇他人才为构成差异概念提供了可能。当然，遭遇他人不能被理解为一个经验性问题，而是必然内含在具身自我的原初结构中，即自我本质上是共在的自我，只是胡塞尔在描述意向性构成时，略去了他人这个内在于自我的结构性要素。由此出发，我们也容易理解自我、他人与物为何都具有静态的共现结构了，因为它们都源于行走动感中直面他人而原初显示出的同一与差异。

再进一步说，基于身体的类比结对是意向性得以发动的基础，因为他人作为自我的边界同时意味着对自我的超越，而超越是意向性的本质特征。当原真自我知觉到一个陌生身体时，这种知觉立刻会提升为一种超越的意向性立义，即把他者立义为超越于自我的他人，“这种感知的意向性是对我的本己性的超越”[3]，与此同时自我本身也获得了超越性立义，即持续的知觉被立义为我的本己体验，属于同一个自我。而且由于陌生身体的超越又属于空间物的超越，所以空间物在遭遇他人时也获得了超越性立义的可能。正因此胡塞尔说，“这里有名副其实的唯一的超越性，其他任何也被称为超越者的，比如客观世界，都依赖于相异的主体性的超越性

---

[1] Edmund Husserl. *Ideen zu einer reinen Phänomenologie und phänomenologischen Philosophie. Zweites Buch. Phänomenologische Untersuchungen zur Konstitution*（Hua IV）[M]. Ed. Marly Biemel. Den Haag: Martinus Nijhoff, 1952, S.167.

[2] Edmund Husserl. *Ideen zu einer reinen Phänomenologie und phänomenologischen Philosophie. Zweites Buch. Phänomenologische Untersuchungen zur Konstitution*（Hua IV）[M]. Ed. Marly Biemel. Den Haag: Martinus Nijhoff, 1952, S.242. 中文译者在此处翻译略有误，兹改之。

[3] 胡塞尔：《生活世界现象学》，克劳斯·黑尔德编，倪梁康、张廷国译，上海译文出版社，2002 年，第 188 页。

(Hua8/495)"[1]。这就应和了上面所说，唯我论的原真自我是意向性还未引发的抽象原初状态。当遭遇陌生身体时意向性即刻发动，立马会将其立义为整体性的他人。所以身体虽是他人显现的中介，但切不可把从陌生身体到他人显现的认识论层次误认为是时间上的先后顺序，因为身体与心灵原初交织构成了一个整体。

由于交互主体同时是交互客体性的，即他人显现时自我作为主体和作为他人之客体的双重地位才被意识到，由这种主、客体意识出发，才可以把与我非同类的即非主体的事物作为纯粹客体来把握。与主客体意识相应，主客观意识也源于交互主体性。其一，本己身体和体验在遭遇他人时都显示出了自身的独特性，即只为我而不可能为他人本真拥有和体验，这使我所属的主观性得以展现，于是与自我体验相关的世界显现便具有了主观性，正如胡塞尔所说，自我"作为一纯主观世界之载者，此世界对于任何其他主体原则上都不可能是同样的"[2]。其二，在他人原初显现时意向性同时被引发了，而意向性意味着对本己体验的超越，即超越主观性领域去获得客观的观念性立义。总体来说，由意向性所导致的客观化包括自我和世界两方面。一方面自我虽然原初是一体验流，但一经意向性立义它便获得了超越的同一自我意识，在这里同一意味着自我并非作为实项要素位于某一体验处，"同一个就意味着……作为非实项的内在之物"[3]，超越了整个体验流并体现于任一体验，同时自我对本己身体的感知使其超出了单纯躯体性范畴，显示为与本己体验交融在一起而构成了统一的自我。不过交互主体性并不只是一种单向度朝向他人的认识，而是彼此作为主体都会通过意向性行为来对他人显示自我，比如通过简单的身体行为来传达自身，这就构成了彼此交流与理解的基础。正如胡塞尔所说，当我们取消了

[1] 转引自丹·扎哈维：《胡塞尔现象学》，李忠伟译，上海译文出版社，2007 年，第 123 页。
[2] 胡塞尔：《现象学的构成研究——纯粹现象学和现象学哲学的观念》第 2 卷，李幼蒸译，中国人民大学出版社，2013 年，第 174 页（边码 209）。
[3] 胡塞尔：《生活世界现象学》，克劳斯·黑尔德编，倪梁康、张廷国译，上海译文出版社，2002 年，第 191 页。

唯我论的抽象后，必然会出现相互协同的意向性关系[1]。在这种交互意向性行为中彼此的同一性不断形成并被承认，即展示出自己是能够进行理解、有精神的存在者。所以胡塞尔说，“精神领域是‘诸自我主体性’领域”[2]，即虽然精神活动是从自我发出的，但精神的原初发动以及展开都离不开先验交互主体性。因此自我通过意向性既显示出自己是一个独特的精神主体，具有本己主观的方面，又显示出自己是可以思考观念而进行客观规定者，并能通过精神将主观性展示为他人可理解的客观性，从而获得他人的理解与承认。在这个意义上同一自我便是具有独特人格的个人（Person），是兼具主观性与客观性的精神性存在，“从自我主体到自我主体建立了本己的关联体网络……构成了诸个人的（personal）统一体（诸个人本身以及社会层次上和一切松散共同体中的个性）”[3]。由此我们就显明了身心统一的人格自我在交互主体性中才形成，并且可以说动物没有意向性发动的可能，只有低级的感觉，所以不能在动物学意义上来理解人。

另一方面，与自我客观化相应的是世界的客观化，这首先表现为物的客观化。从本己体验来说，每一个自我的显现都是从唯一的此处发出的，都带有特殊的主观性，但显现本身一经意向性发动便必然携带着超越的观念性立义，所以物的客观化与交互主体性是一同发生的。具体来说，每个人的显现体验虽有差异，不过这种差异意识在感知到彼处的他人时才有可能，这就意味着与他人的共在使自我才可能将此处的显现立义为一个视角性的侧显，即本质上我们可以换位，也可以在不同的位置上来直观同一个物，只是该物以不同的方式来呈现给不同个人。彼此通过换位所形成的传达与交流对同一物的构成是关键性的，因为这样才能互相确认该物在空

---

[1] Edmund Husserl. *Ideen zu einer reinen Phänomenologie und phänomenologischen Philosophie. Zweites Buch. Phänomenologische Untersuchungen zur Konstitution*（Hua IV）[M]. Ed. Marly Biemel. Den Haag: Martinus Nijhoff, 1952, S.193.

[2] Edmund Husserl. *Ideen zu einer reinen Phänomenologie und phänomenologischen Philosophie. Zweites Buch. Phänomenologische Untersuchungen zur Konstitution*（Hua IV）[M]. Ed. Marly Biemel. Den Haag: Martinus Nijhoff, 1952, S.332.

[3] Edmund Husserl. *Ideen zu einer reinen Phänomenologie und phänomenologischen Philosophie. Zweites Buch. Phänomenologische Untersuchungen zur Konstitution*（Hua IV）[M]. Ed. Marly Biemel. Den Haag: Martinus Nijhoff, 1952, S.332.

间中的连续显现形态，确认该物是同一空间物，从而对其进行观念性的把握。所以客观化的原初起点是主体共同体的一致承认，正如胡塞尔所强调的，客观世界“就是对每个人（也包括我自己）来说的同一个世界”[1]。

总之，无论自我和世界的主观化还是客观化，都基于先验交互主体性，正如扎哈维所说，“胡塞尔主张超越性、客观性和实在性的意义和范畴都是主体间性地被构成的。……胡塞尔还强调，对于诸如内在性、主体性和现象这样的范畴也是如此。……因此，只有当我经验到其他的主体，并由此获得主体间性的有效性这个概念后，将某物作为纯粹的现象，作为完全主观的东西去谈论和指称，才是有意义的（Hua9/543，13/382，388—389，420—421）”[2]。由此我们便可以理解胡塞尔在描述物的构成时所说，正常与异常现象的区分需要在他人存在的情况下才可做出，相应地主观显现和客观性质的区分也基于交互主体性[3]。

综上所述，在胡塞尔现象学中交互主体性是先在的，自我体验内含了匿名的他人作为共同规定，即便他人并不实际显现也无法消除这一点，而且只有在先验交互主体性的前提下才可能区分开主体与客体、主观与客观经验，因而不能将其理解为时间上先后的两个层次。所以我们的结论就是，物、身体、心灵、自我等一切意向性概念的形成都与对他人的原初意识有关，身心的区分只有意识到他人时才被原初立义，进而更高阶的抽象理论也是交互主体性的客观化立义的结果。一方面我们可以说意向性超越体现在他人、物、心灵等主体化立义上，使意向性将相应材料激活了，另一方面可以反过来说，意向性立义基于身体结对的他人显现才被原初激活或引发，于是才能构成诸世界主题。因此，胡塞尔从原真自我来揭示他人

[1] 胡塞尔：《生活世界现象学》，克劳斯·黑尔德编，倪梁康、张廷国译，上海译文出版社，2002 年，第 169 页。

[2] 丹·扎哈维：《胡塞尔现象学》，李忠伟译，上海译文出版社，2007 年，第 126—127 页。扎哈维在此侧重讨论了先验交互主体性对于客观性的构成作用，而对于主观性的起源只简单引用了胡塞尔的一处分析，即当我意识到我的显现对象也可以被他人直观时，就同时意识到了物自身和它对我的显现是有区别的。这一点很有道理，不过需要结合我们上文对主观性起源的分析才更容易理解。

[3] 胡塞尔：《现象学的构成研究——纯粹现象学和现象学哲学的观念》第 2 卷，李幼蒸译，中国人民大学出版社，2013 年，第 63—66 页（Hua IV，S. 78—82）。

显现的认识论思路虽然有循环论嫌疑，但这是良性的，有助于我们更好理解个人与先验交互主体性的本质关系，即个人必然是交互主体性的，同时交互主体性又必然构成个人，它并没抹除个人作为纯粹意识代理人的身份，没有消除从第一人称视角进行原初描述的作用，只是让我们在更高的层阶上来认识自我。

参考文献：

1. 胡塞尔：《生活世界现象学》，克劳斯·黑尔德编，倪梁康、张廷国译，上海：上海译文出版社，2002 年。

2. 胡塞尔：《纯粹现象学通论》，李幼蒸译，商务印书馆，1992 年。

3. 胡塞尔：《现象学的构成研究——纯粹现象学和现象学哲学的观念》第 2 卷，李幼蒸译，中国人民大学出版社，2013 年。

4. 保罗·利科：《胡塞尔的〈观念 2〉：分析和问题》，李幼蒸译，附于《观念 2》中译本附录。

5. 丹·扎哈维：《胡塞尔现象学》，李忠伟译，上海译文出版社，2007 年。

6. 倪梁康：《超越笛卡尔——试论胡塞尔对意识之“共现”结构的揭示及其潜在作用》，《江苏社会科学》1998 年第 2 期。

7. 倪梁康：《胡塞尔的交互主体性现象学》，《中山大学学报》（社会科学版）2014 年第 3 期。

8.Edmund Husserl. *Ideen zu einer reinen Phänomenologie und phänomenologischen Philosophie.Zweites Buch. Phänomenologische Untersuchungen zur Konstitution* (Hua IV)[M]. Ed. Marly Biemel. Den Haag: Martinus Nijhoff, 1952.

9.Edmund Husserl. *Ideen zu einer reinen Phänomenologie und phänomenologischen Philosophie.Drittes Buch. Die Phänomenologische und Die Fundamente der Wissenschaften* (Hua V)[M] . Ed. Marly Biemel. Den Haag: Martinus Nijhoff, 1971.

10. Edmund Husserl. *Zur Phänomenologie der Intersubjektivität——Erster*

Teil:1905—1920 (Hua XIII)[M]. Hrsg.Iso Kern. Den Haag: Martinus Nijhoff, 1973.

11. Edmund Husserl. *Zur Phänomenologie der Intersubjektivität——Zweiter Teil:1921—1928* (Hua XIV)[M]. Hrsg.Iso Kern. Den Haag: Martinus Nijhoff, 1973.

12. James Dodd. *Idealism and Corporeity: An Essay on the Problem of the Body in Husserl's Phenomenology* [M]. Dordrecht/Boston/Lodon: Kluwer Academic Publishers, 1997.

Is the intentionality possible without the other
——A tentative reconstitution of Husserl's intersubjectivity

Abstract: Generally, we understand Husserl's intersubjectivity based on his thought in "Cartesian Meditation", which constitutes the other from the ego's domain. While he also said that subject contains intersubjectivity, this lead Schutz criticized his thought is a circular argument. Aimed at the objectivity of Noema, firstly, we will anew interpret the primordial ego, that is, the apperception of primordial ego is the most original and fundamental, but it is not categorical thinking, and correspondingly it does not have real intentionality, because intentionality is a transcendental behavior, which constitutes the objectively transcendental Noema. So transcending the ego's domain is key to obtain objectivity. Secondly, transcending the ego's domain needs the appearance of the other, which means the origin of consciousness of the kind. Husserl explains its origin via analogous apperception, and we will further indicate that analogous apperception is possible only through original kinesthesis of walking, because the sameness and difference are born from walking, and they are the basis of consciousness of the category. Finally, we will indicate the other is the first transcendence which makes the intentionality possible. Through this, we will make a phenomenological description for the origin of the category of subjectivity and objectivity, and show that intersubjectivity is original, Husserl's approach to the other is a positive circle and an epistemological method.

Keywords: Husserl; Intentionality; Ego; The other; kinesthesis of walking

解释的消逝性：论伽达默尔解释学的诗学应用

张　帅*

摘要：伽达默尔将自己解释学理论很好地应用在了诗学中。他以提出问题为开端，将读者引入到与诗歌文本的对话中。在一问一答的结构中，解释学循环的原理充分地发挥其作用，将从声响、语词、句子到整首诗歌的一体化含义呈现出来，并且推动读者进入到理解的新经验之中，在此新经验中解释消逝了。由此，伽达默尔提出了解释学消逝性原则：只有当一个解释最终能够完全消失，才不失成为正确的解释，因为解释已经完全融入到对诗文的新经验中。解释学的消逝性原则与视域融合有着密切的关系，是判断理解完成程度的标尺，解释的消逝是一个不断进入到新经验的历程。然而，这个理解的历程有无尽头、理解有无可能最终完成，所有的解释之词是否会完全消逝仍是留给我们值得深思的问题。

关键词：解释学的应用；诗的经验；理解；消逝性原则

伽达默尔解释学理论在诗学应用中发挥了巨大的作用，它可以实现通过提出问题的方式开启读者与诗歌文本的交谈，而后遵循着解释学循环原理，将一首诗的含义整体地解释出来，在这个过程中产生的解释学思想促使着读者进入到理解的新经验中，之后解释之词又在理解的新经验中消逝了。伽达默尔的解释学理论在诗学中成功得到了应用，消逝性原则也在诗学解释学的应用中完美体现出来。

* 作者简介：张帅，武汉大学 2015 级外国哲学专业博士研究生，主要研究领域为基督教哲学、诠释学，E-mail: zs880407@163.com。

一、诗学与解释学应用

伽达默尔在完成其哲学解释学理论之后，就一直致力于思考解释学应用的问题。伽达默尔认为理解、解释和应用是解释学经验当中三个不可分割的有机组成部分，在他看来解释学的应用不仅仅是一个方法，而是一种能力。[1] 他列举了解释学应用的许多场所：对于诗歌文本的解读，包括不同种类的诗歌，比如抒情诗、史诗和戏剧诗；神学诠释学的作品，在教会中和敬拜仪式中的宣告、祈祷、布道、祝福等；还有神话故事的传说，比如古希腊神话，埃及神话，当然还有法学、哲学、文学著作的诠释应用。伽达默尔认为在这么多应用的场所中要想真正解决解释学应用的疑难问题，[2] 就要从两个方面入手：其一，是从黑格尔哲学入手，在语言和逻辑的历史辩证关系中寻找答案；其二，则是从诗歌的理解与经验入手，在诗歌的解释中读者、作者与文本如何进行对话与交谈的解释学经验，这种交谈的经验中包含着问答的逻辑和辩证法的艺术，并借鉴于伽达默尔对柏拉图哲学的吸收和接纳。伽达默尔认为这两条诠释学的路径都可通达解释学真理，因此在所有解释学应用的场景中特别典型。伽达默尔的《美学与诗学：诠释学的实施》这本著作就是从诗的经验与理解中讨论解释学的应用问题，伽达默尔进行诗歌解释学应用的理由有二：

第一，伽达默尔依然是在语言的本体论立场上对诗歌的语言进行分析。他认为，语言的本身就具有内在的思辨结构，而诗歌的语言更加具有这种内在的思辨性特点，这个特点是读者可以和诗歌进行对话的先决条件。因为诗歌的语言广泛地包含着多义、比喻与象征，隐喻的写作形式常常使得诗歌的语言看似是晦涩和封闭的。一首诗歌的语言中不仅包含着多义，甚至常常包含着对立的含义，尤其是在一些德语语言的诗歌当中。但语言的这种特点不仅不会破坏整首诗歌的艺术价值，相反对于不同的和对立的含义会极大地丰富这首诗歌所包含的精神旨趣。以德语的诗歌为例，

---

[1] [德] 伽达默尔：《诠释学 I：真理与方法》，洪汉鼎译，商务印书馆，2010 年，第 435 页。

[2] [德] 伽达默尔：《诠释学 II：真理与方法》，洪汉鼎译，商务印书馆，2010 年，第 648 页。

语词甚至是语词的前缀后缀都可以自由地在诗句中进行重新的排列组合或者词性转换，以一种“语言游戏”[1]的方式进行。读者在理解之时，不得不要求读者也具有思辨性的思维方式，将诗歌的本文含义尽可能开放式地阅读，不要一味想要知道作者的原意，而是让诗歌的文本可以脱离作者独立与读者展开对话。在这样的解释学经验里，读者不是被动的意义接受者，而是主动的建设者，这时候的理解是创造性的，解释学的应用是一种能力，在诗歌的解释中可以充分地得到体现。

第二，从对诗歌的解释可以提升到认识解释学追求的真理。诚然，对于辩证法艺术的发挥和表达在从柏拉图到黑格尔的哲学中展现得非常透彻和精彩，但诗歌的经验和理解同样可以达到对真理的把握。在对诗歌解释的经验中，读者进入到与诗歌的对话和交谈里，读者的视域和诗歌文本的视域发生碰撞和不断地相互开启，读者创造性地理解和解释诗歌时所产生的解释学思想，不仅包含着与诗歌作者思想的共鸣，也因着自己的理解前见与视域，进入到一种理解的新经验中。这样的理解不是单向度的“阐述之潮流”，也不是“歌吟之流和戏剧的道白”[2]，而是一种包含着解释学生命体验的视域相融。这种历史视域的相融意味着所追求的关于世界普遍化的意义进入更高的统一性和一体化之中，不同的时代精神联结意味着解释学所追求的真理向着更高的普遍性攀升。

学界近年来也非常关注伽达默尔解释学的诗学应用问题。有的学者站在当代中国文艺批评的角度认为伽达默尔的诗学解释学过于保守，也有的学者批评以海德格尔、伽达默尔和哈贝马斯为代表的 20 世纪西方诗学研究脱离了诗歌的具体文体和文学性研究，目标总是关注于时代精神与哲学思潮。为此，徐岱为伽达默尔的诗学解释学进行辩护，他在《解释学诗学与当代批评理论》[3]一文中对伽达默尔的解释学在诗学与美学中的应用进

---

[1] [德] 伽达默尔：《美学与诗学：诠释学的实施》，吴建广译，北京大学出版社，2013 年，第 108 页。

[2] [德] 伽达默尔：《诠释学 II：真理与方法》，洪汉鼎译，商务印书馆，2010 年，第 445 页。

[3] 徐岱：《解释学诗学与当代批评理论》，载于《宁波大学学报》(人文版)，2004 年第 4 期，第 1—8 页。

行了高度的评价，他认为离开了解释学应用来谈当代批评理论的建设是难以想象的，解释是一切批评的开始，在文中他高度赞赏了伽达默尔对于解释学循环理论在理解诗歌和文艺作品时的重要作用，将解释学诗学应用理解为一种澄清的艺术。对于为什么诗学的研究一定要关涉时代精神，吴健广、梁黎颖在《诗学对神性与自然的倾听——伽达默尔解读歌德和荷尔德林》[1]一文中也给出了理由，文章对伽达默尔在进行解释学的诗学应用中所提出的内在的耳朵与倾听进行了分析，认为这种倾听就是对于语言的倾听，对于自然、社会世界和宇宙秩序的倾听。所以诗歌是将倾听到的时代精神宣告出来的最佳楷模，对诗学的研究也必须关注于时代精神和当时社会思潮。接下来，我们就通过具体的示例分析伽达默尔诗学解释学应用的经验。

二、伽达默尔的诗学解释学经验分析

在诗歌的理解与经验中，伽达默尔也提出了作为本体的语言，以一种历史理性的方式借助于经典的文本对每个时代的人说话。[2] 伽达默尔沿用黑格尔对于“经典”这个概念的使用：所谓经典就是赋予自身意义的东西以及由此解释自己的东西。[3] 一个作品被称为经典，不仅仅在于它顽强地在每个历史时期都表述了自己，而且是能够被每个历史时代的诠释者不断地更新和重新激活，读者通过文本能够发现自己和诗人的共同本质。这个具有共同本质的普遍人性，引领着诗歌的诠释者在诗学解释中追寻真理。伽达默尔选择了荷尔德林、歌德、里尔克、保罗·策兰等诸位经典诗人的经典作品进行解释学的诗学应用实践，下面分别举出例证对其诗学解释学的应用方法进行分析：

[1] 吴健广、梁黎颖：《诗学对神性与自然的倾听——伽达默尔解读歌德和荷尔德林》，载于《德国研究》，2013 年 03 期，第 103—112 页。
[2] [德] 伽达默尔：《美学与诗学：诠释学的实施》，吴建广译，北京大学出版社，2013 年，第 135 页。
[3] [德] 伽达默尔：《美学与诗学：诠释学的实施》，吴建广译，北京大学出版社，2013 年，第 134 页。

（一）发问与诗歌解释的开启

伽达默尔提出以提问的方式开启对于一首诗歌的解读，每首诗歌的特点不同，如何发问也是不同的。提问之前首先要看诗歌的文本是否提供了明晰性的意义。

在荷尔德林《追思》一诗中，描述了一个人重回法国南部的波尔多，一边漫步一边沉浸在对南方这里无限回忆之中，产生了对于自己当下孤独的感悟。在海德格尔对荷尔德林这首诗的解释中，他将此引申为回家、归乡和回到自身之中，伽达默尔不能完全同意一开始就对这种明晰性进行过度的解释，他认为像迪特·亨利希将其命名为“追思的步伐”[1]是个更好的开端，要基于已经知道的“追思的步伐”这样明晰的意义，而后与诗人同行和共思。诗文开头：“有人承载兢战，走向源头……”有人？这是谁啊？诗人自己也是熟知兢战的人，同时我们每个人也有着充满弯路和颠簸的一生不是？从这样的提问中开始，直到诗文的最后：“但是，也有一个神居在人的心中，这样，他可以看见过去和未来，就如河川走向山脉的源头，他兴趣昂然地穿越诸多时间。”[2]这时，我们才可以看见这是从追思中的回归。

伽达默尔对保罗·策兰《生命结晶》解读情况却不同，策兰的诗歌是封闭和晦涩的，诗文本身没有提供任何的明晰性。诗文开头是这样的，“你尽可放心地 / 用雪招待我 / 每当我们过去肩并肩 / 同桑树一起走过夏季 / 叫喊的是它最青的 / 叶。”[3]所以伽达默尔一开始就用你是谁，我是谁这样的问题一直开启对这首诗歌的提问。一般来说，诗中所提“我”时通常都指的是诗人本身，伽达默尔认为诗中的“我”不仅仅可以指诗人之我，同时也是指读者之我。并且，读者有可能比诗人更为了解诗中的“我”。也有

[1][德]伽达默尔：《美学与诗学：诠释学的实施》，吴建广译，北京大学出版社，2013 年，第 42 页。
[2][德]伽达默尔：《美学与诗学：诠释学的实施》，吴建广译，北京大学出版社，2013 年，第 43 页。
[3][德]伽达默尔：《美学与诗学：诠释学的实施》，吴建广译，北京大学出版社，2013 年，第 365 页。

可能这个“我”不仅仅是诗人、读者，而是指“每一个个人”，或是“我们”中的一个。更进一步，当我们这样理解“我”是谁的时候，“你”是谁这个问题也就有了更为丰富的答案。“你”有可能就是“我”，二者完全可以互换，“我”和“你”就有普遍的语义学功能。“你”在策兰这里还有更丰富的含义：和我最为亲近的人？至近与至远者？上帝？全无定论，虽然提问并非一定找到明晰性的答案，但是提问可以将一首以拒绝读者的姿态出现的诗歌变成可以使读者能够进入并与之对话和交谈的诗歌。

对于格奥尔格的《灵魂之年》的解释，也是从提问开始，对于诗歌的文本进行我是谁，你是谁这般的追问，伽达默尔发现“我”和“你”如此难得的是同一个灵魂。在诗歌当中，读者跟随诗人给出了自己的释义，一问一答的结构中所有的人无须任何的帮助，就能够在诗歌之中看到自己灵魂的风景，在远方展开的广度中认识了自己，解释由此产生，伽达默尔说通过提问“解释之词在这里感到了自己被召唤”。[1]

（二）解释学循环的诗学应用

从提出问题出发，接下来进入到解释学循环的应用中。解释学循环在诗学中的应用指的是语义多样性到含义一体化的关系，以策兰的诗为例，我们分析伽达默尔如何在诗歌中运用解释学循环的原理来处理诗歌中整体与部分，部分与整体的关系。我们选取其中的一节：“被不梦之物所腐蚀 / 无眠漫游的面包之国堆积 / 这座生命山。用它的碎屑 / 你重新捏塑我们的名字摸索着名字。/ 每根手指上有 / 一只与你同样的眼睛 / 寻找。”[2] 在德文的原文中，伽达默尔首先抓住了“Aufwerfen”（堆积）这个可分动词，在策兰的写作中，也许使用这个词仅仅出于韵脚的考虑，但在伽达默尔的解释当中，却提出韵脚和声响都与全句诗歌的整体含义相关联。“堆积”一词的本意有鼹鼠劳作的含义。伽达默尔解释“堆积”与“面包王国”开始

---

[1]［德］伽达默尔：《美学与诗学：诠释学的实施》，吴建广译，北京大学出版社，2013 年，第 245 页。

[2]［德］伽达默尔：《美学与诗学：诠释学的实施》，吴建广译，北京大学出版社，2013 年，第 368 页。

了第一次的解释学循环活动，伽达默尔认为他像鼹鼠一样为了面包而盲目地生活是一种“堆积”，因此说：“一只鼹鼠的劳作。”[1] 而真正的“面包王国”是一座“生命山”。在这句诗中，我们可以理解这里阐发的是“为面包的工作”到“面包的获得”，包含着诗人对整个生命和生命负担的思考。这是通过一个前缀的声响理解这个语词，通过这个语词理解短句，通过短句与短句的关联，理解这个诗句整体的含义，并且当通达了这个诗句整体的含义后，反过来理解第一句“被不梦之物所腐蚀”[2]，就变得很好理解，不梦之物就是生命像鼹鼠一样盲目地为获取面包而生活。这就是解释学循环在一句诗当中的应用。接下来继续分析：“用它的碎屑，你重新捏塑我们的名字”[3]，这一句中虽然包含着《圣经》或犹太教的一些暗示，我们依然可以在解释学循环中找到启发，“它”依然是指“生命山”，“生命山”的碎屑是指我们在之前不断垒高的生活经验，我们用我们全部的生活经验来认识这个世界形成全部的世界经验。[4] 这就是伽达默尔的解释学循环在诗歌中的具体运用。

在诗歌的解释学循环的运用中，会涉及一个重要的诠释学问题：读者必须知道什么？换而言之，关于诗歌的背景知识需要多大程度地被带入到诗歌的解释中？比如，荷尔德林《追思》中所提到的法国南部的波尔多，伽达默尔认为亨利希沿着开端确定的追思的步伐开始了考据版的文化地理研究，虽然貌似还原了荷尔德林生活的时代，但于一首诗歌的理解却是困难重重。伽达默尔认为“诗文作为创造出来的东西，在每个读者自身中得满足”。[5] 在“追思者”的回忆中，这个地方已经被美化，再用语言表达出来后已经离真实的隔着三层了，故此，虽然亨利希批评海德格尔的解释充

[1] [德] 伽达默尔:《美学与诗学：诠释学的实施》，吴建广译，北京大学出版社，2013 年，第 368 页。
[2] [德] 伽达默尔:《美学与诗学：诠释学的实施》，吴建广译，北京大学出版社，2013 年，第 368 页。
[3] [德] 伽达默尔:《美学与诗学：诠释学的实施》，吴建广译，北京大学出版社，2013 年，第 368 页。
[4] [德] 伽达默尔:《美学与诗学：诠释学的实施》，吴建广译，北京大学出版社，2013 年，第 368 页。
[5] [德] 伽达默尔:《美学与诗学：诠释学的实施》，吴建广译，北京大学出版社，2013 年，第 45 页。

满强暴性，但是他将诗中的对于每条河流和山脉的背景知识过多带入，割裂了整首诗歌的含义一体性，违反了解释学循环的原则。伽达默尔对策兰的《生命结晶》的解释中也有这样的示例："一支亮的饿烛在口中"[1]，这一句中其实包含着特定的宗教背景知识。"饿烛"是什么有两种说法：一是在巴尔干地区斋戒时含在口中的蜡烛，以表示虔敬；第二种是如果有一个贫困潦倒的人不想以乞讨为生，他就将自己用布包裹，口含饿烛去教堂门口，接受教堂的施舍。而伽达默尔运用解释学方法进行解读时可以超越这种不确定的背景知识，单单循着已经进入的解释学循环去完成自己的解释，由"饿"和"面包之山"构成呼应，"烛"的"亮"与下句诗文的"眼睛"构成呼应，伽达默尔从整首诗的一体化含义出发，解释了其中的两种生命的状态：一种是盲目地堆积生活的经验，被不是梦想的生活追逐；另一种是口含着饿烛寻找真正的亮光，重塑自己的名字。从整体出发这节诗中的每一个意象都可以得到恰当的解释。伽达默尔对诗歌的解释，十分重视诗人的语言意识，对于每一个语词都进行细致的推敲，伽达默尔的解读不仅仅是看到语词之间的相同或对立的关系，也注意到了游戏语词中含义的共鸣和附属关系。力图从简约的关联性中，找到整体性的联系，这样从每一次的解释学循环中找到整个含义的朝向，找到解读整首诗歌的锁钥。

（三）理解进入解释的新经验

找到整体的诗歌的一体化含义并不意味着对一首诗歌的解释最终完成了，因为对于诗歌的理解要求读者应该不断地走入到对诗歌解释的新经验之中。伽达默尔指出，理解"就不只是一种复制的行为，而始终是一种创造性的行为"[2]。这种创造性的行为是历史视域的融合，因为诗歌的解释者和诗人有不可消除的差异性，伽达默尔在为读者的权利辩护。在他看来，

---

[1]［德］伽达默尔：《美学与诗学：诠释学的实施》，吴建广译，北京大学出版社，2013年，第368页

[2]［德］伽达默尔：《诠释学Ⅰ：真理与方法》，洪汉鼎译，商务印书馆，2010年，第420页。

诗歌的文本和读者是不可分离的，文本只有通过读者的理解和解释才能获得意义，只有文本的视域和读者的视域进行融合时，理解才变成读者对诗歌文本的“创造性行为”[1]。比如，对于荷尔德林的诗歌理解就是如此，伽达默尔在《荷尔德林的当下性》一文中分析了经典诗歌的语言具有当下性的特点，这个特点可以促使读者不停止解释的步伐，不断地寻求意义的最大关联性。因此读懂荷尔德林的诗歌，不得不思考我们当代给予了我们什么样的历史视域，荷尔德林和他的诗歌又呈现出怎样的视域，诗歌作为一种对于历史时代精神最为直接性的产物言说着什么？

伽达默尔还指出，不断地走入到对于诗歌解释的新经验中伴随着解释之词的不断消逝。比如，在对于策兰《生命结晶》的解释中，这首诗歌最初对读者来说是封闭的和沉默的，读者无法从中知道什么，可是通过提问的发出、解释学循环的运用找到了整首诗歌的一体化的含义，但伽达默尔没有停止，重新回到诗句的开头：“你尽可放心地 / 用雪招待我 / 每当我们过去肩并肩 / 同桑树一起走过夏季 / 叫喊的是它最青的 / 叶。”[2] 伽达默尔进行追问，这组诗的题目是《生命结晶》，伽达默尔认为对“雪”的宁静的欢迎，是为“生命”提供境遇，在呼气和吸气的转折中，我们能够感受到“雪”带来的宁静之感。联系到策兰的代表作《死亡赋格》，我们知道在策兰的诗歌里死亡的主题总是充满着当下性，因此我们将《生命结晶》作为具体意象的“雪”同策兰诗歌死亡的主题相联系，诗歌中的冬天也意味着生命之终，对于这首诗歌就产生了新的经验，对于雪的追问向着策兰所有作品所呈现出来的含义前进，使《生命结晶》这组诗与其全部作品的主旨形成意义成为一体化，这时第一次的解释之词又都消逝了。通过伽达默尔对《生命结晶》第一小节《你可以》这首短诗的解读示例，我们发现解释者使读者和诗歌的文本之间产生了一种桥梁，他的存在意味着，当文本的话语不能被聆听和理解时，解释产生；反过来说，当理解发生时，解释便

[1] [德] 伽达默尔：《诠释学 I：真理与方法》，洪汉鼎译，商务印书馆，2010 年，第 420 页。
[2] [德] 伽达默尔：《美学与诗学：诠释学的实施》，吴建广译，北京大学出版社，2013 年，第 365 页。

消逝了。可以说，解释的消逝是通过解释的展开达到的。当诗歌文本对于读者来说不再是一个陌生性的存在，理解进入到对诗歌经验的过程中，读者与诗歌文本二者视域达到融合。

三、诗歌解释学应用中的基本原则——解释学的消逝性原则

解释的消逝性思想在伽达默尔之前的解释学家那里已经暗含了，比如施莱尔·马赫在其《解释学纲要》一文中提到："解释学的全部任务应视为一项艺术的工作，但不是产生一件艺术作品那样的工作。"[1]而伽达默尔在《美学与诗学：诠释学的实施》一书中则更加明确地提出了诗学解释学的基本原则是："只有当一个解释最终能够完全消失，才不失成为正确的解释，因为解释已经完全融入到对诗文的新的经验中。"[2]这条诗学解释学原则并不是凭空而出的，他与伽达默尔在《诠释学Ⅰ：真理与方法》中的哲学解释学的原则具有密切的相关性，可以说这条原则的本质已经被包含在效果历史的原则之中，这条原则所处理的依然是读者与文本的视域融合问题。按着效果历史原则，伽达默尔认为，读者和文本因着不同的背景知识和时代印记，作者和文本带着不同的前见进行视域的融合，这意味着读者和文本都要不断地克服自己主观性和个别性，向着一个更具有普遍客观性的视域进行提升。那么，伽达默尔提出诗歌解释学的消逝性原则的独特意义又是什么？

第一，在理解中，解释学的消逝性原则是判断理解完成程度的标尺。解释学的消逝性原则显明理解、解释与应用三者的确是一个内在的统一体。理解、解释和应用是一个理解的三个要素，伽达默尔不同于以往的解释学家，他认为这三个要素是内在的统一，理解总是伴随着解释，解释是理解的表现形式；而理解总是意味着得到应用，应用是理解的目标；解释是应用的方法、应用是解释的能力。伽达默尔认为："解释是潜在地包含

[1][德]施莱尔·马赫：《解释学纲要》，何卫平译注，《云南大学学报》(社会科学版)，2015年02期，第11—24页。
[2][德]伽达默尔：《美学与诗学：诠释学的实施》，吴建广译，北京大学出版社，2013年，第413页。

在理解（Subtilitas）的过程之中的。”[1] 在理解中，一个解释的消逝就意味着读者和文本已经完成了一次视域的融合。能够达成视域的融合，意味着可以被有效地理解，这样的一种理解可以通过解释获得语言的表达，在理解者和被理解的对象之间只有这个语言表达的意义，再也没有别的。因此说，语言与意义才是保证理解、解释和应用能够内在统一的根本因素。另一方面，如果不能达成视域的融合，意味着读者对一个陌生的、异己的文本不能理解，不能明白文本所诉说的语言和意义，这时文本的视域和读者的视域之间处在一种紧张的关系中，解释此时就不会消逝，作为调解文本与读者关系的第三者，解释就会产生解释学思想。所以说，解释学的消逝性原则就像是一把标尺，判断着一个理解的完成程度。

第二，解释的消逝是通过解释的展开完成的，所以解释的消逝意味着解释不断地进入新的经验中。为了达到读者对文本的理解，解释是最好能够消逝的。伽达默尔说：“进行解释的概念在理解中根本不是主题性的，而是命定要消逝在由它们解释地表达出来的内容之后。……一种解释只有在它能以这种方式让自身消逝才是一种正确的解释。”[2] 要指出的是解释学的消逝不是在一种消极意义上的消失，而是完成意义上使视域达成融合的过程。因为这个过程是读者和诗歌文本进行对谈的时候发生的，所以消逝意味着读者已经进入到了对诗歌新的经验中。对于一般的解释学文本而言，一次解释的消逝和一次的视域融合就是一次理解的完成，通过语言获得了确定性的意义。伽达默尔认为完成这样的一次文本理解，读者就占有了文本所要说的。[3] 可是对于诗歌的解释而言，不是这样，诗歌文本有自己独特的特点。第一，读者根本不能占有文本。诗歌的文本不会消失，无论多少读者对诗歌进行多少次的解释，诗歌的文本不会消失，它是一种“在返回自身时才真正在那儿（Dasein）”的文本。诗歌不是通告，当读者

[1]［德］伽达默尔：《诠释学 I：真理与方法》，洪汉鼎译，商务印书馆，2010 年，第 560 页。
[2]［德］伽达默尔：《诠释学 I：真理与方法》，洪汉鼎译，商务印书馆，2010 年，第 560 页。
[3]［德］伽达默尔：《诠释学 II：真理与方法》，洪汉鼎译，商务印书馆，2010 年，第 442 页。

理解了文本所传达的意义之后，读者就“占有”了这个通告的内容。而诗歌的文本，在理解中，即使解释作为居间者已经消逝了，诗歌的文本不会也跟着失去再次解释的必要性，它具有从读者中返回自身的力量。诗歌的文本可以在不同的当下，一直对读者说话，一直传达出新的意义来，因此，在诗学解释学中解释的消逝，不是理解过程的终止，而是呼唤读者不断进入到新的经验中。

第三，在解释学消逝性原则下，理解有无可能最终完成，所有的解释之词是否会最终消逝？我们已经知道，因为诗歌文本的独特性，对于诗歌的理解和解释似乎是不会最终完成的，因为诗歌会不断地返回自身存在“在那儿（Dasein）”，并且对读者说话，读者会走入一个又一个新的经验中，那么是否这样的解释永远没有尽头？伽达默尔在《美学与诗学：诠释学的实施》中并没有直接回答这个问题，但从伽达默尔一生的哲学解释学的活动来看，他在寻找解释学真理的普遍性和客观性，他想要寻求的是一个意义的最大限度的一体化，让一切的解释（包括诗歌的解释）都能最终完全消逝，理解最终完成。这是一种总体性的历史视域的筹划，但伽达默尔可能会遇见的问题是，每一个进行历史视域筹划的诠释者本身是处在历史视域之中，所以这种历史视域的筹划活动始终是在一个进程之中，那么解释就无法停止和最终完成。如果不想停留在这样无止境的进程中的话则必须建立一种本体论视域，伽达默尔将语言作为他的本体论视域和解释学普遍性的基础，这种语言则不是具体的处在历史与时间视域中的语言，而是语言本身。伽达默尔所希望的是通过语言来完成这种总体性的历史视域筹划，让语言本身使得一切解释的活动止息，一切解释之词消逝，所有的理解最终达成，所有的思想与语言本身达成合一。然而作为本体的语言是否可以完成这样的使命，理解到底有无尽头，仍然是留给后来的解释学家思考的问题。

The evanescence of interpretation: on the poetic Application of Gadamer's Hermeneutics

(zhangshuai, Wuhan University, 430072)

Abstract: Gadamer applied his theory of hermeneutics to poetics. Starting with asking questions, he introduced the reader into the dialogue with the poetic text. In a question-to-answer structure, the principle of hermeneutical cycles plays a full role. The application of hermeneutics cycle will present the integrated meaning from sound, words, sentences to the whole poem, and promote the reader into the new experience of understanding, in which the interpretation disappears. Thus, Gadamer's principle of the evanescence of hermeneutics: only when an explanation is finally able to disappear completely can it become the correct interpretation, because the explanation is fully integrated into the new experience of the poem . The evanescent principle of hermeneutics is closely related to the fusion of horizons and is a criterion for judging the degree of completion of comprehension.However, the questions on whether this process ends or not, whether it is possible that eventual completion of understanding, and whether all the words of explanation will disappear completely still remain for us to ponder.

keywords: The application of Hermeneutics The experience of poetry understand The principle of the evanescence

生物学视阈下的心身问题

柳海涛　郭贵春 *

摘要：在心身问题中，人们习惯认为心灵是大脑必然的自发产物。这意味着只有大脑遵循自然法则，心灵不可能具有自己的进化规则。生物学从语义的视角尝试在生命世界和意义世界的结合中考察心灵，认为心灵是大脑分子机器依据密码规则制造的加工物，而不是大脑自发产生的。和生命的起源有基因密码一样，心灵的起源也有心理密码。因此，不仅神经系统是自然选择的结果，心灵本身也具有基于语义规则的自主性。

关键词：生物学；语义；规则心灵论；密码

心身问题是心灵哲学的中心问题。笛卡儿的二元论奠定了心身问题的基本传统，在这种传统下逐步形成了多种心身关系理论。总体上可以把它们概括为两类：分离主义和反分离主义。分离主义以笛卡儿对意识和物质的严格区分为前提，在此之上讨论心灵与大脑的关系，如同一论、非还原论。反分离主义不赞同把意识与身体分开，主张心灵是在身体、社会和环境的互动中生成的，如当前的具身认知转向。而语义生物学（semantic biology）提供了一种不同的视角，它打破了习惯认为的心灵仅是大脑的自发产物，只有大脑有进化法则的看法。它以生物学的信息语义立场，声称心灵和大脑一样也有自己的进化规则，即规则（conventional）心灵论。因

* 作者简介：柳海涛，1977 年生，河南南阳人，哲学博士，重庆大学马克思主义学院教授，主要从事心灵哲学研究。郭贵春，1952 年生，山西沁县人，山西大学科技哲学研究中心教授，博士生导师，主要从事科学哲学研究。邮箱：lhtsjp@163.com。手机：13594152373。通讯地址：重庆大学马克思主义学院办公室，400044。基金项目：重庆市社科基金一般项目“知觉问题研究”（2017YBZX015）资助。重庆市高校思想政治理论课教学科研示范团队项目。

此，对生物学的相关理论进行梳理，分析它的心灵观，能够丰富和推进对心身问题的认识与研究。

一、心身问题中的分离主义和反分离主义

我们可以把心身问题看作是低层次的大脑神经过程如何引起高层次的心理现象的。因此，它要解释大脑的低层次活动与高层次特征之间的关系。分离主义对心身关系的诠释遵循理智主义原则，认为意识是大脑物理运作的必然结果，试图通过实验和技术手段研究大脑的计算推理过程来解决心身矛盾。长期以来，形成了三种主要的理论和模型：第一，功能主义。把大脑和意识的关系比作电脑的硬件与软件之间的关系，从而对大脑的因果能力进行复制。功能主义在认知科学和人工智能中都有重要影响。它不关心大脑神经状态所产生的意识本身是什么，重视的是神经状态所产生的结果和功能。由于功能主义是对大脑因果功能的模拟，因而它实质上是把机器状态等同于心理状态。第二，计算主义。把大脑神经状态产生心理状态的过程看作是计算过程。假定心灵内部具有对世界的"表征"，并根据"符号计算规则"来操作这些表征，探究意识是怎样经过自然符号的操作而成为可能的。第三，联结主义。认为意识是从大脑神经元和突触的相互联结中产生的。因此仿照大脑神经元的解剖学特点和信息处理方式，通过电子元器件组建平行分布式网络，在一定程度上形成对人脑的模拟。

反分离主义主要是当前的具身转向，包括了生成、嵌入、延展等认知理论。它把意识看作是具身活动，反对分离的思维模式，坚持实践优先。认为在世界中所做的重要于对世界所想的和世界被表征的，理解意识必须要理解生命体与环境的互动，因为心灵是具身性地嵌入环境的。因此，反分离主义对心身问题的处理横跨生物学与社会文化环境。[1] 它主张：（1）生命体是一个自治体，能动地保持它们的同一性。（2）神经系统是一个自治系统。在计算的意义上，它不是处理信息，而是创造意义。（3）复杂的

[1] Daniel D. Hutto. Enactivism: From a Wittgensteinian Point of View [J]. *American Philosophical Quarterly*. Volume 50, Number 3, July 2013.

认知过程产生于主体与世界和他人恰当的互动。（4）认知体的世界不是事先指定的通过大脑所表征的外在领域，而是生成的相关领域。（5）经验不是与主体无关的副现象，而是理解心灵的核心问题。[1]

分离主义和反分离主义在对待心身问题上有不同的世界观念和方法论，但它们有几个共同点：首先，意识的物质基础是大脑。其次，意识是大脑必然的自发产物。最后，它们的焦点都在大脑神经系统的活动规律上。也就是说，只有大脑有生物法则，作为这种生物法则之自发产物的心灵自身是没有任何规则可言的。

二、语义生物学的心灵观

理论结构的语义分析是萨普斯（Suppes：1957，1967）、萨普（Suppe：1974，1976，1977，1978）和范弗拉森（1970，1972，1980）发展起来的一种作为模型或结构分类的表征理论。简单地说，理论结构的语义学方法是一种科学理论内容的形式化方法，它通过识别相关规则、参数和变量来建构特定的模型。[2] 意大利生物学家芭比艾瑞（Marcello Barbieri）认为现代生物学从语义上看待生命就是在生命系统的起源与演化中，有机密码起着核心作用。主要有以下观点：[3]

（1）强调有机密码（organic code）在生命起源和进化中的基础作用。基因和蛋白质不同于无机分子不是因为它们有不同的结构和功能，是缘于它们有完全不同的产生方式。所有无机分子是自我组合形成的，其结构由内部元素决定。基因和蛋白质则通过分子机制产生，即从外部模板按照一定物理顺序排列而构成，它们根据外部指令进行组装。这就使基因和蛋白质不同于普通分子。假若从结构的决定因素来界定天然物和加工物（artifacts）：如果某物体的结构完全由其内部因素决定，那么，该事物

[1] Evan Thompson. Sensorimotor Subjectivity and the Enactive Approach to Experience [J]. *Phenomenology and the Cognitive Science*.(2005)4: 407—427.
[2] Elisabeth A. Lloyd. The Semantic Approach and its application to the Evolutionary Theory [J]. *PSA1988*, Volume 2, pp. 278—285.
[3] Marcello Barbieri. Semantic Biology and the Mind-body Problem: The Theory of the Conventional Mind [J]. *Biological Theory* 1(4)2006, 352—353.

就是天然的。若它的结构由外部决定，它就是加工的。根据这个区分，我们就能说基因和蛋白质是自然材料的加工物，因为它们是分子机器制造的物品。这意味着可以把所有生物对象都看作是加工物，生命也是加工的制作。

（2）基因和蛋白质有不同的生成机制。基因的产生是一个复制过程，而蛋白质是一个编码过程，通过转译工具对基因密码的加工而产生。复制确保了线性信息的传递，短期看是遗传，长期看便是自然选择。编码不仅要求外部模板的线性信息，也需要编码规则，规则创造了不同的对象。因此，编码就是自然法则。复制和编码即自然选择和自然法则，构成了生命的本质。但它们依据的规则和机制不同。编码包含着有机信息，它构筑了有机体的意义。

（3）基因密码不是生命系统中唯一的有机密码。还有其他密码，如拼接密码、凋亡密码等。通常认为，蛋白质合成是基因密码组合的典型例子，但研究发现，许多其他生物过程也具有密码组合的特征。例如，信号传导过程中创造的第一信使和第二信使，任何一个第一信使都与任何一个第二信使相耦合。这表明没有编码规则，就没有生物学的特异性，而这些特征也在其他诸多生物过程中存在。

因此，从生物学的立场看，在地球生物几十亿年的进化历史里，基因密码只是生命历程中出现的一系列有机密码的一个，它们的出现引起了进化的关键事件，心灵的起源便包括其中。心灵就像一个细胞一样，通过两种不同的机制进化：复制和编码，即自然选择和自然法则。[1] 很多生物学家认为心灵的进化只能是自然选择，基因密码是生命世界唯一的有机密码。也就是说，在漫长的生命进化史中，当产生了第一个基因密码之后，就再没有其他有机密码了。

生物学中的心灵观是规则心灵论。它认为心理世界的基础是自然法则，正如生命起源有基因密码一样，心灵的起源也有心理密码。这两种密码所生成的产物之间是平行的，即蛋白质和心理之间是依据各自的规则

[1] Marcello Barbieri. Semantic Biology and the Mind-body Problem: The Theory of the Conventional Mind [J]. *Biological Theory* 1 (4) 2006, 353.

平行运作的。但这种平行是如何可能的？因为蛋白质来自核苷酸基链的组合，是空间顺序的结果。而心理对象由神经激发产生，是时间顺序的结果。换言之，蛋白质是空间对象，心理是时间对象，它们怎么平行？生物学从语义的角度在两者的显著不同中挖掘到了共同的东西：一是它们都遵循线性顺序组合；二是它们组合机制的基础都是密码。所以，心灵不仅有来自蛋白质世界的密码，也有来自意义世界的密码。这样，生物学的心灵观就把心灵扩展到了有机体生命和意义世界中。心理对象是大脑成分根据约定规则组合而成的，不是习惯认为的心灵是大脑必然的自发产物，更不是突现的，也不是计算的结果，而是基于大脑分子机器真实制造过程的自主性意义体。

三、如何理解规则心灵论

规则心灵论的含义是心灵和生物大脑一样，也具有自己的进化规则。这个“规则”与基因编码的规则类似，是心理密码的意义编码规则。根据现代物理学和生物进化论，宇宙完全由被称之为力场中的粒子实体组成，粒子常被组成系统，而系统的界限由它的因果关系所确定。有些系统是碳基有机系统，有些种类的有机系统已进化为神经系统，那些神经系统又进化为我们称之为“心灵”的东西。心灵以许多形式和变种出现，它必然发生在一个机体或某个其他系统的内部。[1] 我们可以把分子水平的生物学理论划分为两大框架：一是关于生物遗传的框架。它解释生物的形态、功能、性状等特征是通过何种机制传给下一代的，以及在这种传递过程中表现出的规律性的东西。另一个是关于生物发生的框架。它关注生物何以按照一定的形式发生并如何发生的问题。例如神经发育、细胞发育等。在这个框架中，它更多表现的是信息确定之后执行信息的过程，属于信息选择以及意义选择的问题。[2] 生物学从语义上在遗传和后天要素之间做了一个清晰的区分。后天被严格限制在基因表达后所发生的过程里。所有胚胎发

[1] 宋凡金：《论实在世界中的心灵》，《齐鲁学刊》，2003 年第 5 期。
[2] 郭贵春、赵斌：《生物学理论基础的语义分析》，《中国社会科学》，2010 年第 2 期。

育的结构是从基因表现开始的，蛋白质合成是典型的后天组合和密码组合例子。但证据表明，这也是其他许多生物过程具有的，如细胞黏合、细胞运动等。所有这些现象在胚胎发育中扮演关键角色，尤其是大脑发育。例如，突触和神经元激发与停止的运动机制，其基础是细胞黏合和基质黏合分子，就像真实的转接器一样实施它们的行为。这些规则具有密码规则的所有特征。[1]

总之，大脑发育的实验研究发现，许多分子的行为像实际的转接器一样，具有自然法则的特征。这表明大脑发育和其他任何解剖学器官相似，是基于有机密码的规则。如果大脑发育的基础是有机密码，这很可能对心灵的发育来说也同样是真实的。这便是生物学在语义上提出规则心灵论的证据和原因。它给我们提供了一个理论框架，心灵是大脑依据密码规则和密码的制造机制从神经激发中自主组合的意义体，而不是大脑随机自发产生的。

心灵是大脑加工物的说法可能不太容易理解。在这里，加工物的定义是：依据密码规则由元素所组装的对象。但这还不能使我们理解加工物的属性是什么，是否有关于它们的特殊的东西。为了更好地理解它，我们举两个例子。首先是数字。很少有人怀疑数是在计算中产生的，计算是自然选择的，因为它有实践优势。在后来的计算中，产生了自然数，又发现了素数、有理数和无理数、实数和虚数以及丰富的数学定理。但在数学的发展过程中，没有额外的实体经由计算产生。这也是为什么一些数学家说自然数是发明的，其他数字规则是发现的，就像它们自己本身已经存在一样。这等于说数学世界是计算的“基因”规则产生的，后来逐步发展出了复杂的系统，具备了另外的后天属性。所以，加工物不能完全由产生它的密码规则来描述，它本身能产生全新的规则。这便是后天规则，因为它们在开始不存在，只在发育过程中出现。再看语言世界。乔姆斯基发现幼儿学习说话时，仅通过从环境中获得的极有限的输入，就能发展出无限多的语法。他认为这说明存在着普遍语法，一种在有限样本中获得无数特殊语

[1] Marcello Barbieri. Semantic Biology and the Mind-body Problem: The Theory of the Conventional Mind [J]. *Biological Theory* 1(4) 2006, 354.

言规则的机制。看起来就好像幼儿的大脑在探索语言世界，通过基本的普遍语法算法“基因”就能产生无限的新规则。[1]

虽然数学和语言有不同的属性和不同的产生机制，但深层有共同的东西：一是都有一个基因算法，这个“基因”能够依据规则产生无限多的加工物。二是它们有一套探索程序，能够发现并形成在开始时所不具有的新颖属性。这就与心身问题密切相关，因为如果心灵仅是大脑自发产生，这意味着它永远不可能有自身的自主性，只是随附于大脑的产物或是副现象。但假若心灵是大脑元素根据规则制造的加工物的话，它就有自己的自治属性。规则心灵论的主旨便在于此，它有两个特点：第一，编码规则是约定的，不是物理化学元素指令的；第二，加工物有后天属性，它能够赋予编码规则以全新特征。一些人会认为心灵的自治性是个幻觉，但生物学认为它是真实的。如果像具身认知主张的那样，神经系统是个自治系统，那么心灵也有自主性，因为它事实上也有自己的意义构成规则。

四、进一步的思考

虽然现在已经很少有人再坚持笛卡儿的实体二元论，但它确定了后来讨论心身问题的基本框架，该框架奠定了在身体与心灵绝对区分的前提下来回答它们之间相互关系的理智主义研究模式。这种模式使后来的心身问题向以下几种理路发展：（1）由于假定了心灵与身体是两种性质根本不同的对象，在此基础上形成了各种解释这两种不同对象之间可能是何种关系的心身关系理论，如平行论、副现象论等。但从另一方面看，这些传统的心身关系理论实际上蕴含在这个前提假定中，除非它们在本体论和认识论上弥合了心灵与身体之间的鸿沟。（2）笛卡儿的二元论继承了西方的理智主义传统，理智主义拒斥超自然现象，拒绝任何迷信与神秘性因素，主张通过严密的科学推理方法获得事物之间的因果关系。在心与身绝对分离的前提下运用理智主义探寻它们之间的因果联系，是当前研究心身问题的主

---

[1] Marcello Barbieri. Semantic Biology and the Mind-body Problem: The Theory of the Conventional Mind [J]. *Biological Theory* 1(4) 2006, 354.

要方式。也可以说，自然主义和理性主义是当代心身问题的基本语境。以具身认知转向为代表的反分离反理智主义尝试从心身一体的进路来解读心灵，实际上也难以摆脱这个基本语境，原因在于它们仍然是运用科学话语和物质精神的二元范畴来建构心身关系，区别只是它把认知载体由大脑转向身体—文化结构，引入了心灵的社会文化背景。（3）如果坚持物质与意识的两大范畴分类，那么在笛卡儿的框架内实际上难以解决心身的因果机制，但又不能脱离这个模式，这就会以理智主义的方式产生不同形式的神秘主义，如内格尔、麦金的理论。内格尔把心身因果难题归结为物理主义的局限；麦金则认为物质性大脑如何产生非物质性意识超出了人的认知界限，即使心身之间存在一种简单的物理规律，人们也无从掌握这种知识。

物质一元论是当今看待世界的主要范式，似乎任何事物都可以按照物理主义来解释。我们也把有机体归为物理世界，不认为物质和生命之间存在二元对立，这即是心身问题在生物学中的表现。生物学提出的规则心灵论主要在于它运用实验推理方式主张心灵具有自身的心理密码，它类似于生命系统中的基因密码。因而，不仅生物大脑遵循基因编码的自然法则，心灵也同样有心理密码的编码法则。这样，心灵就不是大脑的自发产物，而是大脑分子机器按照意义规则构造的加工物。心灵因此而获得了自身的自治性以及在意义规则基础上生成无穷新属性的能力。这便是生物学对心身问题的基本分析，它揭示了心灵在生物限度的基础上如何产生独特的文化意义。

但它的问题在于两方面：一个是实证层面，另一个是哲学反思层面。首先在实证方面需要更多支持心理编码存在的证据。当代分子生物学虽然把神经过程推进到了细胞和分子水平，利用反向遗传学方法制造基因缺损和突变来观察所引起的行为变化。但是，第一，对基因突变所引起的行为变化缺乏有效的综合分析手段。由于机体是一个复杂的有机整体，基因突变引起的行为变化不能简单地用基因表型和行为表型之间的机械对应来解释。它可能还存在更为复杂的因素，如基因突变引起的代偿性变化、基因不同的遗传背景等。第二，在分子水平上对脑的结构和功能有所认识，但无法解释神经系统内的电信号和化学信号是如何处理信息的，基于分子事件的局部神经网络是如何组装起来构成庞大的脑来实现高级功能的。[1] 因此，由于现实手段的局限，生物学还有待加强其主张的实验证据。其次是在哲学层面上，生物学在语义上还需要回答大脑的基因密码和心灵的心理密码是何种联系。这是心身关系的核心问题。规则心灵论认为心灵的起源是心理密码，生命的起源是基因密码。心灵不是大脑的自发产物，是大脑分子机制根据意义规则而组装的加工物。那么更深层的问题依然是大脑和心灵它们各自的密码及法则是怎么关联的，同一的还是平行的？所以，即便生物学揭示了心灵自身具备心理密码的事实，也仍未解释心灵究竟与大脑是什么关系，它仅是转变了问题存在的形式。

结　语

生物学试图从语义角度在有机体的发育和意义世界的结合中来探索心灵的真实形态，把自然选择看作是对意义的选择，因而心身问题不能与进化机制和语义规则相分离。它把心灵看作是通过复制（自然选择）和编码（自然法则）的对偶机制所产生的事件，和生命的起源有基因密码一样，在心灵的起源上也存在心理密码。大脑和心灵都是自然选择与编码法则的双重结果，自然选择只能转换已存在的对象，它保持了物质世界与生命世界的同一性，而编码法则却能带来完全新颖的属性，创造出多样性，从而使得物质世界产生心灵属性成为可能。因此，生物学从语义的视角对心身问题的分析既保留了世界的物质统一性，又赋予了心灵以自主性和丰富性。不过，正如芭比艾瑞自己所说，心灵的起源不仅是个系统发生的问题，也是个体发生的问题。由于心灵的起源类似于生命的起源，身体与心灵都通过胚胎发育形成，所以只有当我们发现在身体的胚胎发育过程中心灵是如何产生的，才可能获得关于心身问题更深刻的认识。

---

[1] 杨雄里：《脑科学的现代进展》，上海科技教育出版社，1998 年，第 173—174 页。

Mind–Body Problem in The Semantic Biology

(Liu Haitao, School of Marxism, Chongqing University, Chongqing, 400044; Guo Guichun, Research Center for Philosophy of Science and Technology, Shanxi University, Taiyuan, 030006)

Abstract: In the mind–body problem, people used to argue that the mind is the necessary spontaneous product of the brain. This means that only the brain follows the laws of nature, and the mind cannot have its own evolutionary rules. Semantic biology examines the mind from the combination of the world of life and the language world, believing that the mind is the artifacts of the brain machine made based on the rule of code. As the origin of life has genetic code, the origin of mind also has its psychological code. Thus, not only the nervous system is the results of natural selection, the mind also has autonomy properties.

Keywords: Semantic Biology, Conventional Mind, Artifacts, Natural Convention, Code

“易碎”与“勇敢”
——物理倾向与心理倾向的差异

刘小涛 *

摘要： 什么是倾向？倾向和虚拟条件句之间有何关联？当代哲学争论已表明这些问题特别困难。研究者们一般主要讨论诸如易碎、可塑、导电这样的物理倾向，并且一般假定，对于倾向相关的哲学问题，可以期待一种统一的最终解释。首先，本文简要阐述条件句分析的基本观念；其次，我讨论区分不同倾向的三种方式：概括的倾向和确定的倾向，要求特征表现的倾向和不要求特征表现的倾向，物理倾向和心理倾向；然后，以“易碎”和“勇敢”分别作为物理倾向谓词和心理倾向谓词的典型案例，我尝试阐明心理倾向和物理倾向在因果基础，刺激条件，特征表现，以及两类谓词在语义学和认识论上的差异，以期表明，倾向的多样性抵制对倾向做统一的解释。

关键词： 易碎；勇敢；倾向；条件句分析

中图分类号： B15 **文献标识码：** A

一、引　子

在哲学文献里，人们常常认定，倾向（dispositions）有些一般性的方面，并且，倾向陈述也都具有一般性的语言形式和逻辑形式。这意味着，对于倾向本体论状况的说明，对倾向谓词的应用条件的分析，对倾向陈述

* 作者简介：刘小涛（1980—　　），男，湖南耒阳人，哲学博士，上海大学社会科学部哲学系副教授，主要研究方向：科学哲学、分析哲学、知识论、语言哲学。基金项目：教育部规划基金项目“信念的理智主义解释研究”（项目号：18YJA720007）。

的语义说明以及跟倾向相关的其他一些形而上学和认识论问题，我们都可以且应该期待一种统一的解说。比如，关于倾向谓词的语义，支持倾向的条件句分析的哲学家的典型主张认为，“关于它们（倾向谓词）意谓着什么（也就是我们认为的它们的应用条件），我们所有能说的东西，都可以通过条件句说出来”。[1]

实际上，关心倾向的哲学家几乎都认定，如果获得了一个关于倾向的成功分析，那么它就会适用于所有不同类型的倾向。[2]

按照我们的观察，根据某些不同的特征，我们可以识别出多种不同类型的倾向。不管是从经验的角度看，还是以一些哲学分析作为基础，都可以看到不同类型的倾向谓词彼此表现出特别大的差异。这些差异强烈地向我们建议：在过去的探究过程中，人们可能对倾向的多样性没有予以足够的尊重；进而，这种多样性容易导向一种后期维特根斯坦式的反本质主义立场，它怀疑对不同类型的倾向做统一解说的可能性。

接下来的讨论，首先，我们着眼于一致性，铺陈倾向的哲学讨论看来已经获得“公认”的某些一般方面，即条件句分析的基本观念。其次，我们阐述哲学文献里出现的两种倾向谓词分类：概括的倾向谓词和明确的倾向谓词；要求倾向特征表现的谓词和不要求倾向特征表现的谓词。再次，以“易碎”和“勇敢”作为典型案例（它们分别代表典型的物理倾向谓词和心理倾向谓词），我们探究这两类倾向谓词的一些重要差异，以期表明，这两类谓词的差异有特别重要的语义学和认识论蕴含，它们还没有得到条件句分析方案拥趸的足够尊重。在策略上，值得作出补充说明的是，我们大体采纳了蒯因的“语义上升”建议。根据这一建议，与其讨论本体论上的存在物，不若先探究谈论这些对象的语词。

[1] Mellor, D., 2000, “The Semantics and Ontology of Dispositions”, *Mind*, 109: 757—780, p. 761.

[2] 参吉尔伯特·赖尔（1949）、尼尔森·古德曼（1983）以及史蒂芬·芒福德（1998）。

二、倾向的一般分析方案

要给倾向一个定义，或者给任何一个倾向谓词一个定义，都是挺困难的事情。

在《心的概念》里，赖尔曾从正反两方面提供了些说明。从正面讲，说一个人有某种倾向，就是说，“他在需要时能够做某些事情，或者他在某些情况下倾向于做某些事情或感受到某些东西”[1]。（Ryle, G., p. 100）或者，一个倾向陈述论及的是“所提到的对象——不论是人还是动物——具有某种能力、趋势或癖好，或者是遵从某种趋向性”。（ibid., p. 123）从反面讲：“说一个词是表示一种倾向的倾向词无非是说它不被用来描述事件，除此再无其它更多的东西。”（ibid., p. 116）于后续讨论，我们假定，赖尔的说明提供了辨识一个倾向以及一个倾向陈述的粗略标准。

以几乎完全一样的意思，古德曼在倾向谓词和显现谓词之间做出区分。按照古德曼的观察，“确实，几乎任何一个通常认为是描述一个事物的一种持续的客观特征的谓词，都是一个十足的倾向谓词。要发现事物的非倾向谓词或显现（manifest）谓词，我们必须转向那些描述事件的谓词——诸如‘弯曲’，‘破碎’，‘燃烧’，‘溶解’，‘看上去是黄的’，或者‘检测起来是方形’。运用这样一个谓词，就是说正在谈论的事物真实地发生了某事；而运用一个倾向谓词则仅仅是说什么能够发生”[2]。（Goodman, N., p. 41）

因为认识到倾向不能用于描述发生的事件（不能作为显现谓词），对于倾向陈述的语义解释，赖尔拒绝“把包含倾向词的语句解释为对特定的但却看不见的事实的报道”的做法。相应的替代选项是解释为“可检验的，开放的假言陈述，和我将称之为‘半假言陈述（semi-hypothetical statement）’的陈述”。（Ryle, 1949, p. 117）在赖尔的整个行为主义心灵哲学里，不妨说这两个论题一个是破坏性的，另一个是建设性的。前者旨在

---

[1] Ryle, G., 1949, *The Concept of Mind*, London: Hutchinson. Pages references are to the 2009 republication, NY: Routledge.

[2] Goodman, N., 1954, *Fact, Fiction and Forecast,* Cambridge, Mass.: Harvard University Press.

驱赶“机器里的幽灵”，即根据发生在心灵里的隐秘的事件、过程来解释人的理智行动的笛卡儿式立场；后者则是行为主义的替代解释，用关于行为倾向的谈论来解释（或者说替代）所有关于心灵的谈论，进而诉诸可观察的外部环境、刺激条件和行动者的实际行动来解释倾向，以及心理倾向和行动之间的关联。

赖尔用于分析倾向的“假言陈述”在当代惯常被称为反事实条件句；以赖尔的想法为代表的倾向谓词的语义解释方案则被称为“条件句分析”。按照这个思路，倾向陈述可以分析为条件句，或者说一个倾向谓词的语义可由条件句给出，即可以通过引入一个前件和后件分别阐明倾向的激活条件（activating conditions）和倾向的特征展现（characteristic manifestation）的条件句来解释一个倾向谓词的语义；实际上，这个条件句也是对包含该倾向谓词的倾向陈述的语义（成真条件）的阐明。用一个实例来阐释的话，即倾向陈述“O 是易碎的”相当于说“如果以某种力度敲打 O，O 就会破碎”。这一基本观念，可以半形式化地表达为：

> 对于任意对象 O，O 是易碎的，当且仅当，如果以某种力度敲打 O，O 就会破碎。

以“D”作为倾向的形式名称，以“S”作为激活条件的形式名称，以“M”作为倾向特征表现的形式名称，上述等式可以更抽象地表述为：

> 对于任意对象 O，O 有倾向 D，当且仅当，对一组刺激条件 S 和特征表现 M，当条件 S 满足时，则 O 就会进入或保持状态 M。[1]

根据理论的目的，这个一般性的分析原则应该可以用来分析特定对象的特定倾向。以一个易碎的玻璃杯为例，应用这一分析原则的结果是：一个玻璃杯是易碎的，当且仅当，如果以某种力度敲打它，它就会破碎。自然，它是上述一般性分析的一个实例。

作为分析项的条件句不包含待分析的倾向谓词，但是包含对倾向的激

---

[1] 在许多讨论倾向的文献里都可以发现类似的表述，比如：Armstrong, D.M., Martin, C.B. & Place, U.T., 1996, *Dispositions: A Debate*, London: Routledge; Mumford, S., 1998, *Dispositions*, Oxford: Oxford University Press.

活条件和激活条件所产生的事件的说明，它们看起来都是可观察的；说它是反事实条件句，是因为分析项中的假言陈述的前件和后件单独看来都不真确，玻璃杯易碎并不要求玻璃杯实际上已经碎了或者是正在被敲打（实际上，许多易碎的玻璃杯并没有被敲打也没有破碎）。以更易理解的非倾向性术语来解释倾向性谓词以企及一种可理解性，条件句分析确实在一定程度上提供了理智安慰，至少，它比假定一种不可观察的性质或隐秘的事件来得可把握些。

为了方便后续讨论，我特别想提醒的是，倾向的条件句分析可以理解为（或者说蕴含）几个论题：首先，它是关于倾向（或者说一个特定倾向）究竟是什么东西的一个形而上学论题；其次，它是一个关于倾向谓词的语义学论题，陈述了运用一个倾向谓词来谓述某对象的充分必要条件，并且，在成真条件语义学的框架下，它就是判断一个倾向陈述真假的尺度；再次，如果倾向的条件句分析是对的，那么，一个倾向陈述允许人们在条件句的前件满足的情况下作出预测并且为特定现象的发生提供解释（这一特征使得倾向、因果性、定律等科学哲学论题紧密关联起来），在这个意义上，条件句分析也是一个关于倾向陈述的认识论论题。

三、倾向谓词的若干类型

倾向的条件句分析方案有许多困难。研究者想到了许多实例，可以使得等式的一个实例两边不等值。导致这些困难的一个原因，正是因为许许多多的谓词都是倾向谓词，并且，这些谓词彼此在不同的方面表现出明显的差异。或许，梳理不同类型的倾向谓词以及它们的相应特征，是提供一个一般性的倾向理论的必要步骤。

针对倾向谓词，可以根据谓词不同方面的特征来进行分类。出于当前关切，我们讨论三种有启发性的分类办法。第一种分类依据的是谓词的概括程度，即赖尔在概括的谓词和明确的谓词之间作出的区分。第二种分类主要是认识论的，即对于倾向归属而言，是否要求对象表现出倾向的特征（也就是反事实条件句的后件所描述的特征、事件或行为）。看起来，有些倾向谓词要求倾向特征的表现，有些则不然。第三种分类主要考虑谓词所谓述的对象之间的差异，简单说，是要在物理倾向谓词和心理倾向谓词之间做出区分。[1]

赖尔注意到，有些倾向谓词是非常概括的或者是可以限定的；有些倾向谓词则是非常明确的或已经限定的。（Ryle, G., p. 102）像“软”“易碎”“傲慢”“勇敢”之类的谓词概括性非常强，人们可以用它们来描述异质的对象的反应或行动；或者说，它们的特征表现形式非常多样。一块玻璃易碎；一个陶瓷罐易碎；一个豆腐渣工程的桥梁易碎；对孙悟空而言，一座铁塔可能也易碎；有时候，我们甚至还会说，我的心易碎；……看起来，并不存在一种唯一的标准使得我们判断某种玻璃或者某座桥梁是否易碎；也并不存在一种标准的行动或反应，使得我们可以判断某个人是否傲慢，或者是否勇敢。钢化玻璃比起普通玻璃很不易碎；但作为总统座驾的保护设备，总统或许还是嫌它易碎。用“易碎”来谓述一块玻璃，其恰当性既依赖于玻璃的结构，也依赖于特定的目的、需要、谈话方式等语境因素。考虑到这类谓词的概括性，似乎，想用一个条件句来刻画一个倾向谓词的含义就是不可能的；或许，我们需要使用一个开放的条件句才能揭示这些倾向谓词的全部含义。

相较之下，有些倾向谓词则非常明确，不那么具有概括性，它们只能用来描述特定对象或者特定的行动；或者说，用来分析这些倾向的条件句中的后件仅仅描述一种反应或一个明确的行为。比如，考虑赖尔的“反刍”“抽烟”等案例。根据条件句分析，则“X 抽烟，当且仅当，在某些时间、某些场合，X 会点起某种烟草抽起来”；“X 反刍，当且仅当，如果它食了草料，那么它会在一段时间后将胃里的草料吐出来重新细细咀嚼”。这里的关键在于，对这两个实例而言，如果等式右边的语句是对相应倾向谓词的恰当分析，那么，它们就是唯一恰当的分析（当然，应忽视某些认

[1] 根据不同标准，还可以区分出不同类型的倾向。比如，史蒂芬・芒福德就还区分过抽象对象的倾向和具体对象的倾向；奠基于对象的构成部分的倾向和不是奠基于对象的构成部分的倾向；自然物的倾向和人造物的倾向。（Mumford, S., 1998, Dispositions, Oxford: Oxford University Press）

知上不很重要的语力、语调以及修辞上的差异)。

概括的谓词和明确的谓词有些语义学和认识论上的重大差异。对于明确的倾向谓词而言，它的意义比较好把握；我们判断一个倾向陈述的真假的办法也比较明确。如果 X 食了草料之后从来不做反刍的动作，或者 X 在任何时候，任何地点都不抽烟，那么相关的倾向陈述就是假的。然而，相对这些简单的分析，概括的倾向谓词情况就会复杂很多。当用“易碎”来描述不同对象的时候，它可能具有不一样的意义；并且，如果没有一种单一的标准来判断某物是否易碎或者某人是否勇敢，那么，就没有一种特定的情况可以允许我们说，反事实条件句的前件满足，但后件不满足，所以相应的倾向陈述是假的。用符号逻辑的话说，它讲的是，以下等式：

对任意一个 X，X 有倾向 D，当且仅当，如果 S_1，则 C_1，或者如果 S_2，则 C_2，……或者如果 S_n，则 C_n。

它右边任意一个选言支(或者多个，但不是全部)为假都不能让我们作出“X 有倾向 D”为假的判断。

值得补充的是，考虑到价值判断中的谓词大多是非常概括的倾向谓词，比如“勇敢”“节制”“仁爱”等等(“慷慨”“守信”可能是相对明确些的倾向谓词)，也许可以认为，这些倾向谓词的概括性是造成价值领域(比如历史人物的评价)里一些困难问题的重要原因。

在认识论上，根据倾向的归属是否要求所谈论的对象表现出倾向的相应识别特征，也可以作出有效区分。有些倾向的归属，不要求对象表现出倾向的相应特征。例如，说一个玻璃杯易碎，并不要求这个玻璃杯破碎过或者已经破碎。在玻璃杯造出来之后，了解玻璃的构造或有经验的技术工人就会在它的包装箱上印上“易碎”的字样。同样地，“软”“硬”“有磁性”“能溶于水”这样的谓词也是一样。对这类谓词，可以说，关于对象的微观结构(或者说倾向的“基础”)的知识是作出倾向归属的充分条件；并且，对象是否具有特定微观结构决定了一个倾向陈述是否为真。

相较之下，像“勇敢”“慷慨”“抽烟”“喜欢游泳”之类的谓词，一定要求对象曾经做过相应的特征性行为，才能作出倾向归属；当然，这仍不意味着该倾向陈述就是真确的。比如，倘若一个人从没做过任何谈得上勇敢的行动，人们就不会说他勇敢；只有在某人曾经勇斗歹徒，或者英勇杀敌，或者勇敢地反抗社会钳制之后，说他“很勇敢”才算恰当。[1] 用赖尔的话说：“除非存在着反刍和吸烟这样的过程和事件，否则就不可能存在反刍的倾向和吸烟的习惯。”（Ryle, G., p. 117）

特别引人注意的是，对上述类型的倾向谓词，关于对象微观结构的知识看起来对于倾向的归属没有太大帮助。显然，一个熟悉人体生理构造和神经系统运作方式的医生或者脑神经科学家没有办法根据他的知识来判断——就像化学家判断玻璃杯易碎那样——某个人是否勇敢。这么说，或许不具有完全的普遍性。人们可以质疑说，经验上，我们知道，可以通过医学手段来控制或消除某人“易怒（或性欲强烈）”的倾向，这至少表明某些倾向和特定生理基础之间的紧密关联。尽管这样，稍加限制，我们仍然可以很安全地说，对于某些倾向谓词，关于对象微观结构的知识不是作出倾向归属的充分条件；但是，关于对象的倾向特征表现的知识则是必要条件。

根据倾向谓词所谓述的对象的区别，哲学家们还常常区分物理倾向谓词和心理倾向谓词，前者谓述一个物理对象，后者谓述人的心理—行动特征。比如，“易碎”“易溶”是物理倾向谓词（我们假定“心易碎”是个隐喻）；“勇敢”“易怒”是心理倾向谓词（暂不考虑动物的“勇敢”是一种真实的倾向还是一种基于意向性立场的工具性说法）。接下来，我们重点讨论这两类谓词之间的一些差异，这些差异会在前述两种区分的帮助下变得明显起来。

四、物理倾向谓词和心理倾向谓词

不必要承诺一种笛卡儿式二元论的立场，单从经验和哲学分析的角度讲，就有充分的理由帮助人们将物理倾向谓词和心理倾向谓词区分开来。要预先加以限制的是，人们常常能举出许多稀奇古怪的物理倾向和心理倾

---

[1] 如果“勇敢”是“英雄”的一个定义特征，那么，在统计的意义上，一个祥和安宁的社会就必定是一个缺乏英雄的社会。

向的实例；接下来，我们的行进策略仅仅是，假定“易碎”和“勇敢”分别是典型的物理倾向和心理倾向（或者至少代表了相当数量的物理倾向和心理倾向），在不利用它们的某些特殊性质的情况下，希冀通过对它们的讨论获得些关于相同类型的物理倾向谓词和心理倾向谓词的一般性看法。

区分物理的东西和心理的东西，这一悠久的哲学传统为我们区分谈论一个物理对象的倾向的谓词和谈论一个心理倾向的谓词提供了基本理由。一个笛卡儿式的二元论者，或者一个认识到物理现象和心理现象之间重要区别的哲学家，会很自然地将谓词分成物理谓词和心理谓词。区分物理倾向谓词和心理倾向谓词，另一个最明显的理由与倾向的基础（base）相关。

艾萨克·列维和西德尼·摩根贝沙注意到：物理倾向必然有一个“基础”，所有物理倾向的基础就是倾向谓词所谓述的对象的微观结构；然而，在“基础”的相同意义上，我们至今还没有办法为心理倾向提供类似的基础。[1] 至今没有办法提供类似的基础，还不能推论说心理倾向就必然没有基础；但是，不妨从正面来分析，何以为心理倾向提供基础如此困难。

如果像赖尔一样，将“反刍”“抽烟”称作是行为倾向谓词，那么，这样的谓词看起来有对应的生理基础；它们是明确的倾向谓词，常常对应一种特定的反应或行为。然而，大部分心理倾向谓词的情况都复杂很多。对于类似“勇敢”这样的谓词而言，不同的个体可以例示相同的倾向类型（type）；但是，不同的个体在身—脑的微观层面有非常大的区别，并且，他们可能有非常不一样的信念、欲望和生活历史。诚然，不同的人在生理、身—脑的功能和结构上有非常相似的地方（比如大脑的功能分区，或者特定区域之间联系的模式），但这些相似之处对于说明他们何以都能例示相同的倾向类型全然没有帮助。从经验的角度讲，设想张三原本贪生怕死，在将生死置之度外之后，他可以从“懦弱”变得“勇敢”；从这个例子看来，张三的行动倾向发生变化，并不是因为他身上某些微观结构发生了有趣的相关改变。

一些宗教信念、一些政治信念、追求真理的意愿、保护爱人的动机、

[1] Levi, I. & Morgenbesser, S., 1964, “Belief and Disposition”, *American Philosophical Quarterly* 1(July): 221—232.

某些潜意识的驱使，甚至某些邪恶的念头都可以使得一个人很勇敢。[1] 看起来，某些特定心理倾向（比如“勇敢”“支持某个团体”）是复杂的信念、欲望的产物。但是，这些信念和欲望可以复杂到这种程度，以至于我们没有办法确定什么样的信念和欲望是特定心理倾向的充分必要条件；在勇敢这样的倾向和主体的特定身—脑结构之间，完全没有易碎和玻璃的微观结构之间所具有的那种依赖或奠基关系。

有一种分析认为：勇敢是一种由一些子倾向（subdispositions）构成的复合倾向。说它是复合倾向的理由是，构成勇敢的一个必要条件是感知到特定环境的危险。比如，考虑一个小孩子（或一只动物），她在对危险全然无知的情况下做出某个行动。虽然她的行动或许跟一个勇敢的行动很相似，但因为行动者对环境的危险和可怕根本没有产生认知，这种情况下，我们不会说她很勇敢。进一步，有研究者建议说，勇敢至少由两个子倾向构成：将某种环境表征或认知为具有危险性的倾向；针对危险的环境或心理的恐惧做出恰当反应的倾向。[2]

这种分析有些教益，但还不能完全令人满意。首先，在要求必要条件的意义上说勇敢是复合倾向过于贫乏，似乎，任何人的任何心理倾向都可以根据上述方式分析成一个复合倾向，因为任何心理倾向的展现都必然还要求其他条件的实现。其次，说勇敢一定要求对“环境的危险”的认知，这会把“勇敢”的适用范围弄得非常窄。勇敢地探究一个科学领域、勇敢地追求一个姑娘、或者勇敢地走上讲台作个公开演说，我们不知道这样的行动为什么需要一个“危险的”环境；它们之所以勇敢可以仅仅是因为主体克服了某种困难或障碍。再次，既然目标是要获得对“勇敢”这种倾向的一种分析，进而根据这些典型情况来获得一般性的倾向谓词的语义分析方案，如果分析的结果仅仅是表明，“勇敢”这种倾向由另外一些至少看起来更难认识的倾向构成，那么，这种分析就要么需要一种隐藏的循环（假定对子倾向的语义有一种解释），要么就不过因为将问题弄得更复杂而推迟了问题的解决。

---

[1] 或许，一些德性论者会认为像“勇敢”这样的美德不能产生于邪恶的念头。

[2] Mumford, S., 1998, *Dispositions*, Oxford: Oxford University Press, p. 8.

有些物理倾向谓词具有很强的概括性，并因此也给倾向基础的确定带来麻烦。比如，要确定“有弹性”的物理基础就是件困难的事情。不过，概括性的物理倾向谓词造成的麻烦在性质上区别于概括的心理倾向谓词。对于后者，人们常常有判断一个人是否勇敢的直觉判断，但不知道“勇敢”和心理—生理基础之间的特定联系如何。对于前者，麻烦之一在于如何根据语言的习惯用法确定“有弹性”这个谓词的范围（日常，人们说一个乒乓球有弹性，但不说一个铅球有弹性），在语言的用法确定之后，“有弹性”所对应的物理基础就不过是件科学上并不玄奥的事；或许，可以借用古德曼的话说，这本质上是一个关于谓词“加固（entrenchment）”的问题。

易碎的倾向在形而上学上依赖于玻璃杯的微观结构，倘若引入一个形而上学概念，我们不妨称这种关系为形而上学意义上的“奠基关系”。主体的身—脑结构和勇敢的倾向之间的奠基关系究竟怎样？或者说，“勇敢”这一倾向的基础究竟是什么？我们还缺少特别有说服力的见解。这个令人尴尬的现状进而导致了这两类谓词在语义学和认识论上的一些差异。

就倾向谓词的运用条件而言，根据前述倾向谓词的分类，像“易碎”这样的倾向谓词不要求所谓述的对象表现出倾向的实现特征。这也就是说，要使得“玻璃杯 a 易碎”为真，并不要求玻璃杯 a 真正破碎。相较之下，“勇敢”这样的谓词的运用，则要求所谓述的对象表现出倾向的特征。说张飞勇敢，乃是因为张飞在特定环境里的行动很勇敢，换言之，张飞曾表现过勇敢所要求的某些特征。对一个从来没有做过任何勇敢的行动的人，将勇敢的倾向归属给他是不合适的；就像不能说一个从来没有显得懦弱的人懦弱一样。因而，用“易碎”和“勇敢”来谓述不同的对象的时候，这两个谓词就还有些不同的语用蕴含。“易碎”这个词意味着人们可以对对象的“内部结构”作出某种猜测或推断；“勇敢”则提示人们，所谓述的对象曾经做出过称得上勇敢的行动。

如果我们的判断是对的，那么，“玻璃杯 a 易碎”和“张三勇敢”这两个陈述的成真条件就有些区别。一个从没有破碎过的玻璃杯不妨碍我们说它易碎；但一个从来没有表现得勇敢的人就无法说他勇敢。看起来，对于“玻璃杯 a 易碎”，我们对它的成真条件有一种简便的把握，但对“张三勇敢”的成真条件的把握则还依赖于对“勇敢”所作的语义解释。因为对“勇敢”的语义没有一种满意的解释，我们就也不清楚“张三勇敢”这个陈述为真的充分必要条件怎样。意识到它和“玻璃杯 a 易碎”之间的差别，也许，还只是一个思考的起点。

因为这个原因，使得“玻璃杯 a 易碎”和“张飞勇敢”这两个陈述的辩护条件也很不一样。虽然它们都具有描述性的特征，在形式上，都是用一个谓词谓述一个特定的对象；进而可以一般性地说，如果谓词所谓述的对象满足谓词所表达的概念，则该倾向陈述就是真确的。对于当前讨论，一个知识论上的教益是，一个陈述的成真条件和辩护条件可以不相同。如果向一个作出上述两个倾向陈述的人（假定他足够博学）要求理由或辩护的话，前者的理由大抵会是“玻璃具有某种微观物理结构，具有某种微观结构的东西都很容易碎”；后者的理由大抵会是“张飞英武非常，一杆蛇矛，勇冠三军；曾于长坂坡桥头，吼退曹操百万兵”。一个心理倾向陈述的辩护条件要求表明所谓述的对象曾经表现过倾向的显现特征；但一个物理倾向陈述则未必需要。

说玻璃杯 a 易碎，并不要求 a 曾经破碎或已经破碎；一般性地说玻璃杯易碎，也并不要求某特定玻璃杯 a 确实易碎。正是这个原因，促使古德曼说，玻璃杯易碎这样的概括陈述具有似律（lawlike）特征；对一个概括陈述的接受与否，独立于任何一个该陈述的特定实例的接受与否（但并不独立于所有实例的确定）。比如，张阿姨失手将手中的玻璃杯掉在地板上，令人惊讶，这个玻璃杯没有碎。玻璃杯没碎的事实并不否认“玻璃杯易碎”这个似律概括。

知道玻璃具有特定微观结构，就能很自然地判断说任何一个具有这种微观结构的实例都易碎。如果将某玻璃杯 a 易碎看作是玻璃杯易碎这个一般陈述的一个实例，这样，玻璃杯 a 易碎就有了某种先验的味道。“先验”这个词目前的用法有点特别，我的意思是，它可以从所有的玻璃杯易碎这个一般陈述和 a 是玻璃杯这个陈述演绎地推出来；并不依赖于对玻璃杯 a 本身破碎与否的经验观察。对于玻璃杯 a 易碎的判断，逻辑起了特别重要的作用。要注意的是，以我有限的见识，古德曼没有特别考虑心理倾向谓词的情况，准确地说，他的意思仅仅是，一个概括性的物理倾向陈述的确证不依赖于它的特定实例。

相较而言，既然一个心理倾向谓词的运用要求所谓述的对象表现出倾向的实现特征，就最好将心理倾向陈述看成是描述性的，是根据对倾向谓词所谓述的对象的观察所做的经验性归纳；相应地，一个心理倾向陈述的真假很大程度上取决于所描述的对象是否展现了倾向谓词所要求的倾向特征。人们可能质疑说，一个心理倾向谓词也可以用来谓述所有的人（从而具有似律特征），比如，人是理性动物；进而，"a 有理性"也可以看作是"所有的人都有理性"的一个实例或一个推论。对这个质疑，我的回应是，我不知道有什么办法，能够使我们将一个不贫乏的心理倾向陈述看作是演绎推理的产物；说不贫乏，我指的是，能推出类似"a 很勇敢"或者"a 很多疑"这样的关于 a 的有认知价值的结果，而不止于"a 有理性"或"a 是智能动物"之类的一般陈述。

上述段落的"很大程度"需要进一步解释，之所以用这样一个程度性的概念，是因为我注意到，一个心理倾向陈述应对证伪的能力比一个物理倾向陈述要强许多。曾经使过空城计并不使得"诸葛亮一生谨慎"这个倾向陈述为假；一个将军在夫人面前唯唯诺诺，但还可以在疆场折冲先登。人们并不需要采纳蒯因式的确证整体论，就能欣赏到心理倾向陈述对抗顽强经验的能力。

这个区别会进一步蔓延，进而影响到两类陈述的推理功能。根据一个倾向陈述，人们常常能作出些推断。例如：既然知道玻璃杯易碎，若看见一个玻璃杯从窗台往水泥地面掉下去，就能推断这个玻璃杯会破碎。司马懿根据诸葛亮一生谨慎的倾向，就能够推断，他进攻曹魏的行军路线是兵出祁山，因为这是最保险的路线。倾向陈述的这一功能，被赖尔称之为"推理票证（inference ticket）"功能（古德曼称之为"推理许可证"功能）。

顺着条件句分析的思路，人们常常这样解释一个基于物理倾向判断的推理的合理性。一方面，人们认定，玻璃杯"易碎"，乃是因为玻璃具有特定的微观结构，它们构成"易碎"这种倾向的"基础"；特定的微观结构（易碎的倾向）和它掉落地面或经敲打后破碎的事件之间有稳定的关联。另一方面，在形式上，用来分析倾向的条件句具有“定律”的形式（假言陈述的形式）。用于分析倾向的反事实条件句受定律的支持，该定律陈述玻璃杯易碎的倾向和它在被敲打之后破碎之间的因果联系。这种因果联系既是推理有效性的保证，也是作出合理预测的基础。我们不妨分别将它们称为倾向陈述推理合理性的形式限制和内容限制。

在形式上，心理倾向陈述和物理倾向陈述没有实质性区别。看起来，条件句的形式能够赋予两类陈述以同样的推理许可功能。但让人恼火的是，仅仅是形式上满足要求还不能保证推理的合理，很显然，对于实际的推理过程，人们不会满足于实质蕴含的贫乏。若考虑内容上的限制，就可以看到心理倾向陈述和物理倾向陈述之间的一个重要差异。

对于一个心理倾向陈述，如上述，倘若不能确定该心理倾向的基础，相应地，就没有一种办法刻画心理倾向和心理倾向所导致的特定行动之间的因果联系。进而，也就无法根据心理倾向来作出类似的预测——给定条件 C，X 必然会如何如何。简言之，如果说“X 必然会破碎”这个陈述里的模态词表达了律则（nomological）意义上的必然性；那么，一个心理倾向报道语句不必然蕴含这种律则必然性。虽然诸葛亮一生谨慎，但他也可以有唱空城计的时候；X 有抽烟的倾向，但是，说 X 在某个时候必然抽烟，这个陈述中的“必然”要么改变了含义，要么是没有意义的。

当然，过度概括化上述论点可能有一定风险。一个原因在于，心理倾向也可能包含某些特别的案例，在一定的解释下，它们或许可以充当反例。比如，所有的佛教徒都尊崇佛陀。因为宗教教义的严格性，他们的尊崇倾向为行为预测提供了类似律则必然性的替代物。然而，即便对于这一案例而言，严格的宗教教义和戒律仍然和自然律有重要差异。我能想到的一个真正有说服力的案例是生物学家康拉德·洛伦茨所谓的“绝地反应”。当一些生物（包括人）面临攻击者的捕杀或攻击，又身陷绝境无处可逃的时候，它们免不了会在求生本能的驱动下奋起反击，作困兽斗。如果用一个心理倾向谓词来描述处于这种情况下的人的话（比如“死勇”），根据这种倾向的归属来进一步预测行为，大抵是不会出错的；因为生物学揭示的因果关系在倾向描述和行为的预测之间搭建了律则性的联系。

五、结 语

“易碎”与“勇敢”之间的一些对比，像一个路牌，指示我们去进一步探究与倾向相关的种种问题。比如，心理倾向与其生理基础之间有何关联，如何更系统地说明心理倾向报道语句在解释和预测行动方面的独特性，等等。不过，在进一步探究之前，对倾向作更细致的分类和描述，乃是十分必要的。

如果我们的观察和分析有合理之处，那么，一般地讲，当考虑“勇敢”和“易碎”之类的典型倾向的时候，在心理倾向和物理倾向之间，存在这样一些特别重要的差异：（1）物理倾向有明确的倾向基础，但我们还不清楚心理倾向的基础是怎样的；（2）心理倾向谓词的运用要求所谓述的对象曾展现过相应特征表现，而物理倾向谓词则不然；（3）对一个心理倾向陈述的辩护，需要援引对象过去的行为，对一个物理倾向陈述的辩护则不需要；（4）物理倾向陈述允许我们就对象的未来事件作出预测，但心理倾向陈述不必然蕴含一个关于行动者未来行动的预测。

基于典型案例的观察很可能在处理一些边缘案例的时候遇到困难，不过，边缘案例的顽强抵抗未必与上述观察相矛盾；或许，正如蒯因所云，它取决于我们如何调整信念之网。心理倾向和物理倾向的诸多差异，让我们有足够强的理由怀疑一种统一的倾向分析方案（比如条件句分析）是否可能，以及在自然科学和社会科学中，是否有一种统一的倾向解释模式（如亨普尔所建议的那样）。这些问题的许多方面，都还有待进一步的勘探。

“Fragility” and “Bravery”

(Liu Xiaotao, Philosophy Department of Shanghai University, 200444)

Abstract: It has proven difficult to articulate what dispositions are and how they are related to subjunctive conditionals. Debates in philosophical literature tend to focus on typical physical dispositions such as fragility, elasticity, conductivity, etc. It is assumed that there would be a unified account of all issues related to all kinds of dispositions. In this paper, first, I briefly expose the basic idea of the so-called simple conditional analysis. I then identify three illuminating classifications of dispositional predicates, i.e., Ryle's distinction between specific or determinate dispositions and generic or determinable dispositions, dispositional predicates which require their manifestation and which do not, and the distinction between physical disposition and psychological disposition. Focusing on typical physical disposition and psychological disposition, taking bravery and fragility as examples, I then argue that there are noticeable differences between their causal bases, manifestations, and stimulus conditions; these differences imply semantic and epistemic differences of their verbal expressions as well. I conclude that the diversity of dispositions resists a unified account of disposition.

Keywords: fragility; bravery; disposition; conditional analysis

略论怀特海的机体主义历史观

但昭明 *

摘要： 怀特海对“现实实有”的生成分析表明，在每一次的当下经验中都内在地包含着“直接过去”与“直接将来”。这种内在时间意识冲破了机械化的历史之链，将历史还原到现实的生存体验中。借此，怀特海以一种生命最本原的开显方式实现了对近代以来宏大叙事的历史观的超越，尽管这一方式仍旧披裹着形而上学的外衣。

关键词： 机体主义；历史观；怀特海

如果历史之谓“通古今之变”，那么历史叙事所指涉的对象就不是考古学意义上的实物，而应为“变”本身。那么，如何“通”变？一种是外在的观察与计算，虽可以审时度势，寻求进退之道，却疏离了变本身；一种是内在地进入变之中，以当下的切身体验来诠释变：狄尔泰就认为，历史研究需要诉诸移情、想象与直觉等方式将个体置于历史变化进程中予以考察，19世纪西方历史主义学派基本上沿着这一路径前行。但问题在于，事件一旦成为历史，便无法在想象中完全还原，如此，又何以能做到“同情”的理解呢？只要我们还沉迷于一个活着的人与死去的历史事件的双重假定中，那么二者之间异质性的外在对立便永远无法消除。因此，如果“走进历史”是可能的，就必然要在历史理解与历史事件之间寻求一种同质化的认知模式，这正是怀特海在其机体（过程）哲学中加以思考的问题。客观而言，怀特海并无意去建构一套历史观，但他的机体主义却为历

---

* 作者简介：但昭明，哲学博士，华中农业大学马克思主义学院副教授，主要研究方向为有机哲学，马克思主义哲学，E-mail: thinkaller@163.com。本文为2016年教育部人文社会科学研究青年项目“‘有机马克思主义’历史观研究”（16YJC710006）的阶段性成果。

史哲学开辟了一种可能性的发展方向。

一、“直接过去”与“直接将来”

在日常语言中，当我们说“回忆过去”时，无非是在回忆过去发生的事，若抽掉这些具体的事件，“过去”便只是一个空洞的概念。我们还可进一步将“过去”精确化，比如一年前或是一个月前，其前提是将时间看作不可逆的、均质的序列，这一序列好比一个容器，可以包容一切事件，不管是已经发生或是未曾发生。这种外在的自然主义时间概念所衍生的历史观以其“宏大叙事”的理论特点一直占据主导地位，但由此也形成历史研究的一大难题：面对客观的历史陈迹，我们只能间接地回望其背影，而无法做到一种直接的理解。当克罗齐将历史归结为“当代史”之时，他所谓的“当代”，是与此时此刻的思想相联系的，“因为它和其他一切精神活动恰恰一样，是在时间之外的（没有先后之分），是与其相联系的活动‘同时’形成的”。[1] 因而，“当代”就不是惯常理解的最近 50 年或是 10 年的时间段，“当代”超离于线性的时间之外，内在于当下的精神活动，说历史是“活”的，毋宁说，此时此刻的精神是活的。由此，所谓历史客观性的困扰对克罗齐而言，根本就不是一个问题，相反，追求历史客观性的奢望反倒是错误的源泉所在：它就是康德意义上的那个物自体。正如有学者指出：“历史唯心主义不存在这个矛盾，因为它不会为历史事实的客观性所困扰，而只承认支配历史的观念和思想的主体性。历史的本质并非历史自身的客观性和历史自身的规律性，而是支配历史的观念和思想的至上性，所谓客观历史只不过是观念和思想的投射。”[2]

但是，我们也应该承认，针对客观历史事实与主观历史认识之间的矛盾，克罗齐的确迈出了关键的一步。进一步需要考虑的是，这种精神层面的同一能否转化为感性活动的同一？如果可行，就必须承认，克罗齐所

[1]［意大利］克罗齐：《历史学的理论与实际》，商务印书馆，1982 年，第 1 页。
[2] 陈先达：《论历史的客观性》，《贵州师范大学学报》（社科版），2018 年第 1 期，第 3 页。

谓“不分先后”的时间必然源出于感性的生命活动，而不是依赖于一个既定思维主体的投射，这正是怀特海所表达的观点：“有时间是因为有发生的东西，离开发生的东西就什么也没有。”[1] 这种“发生的东西”是什么呢？按照怀特海的说法，它就是对前苏格拉底哲学中“世间万物归结于何物”的机体主义的回答，即作为一种过程性的“现实实有”（actual entity）或“事件”（event）。自亚里士多德之后，西方本体论渐趋形成了一套实体主义的传统，动态的生发进程被概念的逻辑推演所遮蔽，怀特海的机体哲学就是要从本体论上回归生命的切身体验，因而，“现实实有”与“事件”作为宇宙的细胞，直接就成为一种“经验的脉动”。

如果怀特海的机体哲学所要描述的对象就是经验变化的过程本身，那么，这一过程是否可以线性地将其划分为过去、现在、将来呢？譬如，我们会很自然地认定，一百年前发生的某一事件是过去了的历史，但我们却倾向于将刚刚过去的一秒或四分之一秒看作直接的当下，既然如此，我们为什么不能直接感受一百年前的某一事件呢？为什么一百年前的事件被看成一种已经逝去的“间接性”的呈现而不是一种仍在持续的“直接性”的当下？用抽象的时间来建构与过去、将来的联系，将丧失对具体事件的直接感受，“如果我们认同这一结论，那么就没有真正的论据可以证明曾经有过过去、或者以后将有将来”。[2]

可见，怀特海的现实实有，作为一种主观当下的经验，就是一个活动着的感觉中心，是对“直接过去”的再现，亦是对“直接将来”的预期，它内在地包含着经验主体的最远边缘。“每一刻的经验都视自己为两个世界（即直接过去与直接将来）间的过渡。这便是共有感觉的持续传递。”[3] 但凡我们要描述一个现实实有，我们就必然要触及它的过去与将来，在这里，“共有感觉”维系着时间性世界的有机统一，它保证了每一个感觉中心与其感觉予料的“共在性”。立足于这种“感觉主义”，怀特海一方面承

---

[1] A. N. Whitehead. *Alfred North Whitehead Anthology*, New York: The Macmillan Company, 1961. p. 244.
[2] A. N. Whitehead. *Adventure of Ideas*, New York: The Free Press, 1967. pp. 191—192.
[3] A. N. Whitehead. *Adventure of Ideas*, New York: The Free Press, 1967. p. 192.

认康德以先验的感性时空形式来保证感觉予料的“共在性”，这的确是一种朝向机体哲学的努力；但另一方面，他又指出，康德对感觉予料的统一仍困囿于“主观主义”的立场：“相反的学说，即认为存在着一种不是派生于经验共在性的‘共在性’，这一学说导致了主观经验的构成成分与外部世界这个地区的分离。这一分离给认识论造成了不可克服的困难。”[1]

“感觉主义”与“主观主义”的区别在于，前者诉诸感觉来勾连感觉主体与感觉对象的时间缝隙，之所以是“感觉主体”，仅只是因为它“正在感觉”且由此注定了这一所谓的“主体”永远处于一种未定状态，在此感觉过程中，“直接过去”与“直接将来”汇入进来并构成了感觉主体自我生成的机体。后者假定了一个既定的精神主体，以其思想来统摄客体，怀特海所要求的“共在性”在此只能称之为逻辑上的“一致性”。当克罗齐以当下的思想来关照历史事实时，怀特海对康德的批判同样适用于克罗齐。在克罗齐看来，历史只能是精神的历史而无关乎感觉，感觉只是生活而不是思想。只不过，一旦只承认思想的历史，就必然还是要面对当下的思想者与过去的历史史料之间的外在对立，并且还要承认思想者的优先性：“先有历史，后有编年史。先有活人，后有死尸。”[2]

克罗齐当然也明白这一点，为弥合这种对立，他索性将其观点推向了极端：不止于用思想的逻辑来整合历史史料，更是将思想及其对象（人与自然）全部归结为精神本身。对克罗齐而言，唯一的实在就是精神本身，精神就是历史；对怀特海而言，唯一的实在就是感觉本身，感觉就是历史，这样一来，是否又滑向了主观主义呢？的确，受科学主义影响，近代历史学批判那种“语文性历史”“诗性历史”背离了历史的客观性，但是，任何一种对历史的主观感觉本身难道不也是一种客观存在的历史现实？如果说近代历史学追求的是一种朴素的客观性，那么怀特海则将这种客观性推向了一个更高的层面，他试图表明：一种感性的生命情调具有不可再还原的客观实在性。当然，怀特海只是基于生命有机体揭示了一种更为本源的时间意识，这套时间意识何以回应历史观的一些核心问题，还需要进一

[1] A. N. Whitehead. *Process and Reality*. New York: The Free Press, 1978. p. 190.
[2] [意大利] 克罗齐：《历史学的理论与实际》，商务印书馆，1982 年，第 9 页。

步加以阐发。

二、化时间为历史

历史不能简单地等同于时间，历史至少是有节奏的时间，是对表征为时间的“过去”“现在”“未来”之间的结构与联系予以分析。于怀特海而言，如果历史就是感觉经验的脉动，那么对这种经验过程的生成机理的分析就必不可少，具体来说，就是描述一个现实实有的生成过程。

对一个现实实有的描述，毋宁是对它的“摄入”(prehension)进行分析。所谓摄入，是“关联性的具体事实”，即经验实在得以勾连起来的具体方式。这里需要理解的一个原则是，摄入不是一个既定的现实实有所派生的活动，相反，因为存在着摄入，现实实有才生成。怀特海创造性地提出“摄入”这一概念，与贝克莱有关。众所周知，贝克莱认为观念的存在维系于人的“感知”(perceive)，这一概念在近代认识论中被怀特海视为感觉主义的典型代表。而怀特海别出心裁地指出：“在我们通常的用法中，‘感知’一词渗透着认识上的体认（cognitive apprehension）这种意义。‘体认’(apprehension)一词，即便取消‘认识上’(cognitive)一词的附加限定，也同样充满认识论的意义。我把‘摄入’这个词用作‘非认识论’(uncognitive)的‘体认’。我如此处理，便意味着：‘体认’既可以是认识论方面的用语，也可以不是认识论方面的用语。”[1] 所以，一方面，怀特海尊重感觉主义的认识论，但另一方面，又试图挖掘其背后一直遭到遮蔽的机体主义的内涵，他提出了两种形式的摄入：物理性摄入与概念性摄入。

所谓物理性摄入，就是以现实实有为客体的摄入，即已经成为“过去”的现实实有“进入”到“当下”现实实有的生成之中，二者之间构成了一种“因果效验”：在外部世界成为我们的认识“对象”之前，甚至在它被我们“直接表象”之前，它就已经与知觉主体形成了动态的联系。譬如，当一声惊雷响起时，我们首先想到的不是外部世界的存在，也不会在

---

[1] A. N. Whitehead. *Science and the Modern World*, New York: The Macmillan Company, 1935. p. 101.

心理计算这一巨响与我们的距离，而是身体层面的怵然一惊。源于这种最原始的心理经验，外部世界才能与当下的经验活动形成无缝链接。在这一点上，怀特海将同是哈佛大学教授的桑塔亚纳引以为机体哲学的同道，后者用诗化的语言描述了这种知觉："想象和知识的全部生命都来自内部，来自孜孜于捕猎、进食、生育的动物所具有的骚动、渴望、好奇与恐惧。"[1]

可见，过去的事件，是以一种未经知性反思的"直接过去"被当下的事件所摄入，二者之间由此形成具有因果效验的内在关联。过去的事件虽然已经丧失其主观当下性，却作为一种执拗的事实，持驻于后续的事件中成为"客观的不朽"——它并没有退场；而当下的事件，作为一种生发性的活动，是对过去事件的"化裁"，即以其主观形式对其重新赋义。在这里，"古—今"之时态所内含的历史态度呼之欲出：历史事件有其客观实在性，但历史拒绝所谓无偏见的客观呈现——这恰恰导致历史意义的坍塌——历史是以当下经验为载体的创化，并因为这一创化，历史事件的客观性获得了拯救。在克罗齐那里，历史事件之所以是"活"的，只是因其被研究者的主观"兴趣"所关照，在怀特海这里，则是因其在客观上能够作为一种"养料"而继续生长于后续事件中。所以，"通古今之变"的要义首先在于"化"，因为"化"，历史积淀才呈现出新意。

所谓概念性摄入，是对"永恒客体"(eternal entity) 的摄入。永恒客体是对具体事实进行规定的纯粹潜能，亦可称为确定性的形式。同柏拉图的理念一样，永恒客体是一种非时间性的存在，由此才是永恒的。而不同于柏拉图的理念，永恒客体不是先天的设定，对于怀特海来说，它只能是感性经验活动所孕育出的价值理念并以此构成一套观念性的符号体系。比之于现实实有，永恒客体是"化经验为超验"的产物，其本身并不具备现实性，作为纯粹的潜能，只有被现实实有所摄入并借此规约现实实有，永恒客体才能获得其现实性。就此而言，永恒客体发挥着一种价值诱导的功能。不过，既然是"客体"，又何以能产生"诱惑"？为此，怀特海为所有

[1] [西班牙] 桑塔亚纳：《怀疑主义与动物信仰》，张沛译，北京大学出版社，2008 年，第 167—168 页。

永恒客体安排了一个归宿——上帝。所有永恒客体的集合构成了上帝的精神极，他诱惑着历史前行。

概念性摄入本质性地内含着一种朝向将来的生存冲动。将来不是尚未到来的时间链条上的某个点，将来是当下经验之超验性的价值指向。如果当下的事件就是要在后续事件中寻求客观不朽，那么最大的可能就是在物理时间的流逝中永存，这当然只是一种理想状态，但它倒逼着当下的事件越出其物理时间的限制而投身于将来。“将来内在于现在，其原因是：现在的实质中承载着它以后与将来的关系。因而，其实质中包含有将来必须与之一致的必然性。将来就在现在之中，这是属于事物本性的一个普遍事实。”[1] 因此，对当下事件的描述应采取一种“即将开启”的时态。赵汀阳注意到“今”在甲骨文中象征着一种发号施令的木铎，他对此加以发挥解释：“颁布法令的时刻就是‘今’，意指从今往后必当如此这般。可见，‘今’的意义不仅是此时，更是以作开来的时刻，所以，与其说‘今’是时间刻度，不如说是历史刻度。”[2] 当一个中国人说“今……”之时，其话语情景就意味着一种新的制度规范或生活模式的开启，用怀特海的学术语言来说，就是一套新的概念体系被摄入到当下从而对现实经验形成了推动，它使当下事件摆脱过去事件的物理限制而冲入了将来。

从机体（过程）哲学的角度看，物理性摄入与概念性摄入是支撑一个现实实有生成的感觉予料，它被表征为现实实有内在的两种时态，即只要我们的描述对象是一个活的有机体，对它的描述必然要溢出其瞬间的现在而指向其“直接过去”与“直接将来”。在一定意义上，怀特海对过去、现在、将来的思考大体能够对应海德格尔对“此在”的三种绽出状态的分析，而不同之处在于，海德格尔同康德一样，坚持认为只有人，才有时间（性），这使得海德格尔仍旧避免不了主体形而上学的嫌疑，而怀特海的现实实有不止于人的经验，也涵盖一切有机体，甚至包括亚原子事件。这并不奇怪，海德格尔追问的是作为此在的人的存在意义，怀特海思考的是宇宙论。即便是出于对主体形而上学的警惕，怀特海也不可能将人（主体）

[1] A. N. Whitehead. *Adventure of Ideas*, New York: The Free Press, 1967. p. 194.
[2] 赵汀阳：《惠此中国》，中信出版集团，2016 年，第 171 页。

作为理论的出发点，但是，当怀特海考察包括低等级生命在内的机体特征时，他也不可避免地要以人这样一种高级机体作参考，这就注定了怀特海的宇宙论必然是一种“属人”的宇宙论。只不过，他把人（现代人）及其所建构的那套序列化的时间世界悬置起来，提醒我们去挖掘这一世界背后更为隐秘而真实的体验。在怀特海这里，人不是在作为容器的时间序列中挣扎，相反，时间因为经验的脉动而绽出。通过这种前理论层面的视角，每一次的生成体验都成为历史及其意义的发源地，或者说，历史就是一种生命诠释。怀特海以吉朋的《罗马帝国衰亡史》为例，认为吉朋的讲述本身也是他的时代的体现，他实际上讲述了一个双重故事：“就这样，吉朋讲述了罗马帝国的衰亡史，同时又以这一例证预言了他自己所属的那类文化的衰亡。”[1]

但是，历史不是个人的喃喃私语，历史至少是某一共同体的具有客观约束力的集体建构，那么，对单个现实实有的描述能够揭示历史的维度吗？其实，历史不是个人的，但历史却可以是“个体的”(personal)。说一个现实实有是宇宙的“最小”细胞，这不是一种体量上的表述，而是基于最基本的生发过程，即它被建构为一个时间性的持存体，具有“自组织性”。机体（organism）的本义就是“自组织”，且正是因为自组织，它才能称之为“个体的”。作为机体，一个现实实有可以是一次细胞事件，也可以是一次社会革命，这只是视角差异。重要之处在于，正是个体的自组织，历史才能融贯一致而非散漫材料的堆砌。在此，怀特海实际上是在考问历史主体的合法性。譬如，在大航海时代到来之前，并不存在真正的世界历史，彼时的世界还处于相互分散的隔离状态，未能通过自组织而成为一个个体。今天，当我们说世界是一个整体时，无非表明，充分发展的全球化运动已经促成了世界内在的生成机理，它也可以被视为一个个体性的现实实有并由此生成出它的历史。

---

[1] A. N. Whitehead. *Adventure of Ideas*, New York: The Free Press, 1967. p. 5.

三、历史评价的标准：生生之德

近代以来历史的宏大叙事存在着一个预设：它从一个起点出发，朝着终极目标前进，这一终极的价值理念便成为一个外在的历史评价标准。随着后现代历史学对宏大叙事的解构，将来变成了一种不确定性，随之而来的是，历史评价的标准也趋向于个性化、多元化甚至虚无化。怀特海如何回应这一问题呢?

所谓将来，就是尚未在场的非现实性存在，在怀特海的体系建构中，它是由永恒客体所组成的概念性世界。鉴于现实的经验活动不断地催生出更多的价值理念，抽象的概念世界不断地趋向复杂化，从而使永恒客体在数量上无限增长。假设永恒客体之间可以自由组合，又将形成无数具有差异性的概念集合。所以，从逻辑上看，每一个当下事件的将来就面临着无限的可能性：它既可以实现这个概念集合，也可以实现那个概念集合，在此发挥作用的是一个事件的内在决定性。“每一个内在决定性的实例都表现为达到那一点的那个流。并没有任何理由说明为什么就不可能有另外的流会显示出那个内在决定的原则。”[1] 也就是说，每一个经验事件都是内在决定而外在自由的：我们可以从内部对每一次经验事件予以分析，但为什么在宏大的宇宙之流中恰恰是这一事件而不是别的事件发生了？对此，哲学并不能够提供一个“充足理由”。

换言之，如果将来是被决定的，那么它只能从一个经验事件的主观当下性中去寻找理由（尽管当下的决断必须建基于对过去经验的化裁），但主观当下不具备客观性，不能成为历史因果推论的既定参数，所以，将来不是被决定的。无论采取何种理论，试图为历史指明某一确定性的终点，或是阐明将来发展的固定路径，都是对将来之意义的取消，将来只能是一种尚未在场的可能性，以至于无法承诺这个世界会越来越好。“莱布尼茨关于‘一切可能世界中最好世界’的理论是一种大胆的编造，这种理论的提出是为了挽救先前的和当时的神学家们构想出来的造物主的脸面。”[2] 但

[1] A. N. Whitehead. *Process and Reality*, New York: The Free Press, 1978. pp. 46—47.
[2] A. N. Whitehead. *Process and Reality*, New York: The Free Press, 1978. p. 47.

是，历史为什么往这个方向而不是那个方向发展呢?

怀特海虽然尊重生命的自由选择，认为我们并不需要一个指手画脚充当设计师的上帝，却仍有必要设想一个与历史同行的上帝：一方面，上帝以其绝对的抽象性诱惑着历史的发展；另一方面，上帝以其相对的现实性回应历史的发展，每一次生命的创化都同时被上帝所经验和“同情”。上帝不在历史之外，上帝就在历史之中，如此，上帝本身就是最大的现实实有。如果我们非要诘难怀特海滑向了有神论，那么，这也只是一种历史（过程）神学，而不是神学历史。

说一个世界会越来越好的前提是，我们已经预设了某一价值标准或目的指向。作为过程哲学家，怀特海无意停留于这种外在的价值标准，而是着眼于创化进程本身，即“生生之德”。那么，“生”的价值量如何判定呢? 凭什么认定一个人的价值量高于一棵树的价值量? 怀特海由此引入了“强度”(intensity) 这一概念。在此，怀特海更倾向于从经验本身的内在价值入手来评判历史进程，如果不能基于外在价值来承诺世界会越来越好，却可以从内在价值入手来追问世界是否是进步的。

强度来自于一个现实实有的诸多摄入质料之间形成的对比。这种对比不是纯粹客观上的统计学分析，而是经验主体内在的价值感受，并不能简单地用大小来衡量，正如柏格森所言：“如果在你之外，大小永远没有强度，则在你之内，强度永远不是大小。”[1] 在这里，我们发现，怀特海对经验事件的价值诉求植入了一种艺术的鉴赏方式。譬如，一幅画所内含的多种元素应形成对比与交融以提升其艺术表现性。同理，物理性摄入只是对既往事件的顺应，要形成生命感受的强度，就要摄入新颖性的概念来冲击既成的事实，在这个意义上，一个人的生命强度高于一棵树的生命强度。这一理论同样也适用于人类社会：“一个种族要保持它的活力，就必须怀抱有既成事实和可能事实的真正对比，就必须在这一活力的推动下敢于跨越以往稳健保险的成规。脱离了冒险，文明就会全然衰败。”[2]

按照怀特海的设想，社会演化的强度终究会呈现出累加的态势：既往

[1] [法] 柏格森:《时间与自由意志》，吴士栋译，商务印书馆，1958 年，第 154 页。
[2] A. N. Whitehead. *Adventure of Ideas*, New York: The Free Press, 1967. p. 279.

的事件不断积淀，同时又不断地建构起一个更加复杂的观念世界，每一次的事件都在为历史的进程积蓄能量，这导致经验世界的强度呈现出一种矢量化的特征。然而，早在1850年，克劳修斯就首次提出了热力学第二定律，基于这一定律的熵增原理预示着宇宙将不可避免地趋于无序化并最终衰竭，这一定律向来被视为有史以来最令人绝望的物理定律。如果机体生命的强度越高，意味着有机系统的熵值越低，系统越有序，因此，这似乎就是在强大的物理定律面前有机生命系统的一种抗争。在一定意义上，怀特海描述了一个从混沌无序中创造价值与秩序的生命历程，就此而言，他仍然坚持了一种进步的历史观。

四、结　语

客观而言，怀特海所讲述的是关于宇宙演化的"故事"，这或许并非一种"人论"，却一定是"属人"的。怀特海诉诸现实实有的生成分析所展示的，是一种生命最本原的开显方式，其内在时间意识所昭示的毋宁是人的一种历史性的生存态势，让历史真正从现实的生存体验中绽放开来。至少，在怀特海的机体哲学中，历史可以被诠释为以下几点：（1）历史不是外在于人的客观叙事，更不能拘泥于一种"古为今用"的实用考量，历史内在于人的现实生成之中并由此得到揭显。（2）历史是非决定的，未来之本义就是一种可能性。如果说历史是进步的，那只是因为历史经验的强度呈现出矢量性。（3）只有具备自组织能力的机体才能生成自己的历史，形成属于自己的"故事"。（4）历史进展的动力源于生命创造的内在冲动，但归根结底源于上帝。上帝既无私地包容了既往发生的一切经验，又以新颖的永恒价值诱导着经验的发生。

相比现代性的历史观，怀特海的机体主义历史观呈现出鲜明的后现代主义色彩，他试图用机体主义来取代现代历史学的宏大叙事，引导人们去关注每一个时间性的具体事件，从而将生命从机械化的历史链条中拯救出来，这的确闪耀着时代的光辉。但是，用"现实实有"来表征各个不同的经验事件，这本身也是一种形而上的抽象，而用"冒险"之类的字眼来承载个体生命的历史责任，恐将坠入历史虚无主义：如果它普适于一切经验主体，那么等于什么也没有说。

A Brief Account on Whitehead's Organic View of History

(Dan Zhaoming, College of Marxism, Huazhong Agricultural University, 430070)

Abstract: Whitehead's analysis on the becoming of actual entity indicated that each current experience comprise inherently immediate past and immediate future. This internal time-consciousness breaks through mechanical Chain of history and reproduces history based on actual life experience. In this way, Whitehead surpassed the grand narrative view of history since modern time by the most primitive display on life, even if it was still metaphysics.

Keywords: organism; view of history; Whitehead

西方马克思主义哲学研究

安德森与汤普森之争：英国文化马克思主义的走向问题

黎庶乐 *

摘要： 英国马克思主义的内部争论不仅是历史与结构、主体与客体的争论，更是英国文化马克思主义走向的争论。英国第二代新左派引入欧陆马克思主义，并且批评第一代新左派对文化和历史的分析掩盖了当下英国资本主义社会的结构和意识形态的重要性。这场以安德森和汤普森为首的辩论，最终并没有使安德森化解自己在欧洲共产主义与经典马克思主义之间的矛盾和困境，却使英国文化马克思主义在上世纪 70 年代末趋于终结。

关键词： 安德森；汤普森；结构；历史；英国文化马克思主义

自英国第二代新左派引入欧陆马克思主义之后，英国文化马克思主义进入了对文化主义范式的重新思考和批判的阶段，这反映了第一代新左派研究路径的危机。针对第一代新左派结合英国经验主义传统，强调对工人阶级文化和历史的研究路径，第二代新左派站在欧陆马克思主义立场上，正式拉开了英国文化马克思主义内部争论的序幕。这里包括三场争论：安德森（Perry Anderson）对汤普森（Edward Palmer Thompson）、伊格尔顿（Terry Eagleton）对威廉斯（Raymond Williams）、约翰逊（Richard Johnson）和霍尔（Stuart Hall）对汤普森（Edward Palmer Thompson）的批判。他们的矛头直指第一代新左派对文化和历史的分析掩盖了当下英国资

---

* 作者简介：黎庶乐（1982—　　），广州大学马克思主义学院副教授，研究方向为马克思主义基本原理、国外马克思主义。本文系湖南省教育厅优秀青年项目“马克思消费文化及其当代价值研究”（14B013）的阶段性成果；2017 年度广州大学青年拔尖人才培养计划项目（BJ201728）的阶段性成果。

本主义社会的结构和意识形态的重要性。其中，以安德森与汤普森的辩论尤为重要，这影响着英国文化马克思主义的未来走向。

一、安德森与汤普森的第一场辩论：英国究竟应该发展一种怎样的马克思主义?

以安德森为代表的第二代新左派对早期英国文化马克思主义的批判引起了第一代新左派的强烈反应，其中以汤普森表现最为激烈。这表现在三个方面：其一，汤普森认为，自安德森接手《新左派评论》以来，其政治倾向明显减弱而理论倾向却明显增强，汤普森对安德森这种过度理论化、学院化的作风十分不满。其二，汤普森批评安德森忽视英国思想传统与文化的重要性，而过分强调将英国马克思主义置于国际主义的语境中，背离了英国社会主义发展的现实情况。其三，汤普森反对安德森通过对英国进行结构性分析来批判文化主义和人道主义的做法。他认为这从根本上否认了工人阶级作为社会主义运动中的主体地位，从而完全扼杀了英国文化马克思主义与工人阶级的紧密联系。

应该说，汤普森对工人阶级历史与文化的研究符合当时英国社会左派分子重新思考社会主义道路的需要，对英国文化马克思主义的形成与发展起了重要的作用。而安德森过度贬低英国社会主义的成就以及第一代新左派对于英国文化马克思主义的贡献，这削弱了整个新左派运动在未来的发展。如果说，在西方马克思主义内部思潮里，阿尔都塞对此前的马克思主义人本主义思潮实施摧毁性的打击的话，那么，安德森在英国对阿尔都塞结构主义的引入，直接导致了他与汤普森长达二十年的争论。事实上，英国文化马克思主义的内部争论与西方马克思主义内部的人道主义与结构主义之争所集中的问题是一致的，归根结底都是历史与结构、主体向度与客体向度的争论。汤普森重视英国工人的阶级意识，通过搜集历史材料来论证反抗资本主义和夺取社会主义胜利的可能性，坚持社会主义的人道主义。而安德森则主张打破民族主义的狭隘性，并从结构主义出发对汤普森进行批判，进而指出社会主义的人道主义只是“民粹主义”和“前社会主义”。

从英国马克思主义的发展路径来看，安德森与汤普森争论的实质是围绕着当代英国到底应该发展一种怎样的马克思主义这个主题展开的。第一场辩论，对英国本土思想文化传统的态度决定选择不同的马克思主义道路。早在1963年出版的《英国工人阶级的形成》一书前言中，汤普森从英国的经验主义传统和社会主义发展的现实需要出发，“强调阶级是一种历史现象，而不把它看成是一种‘结构’，更不是一个‘范畴’，我把它看成是在人与人的相互关系中确实发生（而且可以证明已经发生）的某种东西”。“我相信，阶级是社会与文化的形成，其产生的过程只有当它在相当长的历史时期中自我形成时才能考察，若非如此看待阶级，就不可能理解阶级。”在这里，汤普森已经表达了自己反对以“结构”来看待阶级，因为结构无法解释“这个人如何才能进入某种‘社会功能’？还有，那个特别的社会组织（连同其财产权和权力结构），是如何出现的？而这些，就是历史问题了”。[1]显然，在经历了1956年苏伊士和匈牙利危机之后，马克思主义内部受到重大冲击，社会主义道路越发迷茫。汤普森认为，马克思主义的当务之急是依托英国经验主义和社会主义传统，重新确立工人阶级的主体地位，同时通过对工人阶级历史和文化的研究，激活社会主义政治的文化活动。故此，他批判了斯大林主义的经济决定论，重视历史和经验，通过调动工人阶级的主体能动性来复兴社会主义的人道主义，从而形成一种具有英国特色的马克思主义理论形态。

与汤普森固守英国经验主义和社会主义传统相反，安德森偏爱欧陆马克思主义理论家，他在汤普森出版《英国工人阶级的形成》之后，发表《现存危机的起源》[2]一文对英国社会进行结构性分析，并认为英国传统的经验主义实际上是资产阶级和旧贵族结合的产物。这使得英国革命缺乏像

[1]［英］爱德华·汤普森：《英国工人阶级的形成》（下），钱乘旦等译，译林出版社，2001年，前言第1、4、3页。

[2]安德森对英国资本主义的历史轨迹、工党意识形态以及英国工人阶级的这些分析，由安德森和奈恩从1964年到1966年用一系列的论文来完成。以奈恩—安德森的论题体现在安德森的《现存危机的起源》一文上，这种分析针对的是英国资本主义发展特殊模式的政治影响。这篇文章收录在由安德森和布莱克本主编的《走向社会主义》书中。

法国革命那样对自由、解放和革命等精神的追求，更无法出现像法国那样的大规模的工人阶级运动。正是由于工人阶级的先天不足，使得他们无法真正地抵抗英国统治阶级，更不用说形成自己的革命意识，他们在整个当代英国资本主义社会结构中只是处于从属地位。因此，他认为汤普森所坚守的传统实质上是“伪经验主义”，根本无法依靠工人阶级建立有效的社会主义政治。就此，“安德森提出了理论与实践两方面的要求，理论上必须借助于欧陆马克思主义理论，实践上要关注第三世界革命，从而推动英国社会主义事业的发展”[1]。

由此可见，汤普森批评了安德森的理论化倾向和国际主义倾向，以及对英国文化思想的敌视，并且指出安德森把法国革命当作英国资产阶级革命的理想模式的观念，这种模式并不适合于英国独特的社会经济发展历程。这种偏离本土理论实践的模式，无法理解英国的制度发展和文化发展模式自成一体，从而否定了激进传统的文化和政治的天然联系，丧失了英国民族特色。而安德森却认为汤普森所继承的实际上是“伪经验主义”，批评汤普森忽视当前英国资本主义社会结构以及其对工人阶级运动产生的重要影响，其平民主义政治和道德主义倾向十分明显。安德森“认为这些前辈学者偏离了思想缜密的马克思主义理论而具有折衷主义色彩，并且他们推行的是一种狭隘浪漫的社会主义理论。《新左派评论》通过将完全不同的马克思主义理论结合起来而获得不断发展，同时还认为早期新左派所倚重的本土政治与思想传统遭到了他们所秉持的褊狭经验主义理论的损害。”[2] 因此，安德森强调自己对英国历史发展的结构性分析和对欧陆马克思主义的引入，不仅对于文化马克思主义的发展具有开创性意义，而且还有助于修正汤普森等人提出的社会主义人道主义的观点，从而有效地推动英国社会主义事业的发展。

---

[1] 李凤丹：《英国文化马克思主义研究——基于大众文化与政治的关系》，江西人民出版社，2010 年，第 125 页。

[2] [英] 迈克尔·肯尼：《第一代英国新左派》，李永新、陈剑译，江苏人民出版社，2010 年，中文序言第 4 页。

二、安德森与汤普森的第二场辩论：关于马克思主义是否一门科学，即对历史唯物主义的理解?

自20世纪60年代中期起，随着阿尔都塞和他的追随者著作的横空出世，结构主义浪潮一时风靡整个欧洲大陆。但直到70年代，阿尔都塞才真正地影响了当时英国的学术界。英国第二代新左派受到阿尔都塞对经济主义、人道主义和经验主义等思想和政治批判的影响，夸大了阿尔都塞结构主义所产生的效应，从而致使英国文化马克思主义内部出现了结构主义范式和文化主义范式的分裂。此后，英国文化马克思主义研究的理论路径和伯明翰当代文化研究中心的研究主题不可避免地被改变了。

正是在这样的背景下，汤普森和安德森掀起了第二次辩论的高潮。1978年汤普森出版的《理论的贫困》对安德森进行批评和1980年安德森出版的《英国马克思主义的内部论争》对汤普森的批评进行回应。这是继60年代中期之后，汤普森与安德森之间的第二次对话。汤普森效仿马克思对蒲鲁东批评所写的《哲学的贫困》的书名以《理论的贫困》为题目，就题目而言已经具有浓烈的批判、讽刺意味。而其批评的矛头更是直指阿尔都塞对历史的结构主义改造，使得历史沦为抽象的理论范畴，是“回归一种资产阶级精英主义的旧有传统”[1]和唯心主义。“当阿尔都塞登上舞台时，他对实践史学家几乎没有影响。但是出于某些原因，他在研究生、一些年轻的史学家和文学学者间忽然成为一股强大的力量。大多数史学家本来在等待他写出创新的历史著作来证明其正确性，但是事情不但没有朝这一方向发展，反倒是阿尔都塞的追随者们（这当中甚至还有部分史学家）开始宣称历史不是一门学科，研究历史是毫无价值的。”[2]

由此，汤普森在《理论的贫困》中列举了结构主义的“四宗罪”：首先，从历史的角度来看，结构主义的兴起有其意识形态的根源。“结构主义也许确实可以被看成这个时代的幻象，就如同20世纪早期出现的进化论（‘过程’）和唯意志论。第一次世界大战前几十年间的社会主义运动

[1] E.P.Thompson, *The poverty of theory*, Merlin Press 1978, p. 4.
[2] E.P.Thompson, *The poverty of theory*, Merlin Press 1978, p. X.

中，进化论都是一个‘中性的’意识形态迷误。”[1] 事实上，汤普森并不抗拒结构的概念。他只是尽力将那些有效的结构概念以及其启发性机制与结构主义区别开来。其次，结构主义是对历史和人的误判。汤普森认为，结构主义指出历史是没有主体的过程，同时也是无人支配的人类实践。进而阿尔都塞的立场表明：历史是在一个结构内设定的过程，是由看不见的手转动的太阳系仪。“结构主义（荒谬的终点站）是自我疏离的最终产物——反映出这个时代的常识，所有人类项目、努力、制度，甚至文化本身，似乎都是人类之外、与之相抗衡的客观事物‘他者’，而反过来，人类对于‘他者’也是其周围的事物。以前他者也被称为‘上帝’或命运，现在重新命名为结构。”[2] 这些人不过是牛津和剑桥当中的流氓知识分子，只不过暴露了他们对历史和文化唯物主义的无知罢了。再次，无论是法兰克福学派或阿尔都塞，都非常强调统治支配的思想模式，因而必须警惕它的思想倾向。汤普森认为，在这种思想模式的统治支配下，群众的积极性和创造性空间完全被摧毁了，只有少数开明的知识分子得以挣脱。毫无疑问，“这种思想倾向本身便是在恐怖的法西斯主义、媒体灌输群众和斯大林主义中培育出来的。但社会主义理论源自一个荒唐的前提，这样的前提必然导致悲观或专制的结论。此外，它很可能会加剧知识分子抵触参与实际政治活动的心理。可以肯定的是，（理想的）无产阶级可以，在这个或那个紧急关头，突然转换到革命的姿态，像地质断层一样，那时他们就准备好接受理论的服侍了”。[3] 最后，结构主义力图将历史当作一门科学。正是因为阿尔都塞的作品对学术研究产生的影响促使汤普森愤而为历史辩护，从而对抗阿尔都塞的封闭系统。汤普森反对将历史当作一门科学。他认为，阿尔都塞关于社会形态及其历史的说明将人的经验、历史置于以社会形态、生产力、生产关系、上层建筑、意识形态相互作用的结构之下，把这样建立起来的历史唯物主义称作科学或者马克思的历史科学。在汤普森看来，“阿尔都塞及其同僚试图将历史唯物主义重新推入政治经济学范畴的

---

[1] E.P.Thompson, *The poverty of theory*, Merlin Press 1978, p. 96.
[2] E.P.Thompson, *The poverty of theory*, Merlin Press 1978, p. 206.
[3] E.P.Thompson, *The poverty of theory*, Merlin Press 1978, p. 250.

牢笼中”[1]。

对马克思主义是否科学，或曰对历史唯物主义的理解，使得汤普森和安德森发起了第二次辩论。继《理论的贫困》出版之后，汤普森和安德森之间的分歧进一步扩大，争论也越发激烈。1980 年安德森在《英国马克思主义的内部论争》前言中，首先肯定汤普森的英国马克思主义历史学的重要贡献，总结《理论的贫困》集中在四个问题上：包括历史的角色、人类主体在历史中的地位、马克思主义的本质和命运、斯大林主义现象。[2]安德森通过对汤普森和阿尔都塞进行了批判性分析，认为结构主义方法有助于对历史学工作的材料进行总结和抽象，从而得到“历史的全部法则和意义，在现有的水平上使思想体系完全适应于现在和未来”。对于马克思主义的本质，安德森则认为：“马克思主义主要地而且是出类拔萃地属于那种探讨整个社会的本质及其发展方向的思想体系的范畴”[3]，进而分析历史唯物主义应该作为一门科学而存在。

随后，安德森于 1983 年出版了《历史唯物主义的轨迹》，并开篇道明：“作为西方马克思主义的继任者，马克思主义与西方马克思主义同样有着‘战略的贫困’的问题，而非‘理论的贫困’的问题。”[4]安德森在此书中对汤普森列举的“四宗罪”进行一一驳斥：首先，结构主义在马克思主义理论的阵地享有的优越性恰是保证其战胜后者的决定性因素。这正是结构主义最为关注的一个问题，即人类历史和社会中结构与主体关系的本质。而且，它始终是推动人类文明发展的历史唯物主义中最核心最基本的问题之一。其次，当代学者对汤普森作品的大量讨论都专注于人类能动性在阶级的形成和破坏以及社会结构的出现和废弃中的作用。安德森认为，汤普森关注于能动性在阶级形成和社会结构中的作用，最终是为了重申“共产主义”的道德要求，以雄辩的主张建立起一个新的乌托邦主义。然而，这样的立场的问题在于，它无法提供现成解释，为什么马克思主义实

[1] E.P.Thompson, *The poverty of theory*, Merlin Press 1978, p. 92.
[2] P. Anderson, *Argumments within English Maxism*, NLB and Verso Editions 1980, p. 3.
[3] 佩里·安德森：《当代西方马克思主义》，余文烈译，东方出版社，1989 年，第 2 页。
[4] P. Anderson, *In the tracks of historical materialism*, Verso Editions 1983, p. 28.

际在本世纪的国际工人运动中占据压倒性的优势地位。因此，我们不禁要问：历史唯物主义在社会主义思想文化整体中占据主导地位的历史理由是什么？更确切地说：马克思主义作为社会主义理论的独特特点在哪里，以及它能够延伸多远？再次，历史唯物主义在左派上的结构卓越性体现在三个方面上，这些标志使得它与其他所有社会主义文化的贡献区分开来。其一是它作为一个思想体系的纯粹范围。虽然有许多其他社会主义思想家也有兴趣和长处，但是只有马克思和恩格斯能够在他们之后写出不断累积发展的理论综合体。其二是在更广泛的社会主义思想范围之内，马克思主义拥有的第二种特殊力量就源于其作为历史发展理论的特性。其三是马克思主义已经脱离其他社会主义思想传统，在与资本主义的斗争中以其激进主义作为政治号召武器。[1] 因此，安德森认为，迄今为止，所有成功的社会主义革命一直高举着历史唯物主义的旗帜或聚集在其下。然而，汤普森却认为马克思主义针对的是人类的道德缺失，这是扎根于其本质——阶级斗争理论的一种无意识，导致了阶级之间无休止的斗争，他并没有将人类看成一个整体来进行改善。由此，他倡议应超越国家、阶级及其他类似障碍，对整个人类直接实行普遍主义，以抵抗热核毁灭的威胁。[2] 最后，最初大多数结构主义思想家都在形式上致敬马克思主义，当时马克思主义在法国仍然处于解放运动后的支配地位。正如列维－斯特劳斯宣称，其研究仅仅是对上层建筑的研究，力图与马克思主义者主张的“经济基础毋庸置疑的首要地位”形成互补。

三、安德森与汤普森之争的实质：英国文化马克思主义的走向

对于汤普森而言，无论是斯大林和阿尔都塞，还是安德森，他们都是政治上和理论上的精英主义者。一方面，当他们用结构主义方法分析当代英国资本主义社会时，他们就把工人阶级置于结构之内，不仅“历史无主体”，而且工人阶级也无法摆脱意识形态的梦魇。另一方面，他们无视历

[1] P. Anderson, *In the tracks of historical materialism*, Verso Editions 1983, p. 85—87.
[2] P. Anderson, *In the tracks of historical materialism*, Verso Editions 1983, p. 95—97.

史对资本主义社会结构的透视，仅仅关注于结构性关系对于人的重要性，从而使得马克思的“人们创造自己历史”彻底转变为人只能在结构问题式下活动。这样，“阿尔都塞主义是还原为理论范式的斯大林主义。最终，斯大林主义被理论化为意识形态”[1]。汤普森针对安德森的批评写道，“讽刺的是，我们这些马克思主义者则因为持有清晰明确的文化主义立场而遭受无休止的批判；然而，今天一些批评者兜兜转转走了一圈，从我们所说的真正的马克思主义立场出发，指责我们犯有文化主义的罪——‘文化的时刻’，那正是他们自己的立场”[2]。应该说，汤普森的《理论的贫困》抓住了阿尔都塞理论最致命的地方，但是他并没有成功地维护历史学知识的客观性，更没有将结构主义定性为政治上保守的，而只是将阿尔都塞主义视为斯大林主义意识形态的复杂形势。

正是汤普森自身的局限性使他在忽略60年代初国际共产主义的特殊历史背景下对阿尔都塞进行批判，这更多地表现出讽刺，而非深刻。安德森这一次对汤普森的批评，可以称得上是英国新左派历史上最为著名的辩论。安德森反对汤普森等学者把历史唯物主义引入英国政治领域，由此大力倡导道德主义和平民主义，削弱理论研究，而强化未经批判分析的工人阶级文化。更不用说，汤普森对“经验”的使用与研究本来就不甚明确。安德森认为，复杂多样的社会现实本身就决定了，条理清晰的人道主义价值观根本不可能来源于经验。他认为，社会经验、常识以及人性等表面看来非常纯粹的概念完全可以被看作意识形态斗争的场域。与此相比，安德森更倾向于把马克思主义理解为一门科学，历史唯物主义应该进行结构性改造，更符合目前理论研究的需要。然而，对阿尔都塞的包容却并没有使安德森解决自己在欧洲共产主义与经典马克思主义之间的矛盾和困境。

综上所述，英国马克思主义的内部争论不仅是历史与结构、主体与客体的争论，更是英国文化马克思主义走向的争论。正如索珀指出的，汤普森最终还是顺利化解了自由主义者以及当代马克思主义理论家对他提出的各种质疑，并且对社会主义人道主义“精神”与当代社会主义政治之间的

[1] E.P.Thompson, *The poverty of theory*, Merlin Press 1978, p. 94.
[2] E.P.Thompson, *The poverty of theory*, Merlin Press 1978, p. 288.

相关性作出了恰当的理解，强调伦理主义对于目前社会主义运动的重要性。而安德森则在《西方马克思主义探讨》中通过概述西方马克思主义产生的历史条件及其特征，基于历史唯物主义的经典时期——马克思、恩格斯、列宁和卢森堡的著作来定义西方马克思主义。安德森认为，经典马克思主义的特征在于保持理论与实践之间的关系。然而，由于西方马克思主义是在学术内部发展起来的，不是作为工人运动的一部分发展起来的，所以西方马克思主义注定难以保持这种理论与实践之间的关系。安德森从这一对比中得出三个结论：第一，西方马克思主义是失败、孤立和绝望的产物。第二，西方马克思主义的主要成就是在反对斯大林时代共产主义意识形态僵化这一背景下发生的，同时也是在“二战”后资本主义稳定和随之而来的空前发展这一背景下发生的。第三，西方马克思主义取代了经典马克思主义的理论主题。经典思想家们主要关注社会的历史、政治和经济制度，而西方马克思主义后继者们则关注哲学、文化和美学维度——这不仅仅是从基础到上层建筑的转变，也是重新定义了上层建筑本身。正是这一点，致使西方马克思主义者经常沉迷于历史唯物主义的黑格尔主义或唯心主义。用安德森的话说：“西方马克思主义传统中的哲学家从来不主张，历史唯物主义的主要或终极目标是知识理论。但几乎所有人的共同假设是，马克思主义之内的理论研究的初步工作是，摆脱由马克思所揭示的社会研究规则的约束，但如果需要完成研究的话，必须专注于马克思著作的特定主题。结果是，可观数量的西方马克思主义作品成为关于方法问题的冗长和复杂论述。”[1] 对于安德森来说，西方马克思主义既能化解自己在欧洲共产主义与经典马克思主义之间的矛盾和困境，又为英国文化马克思主义的发展打开了一个全新的思想领域，但是却使英国文化马克思主义付出了远离革命政治的巨大代价。

虽然安德森与汤普森之争表面看来是不分胜负的，但是这场争论却深刻地影响着英国文化马克思主义的发展走向。受到结构主义和霸权理论的影响，斯图亚特·霍尔主张将结构主义与文化主义结合起来，并强化文化

---

[1] [英] 佩里·安德森：《西方马克思主义探讨》，文贯中等译，人民出版社，1981年，第69页。

理论与社会主义的政治缺陷之间的密切联系，进而提出关于无阶级的论断，这致使英国新左派思想史上第一次出现了对马克思主义的质疑。到了70年代末，由于英国工党的失败、撒切尔的上台和保守主义的全面复兴，马克思主义遭遇了空前危机。在新社会运动的推动下，英国文化马克思主义者开始转向多元文化研究，并实现了与后马克思主义的结合。"霍尔对新政治学、新的政治主体和新方法的强调，性别和种族研究的兴起，以及20世纪80年代历史学和文化研究的新关注点，可以说是英国文化马克思主义终结的标志。"[1]

The Debate between Anderson and Thompson: The Trend of British Cultural Marxism

Li Shule

Abstract: The internal controversy of British Marxism is not only the controversy of history and structure, subject and object, but also the controversy of the trend of British cultural Marxism. The second generation of the New Left introduced Western Marxism and criticized the cultural and historical analysis of the first generation of the New Left for they concealed the importance of the structure and ideology of the current British capitalist society. This debate, led by Anderson and Thompson, did not ultimately resolve Anderson's contradictions and dilemmas between European Communism and classical Marxism, but brought the end of British Cultural Marxism in the late 1970s.

Keywords: Perry Anderson; E.P.Thompson; structure; history; British Cultural Marxism

[1] 李丹凤：《英国文化马克思主义的逻辑与意义》，人民出版社，2015年，第163页。

现代性困境与无产阶级变革

——重读《历史与阶级意识》

吴治苹*

摘要：卢卡奇的“物化理论”在两种意义上是对“现代性”的批判，一是“现代性”意味着现代世界的实质、根据，它的外延远远大于资本主义的外延，因此，对资本主义现代社会的物化批判理论就是对现代性的批判。二是卢卡奇从商品经济结构入手批判资本主义社会，强调商品结构普遍化造成了资本主义现代社会和古代社会质的区别，并进而从经济、制度和价值三个层面对“物化现象”进行了反思。可以说，他对资本主义物化现象的分析和说明即是对资本主义现代性困境的指认。卢卡奇指出，资本主义的现实困境在哲学上的最高表现是康德的“二律背反”，而德国古典哲学由于自身的局限性无法解决，直到马克思通过总体性辩证法才指明了现代性的出路，即无产阶级消除现代性困境的可能。

关键词：卢卡奇；现代性；困境；无产阶级；变革

关于卢卡奇的现代性批判理论，学界已经进行了比较详实的研究和分析，学界不仅对其思想来源、主要内容进行了研究，而且对卢卡奇现代性批判的逻辑进展进行了分析。大部分学者都以卢卡奇的物化理论为基点对其现代性思想进行了深入的考察，但是鲜有学者对以下两方面内容进行关注，一是卢卡奇的“物化理论”和“现代性批判理论”之间关系的分析。很多学者在论述卢卡奇对现代性的批判时，把其“物化理论”直接等同于

---

* 作者简介：吴治苹，（1986—　　），武汉大学哲学学院马克思主义哲学博士研究生，研究方向为马克思主义政治哲学，E-mail：13503355618@139.com，地址：武汉大学哲学学院，湖北武汉，邮编：430072。

其对现代性的批判，但是卢卡奇在其文章中并未明确指出其对资本主义的批判即是对现代性的批判，因此我们不能不证自明地把卢卡奇的“物化理论”和“现代性批判理论”等同起来，而应该详细考察它们之间的关系以便挖掘其理论中的深层意蕴。二是卢卡奇的现代性批判理论是否仅包含他对现代性的批判而不包括他对问题的解答。诸多学者对卢卡奇现代性的批判思想仅限于对其“物化理论”的分析和考察，而忽视了其无产阶级革命的理论，即使有学者将无产阶级意识的觉醒作为卢卡奇对现代性问题的解决方案，也并未将其作为重点进行分析。卢卡奇曾指出：马克思在《关于费尔巴哈的提纲》里提出的答案就是使哲学变为实践。如果把卢卡奇的“物化理论”看作是对现代世界的一种解释的话，那么对物化的克服才是其改变世界的理论、是其目的所在。这样一来，我们必然要把卢卡奇关于无产阶级意识的觉醒及革命作为我们研究的重点。因此，本文将主要从以下三方面来讨论卢卡奇关于现代性问题的理论：第一，明确“现代性”的概念，说明为什么卢卡奇的“物化理论”是其对“现代性困境”的指认，对二者关系的重新梳理有什么样的意义；第二，卢卡奇认为“现代性困境”的原因及思想根源在哪里，解决方案是什么；第三，面对资本主义带来的“现代性困境”，无产阶级如何通过自己的行动实现社会的变革。

一、“物化”之殇：现代性的困境

虽然“现代性”已经被反复讨论了几百年，但到如今它仍没有一个明确、一致的定义。不同的哲学家对“现代性”的定义差别非常之大，要想给现代性一个确切的含义实非易事。但既然要探讨“现代性”的问题，就必须明确我们使用的“现代性”究竟是何种意义的。只有在澄清“现代性”概念之后，我们才能进一步说明卢卡奇的“物化理论”和“现代性批判理论”之间的关系问题。

（一）“现代性”概念的澄清

对于“现代性”一词的起源不同的学者有不同的见解，但总的来说，早期人们多是从艺术方面来使用“现代性”的。这里我们援引法国美学家波德莱尔在其《现代生活的画家》中对“现代性”的使用以说明早期“现代性”的含义，他说：“现代性就是过渡、短暂、偶然，这是艺术的一半，另一半是永恒和不变。”[1] 波德莱尔将“现代性”看作是当下的时间意识，在他这里“现代性”意味着永不停息的变化，他从变化的层面上把握了现代性社会变动不居的特点。之后的思想家们又从不同的层面给出了“现代性”的含义，其中有代表性的有：[2] 一是把“现代性”理解为一个历史时期，如马克思、韦伯等思想家，他们把现代性看作是在封建主义社会之后的历史时期。这样一来，“现代性”的含义就与“现代”概念无异。二是把“现代性”理解为一种生活方式或社会制度，如当代著名社会学家吉登斯认为：“现代性指社会生活或组织模式，大约十七世纪出现在欧洲。”[3] 这种说法偏向于把现代性等同于资本主义，但是忽略了“现代性”是世界的现代性而不是西方世界的现代性这一维度。三是哲学家哈贝马斯将“现代性”看作是“一项未完成的设计”[4]，虽然他指出了现代性相对于古代社会的未完成，但是对于我们把握和理解“现代性”的概念过于抽象。四是福柯把“现代性”理解为一种态度，一种哲学批判的精神气质[5]，他把现代性理解为一种批判的精神，这是现代性的重要维度之一，但是仅把“现代性”理解为一种精神范围过于狭窄。吴晓明教授指出，现代性“意味着现代世界（现代社会或现代文明）的实质、基础、核心，意味着全部现代世界围绕着旋转的那个枢轴，一句话，意味着作为这个世界之本质的根据”。[6] 也就是说现代性是现代之为现代世界的根据，是区别于以前世界或古代社会的最根本的地方，这个“根据”是什么？

---

[1] [德] 于尔根·哈贝马斯：《现代性的哲学话语》，曹卫东译，译林出版社，2011年，第 10 页。
[2] 参见俞吾金：《现代性现象学（续）》，载《江海学刊》2003 年第 2 期。
[3] [英] 安东尼·吉登斯：《现代性的后果》，田禾译，译林出版社，2011 年，第 1 页。
[4] [德] 于尔根·哈贝马斯：《现代性的哲学话语》，曹卫东译，译林出版社，2011年，第 1 页。
[5] 俞吾金教授在《现代性现象学（续）》文中没有列举福柯，列举了利奥塔（把现代性理解为特殊的叙事方式）。
[6] 吴晓明：《论马克思对现代性的双重批判》，载《学术月刊》2006 年 2 月。

我们认为现代性作为现代世界之区别于古代世界包含多层次的内容，根据历史唯物主义的观点，第一是经济层面，机器大工业的发展为人类社会带来了巨大的物质财富，彻底改变了以往社会物质匮乏的社会现象；第二是价值层面，理性原则的确立，同时也意味着独立、自由、平等等价值体系[1]，这些价值的确立完全颠覆了以往神权大于人权的局面，确立了独立的人格和人的价值，使人的地位大大提升；最后是制度层面，对于这个问题的回答也涉及现代性是单数还是复数的问题。通常认为尤其是西方学者认为现代性是属于资本主义的，这就意味着在他们看来全球要建构的现代性只有一个，那就是西方资本主义的现代性。但是，本文认为这种理解是狭隘的，它缩小了现代性的范围，现代性是整个世界的现代性，而不是西方世界的现代性，因此它必须还要包括东方世界和其他世界的现代性。当然，很多学者认为中国的现代化进程还在进行，现代性也没有完全构建起来，但这不代表我们没有现代性。虽然我们通常所指的“现代性”首先发轫于西方世界，也首先在西方成长、构建起来，是伴随资本主义发展而不断形成的，但是现代性并不等于西方世界的现代性或者说现代性并不等于资本主义的现代性。“在资本主义现代性之外，还可能存在‘社会主义现代性’或‘共产主义现代性’等其他类型的现代社会形式。”[2]也就是说，现代性的外延比资本主义的外延更大，资本主义的现代性只是现代性的一个层面。总而言之，我们认为“现代性”是一个包含多层次内容（经济是根本要素）且其外延大于资本主义的概念，只不过由于现代性最初是在资本主义社会中发展起来，因而被披上了资本主义现代性的外衣。众所周知，卢卡奇的“物化理论”是对资本主义社会展开的批判，从资本主义从属于现代性这个角度来说，卢卡奇的“物化理论”就是一种“现代性批判理论”，或者说是对“资本主义现代性”展开的批判。

---

[1] 参见俞吾金：《现代性现象学（续）》，载《江海学刊》2003年第2期。

[2] 郗戈：《“新现代性”：马克思现代性理论的建设性维度》，载《马克思主义研究》2013年第4期。

（二）物化与现代性困境

前文我们对“现代性”概念进行了澄清，并从“现代性”和“资本主义”概念的外延对卢卡奇的“物化理论”属于“现代性批判”进行了说明。下面我们还必须从逻辑上对二者之间的关系进行说明。首先我们要追问的是“现代性批判”所要批判的是什么，笔者认为“现代性批判”批判的并非“现代性”本身而是“现代性的后果”，更确切地说是由于现代性给人类带来了坏的后果。“正像每个生活在二十世纪末的人所看见的那样，现代性是一种双重现象。同任何一种前现代体系相比较，现代社会制度的发展以及它们在全球范围内的扩张，为人类创造了数不胜数的享受安全的和有成就的生活的机会。但是现代性也有其阴暗面，这在本世纪变得尤为明显。”[1] 因此人们要对现代性带来的问题进行指认，对现代性本身进行反思，思考它的前因后果以及未来的发展路向。而卢卡奇对资本主义社会的批判从何种意义上是现代性批判呢？

前文已经指出，现代性包含着三个维度，即经济、制度和价值，而卢卡奇正是从这三个层面对“物化现象”进行分析的。在《历史与阶级意识》中，卢卡奇从资本主义社会的商品结构入手对资本主义社会进行了全面的批判。他指出商品结构的普遍化造成了资本主义社会与古代社会质的差别，虽然在古代社会就存在“商品”，但商品交换只是偶然的现象，因此商品经济结构对社会的影响是非常小的。他反复强调：“商品拜物教问题是我们这个时代、即现代资本主义的一个特有的问题。”[2] 他从马克思《资本论》的“商品拜物教”延伸出“物化”概念，认为“物化问题”是现代社会特有而古代社会不存在的。他首先指出生产领域存在的“物化”：第一，在资本主义社会中，人和人的关系表现为物的关系。第二，人自己的劳动创造出的产品不归自己所有，劳动变成了和人相对立的东西。第三，不仅人和人之间的关系被物化、被掩盖，物本身的性质也被掩盖了。进一步来说，卢卡奇认为不仅仅在生产领域，而且在政治领域和文化领域

[1]［英］安东尼·吉登斯：《现代性的后果》，田禾译，译林出版社，2011 年，第 6 页。
[2]［匈］卢卡奇：《历史与阶级意识》，杜章智等译，商务印书馆，1999 年，第 149 页。

中同样也存在“物化”。这是由资本主义的生产需要造成的，这也是卢卡奇根据马克思的历史唯物主义而得出的结论。他说“要使资本主义生产完全产生效果的前提成为现实，这种变化过程就必须遍及社会生活的所有表现形式，这样，资本主义的发展就创造出了一种同它的需要相适应的、在结构上适合于它的结构的法律、一种相应的国家等等”，[1]这就是说，资本主义必须发展出一系列相应的官僚制度、法律制度、企业制度等管理系统以保证生产的顺利进行和扩大。这一系列完善的制度带来了这样的后果：第一，人们按照合理化的方式来处理所有的问题。第二，人受制于这样的制度，在分工的专门化中，人的个性荡然无存。因此，这种合理化不仅仅充斥在社会的各个领域，而且也深入到人的意识之中。

从以上论述中我们可以看出，卢卡奇认为资本主义社会最大的问题是“物化问题”，在资本主义社会中人已经变为“非人”，人创造的“物”与人相对立并控制人。这是资本主义社会特有而先前社会不存在的问题，卢卡奇从制度即资本主义制度和经济即商品结构的普遍化两个层面指明了现代社会与古代社会的质的差别及由此造成的“物化现象”，后文我们还会提到卢卡奇从理性价值原则确立的角度谈到“物化”产生的思想根源。可以说在卢卡奇那里“物化问题”就是资本主义之区别于古代社会的现代性所带来的问题，它是“现代性的后果”，更确切地说是“资本主义现代性”的后果。因此我们有理由说卢卡奇对资本主义社会物化现象所进行的批判就是“现代性批判”。那么我们研究卢卡奇对“资本主义现代性”进行批判的理论或者说我们重新确认“物化批判”和“现代性批判”之间的关系对于今天的我们有什么样的理论意义呢？首先，通过重新梳理现代性的概念，我们可以把卢卡奇的“物化批判”理论限定在合适的范围内，从而明确物化理论是对资本主义现代性的批判；其次，更进一步，虽然物化理论是对资本主义现代性的批判，但它对我们中国现代性的建构仍有借鉴的意义，这是因为现代性不仅仅只有制度层面的一个维度，它还有经济和价值这两个维度，而卢卡奇对资本主义现代性的批判是在经济和价值这两个层

[1] [匈] 卢卡奇：《历史与阶级意识》，杜章智等译，商务印书馆，1999 年，第 163 页。

面展开的，如此一来，我们便可以从这两个维度汲取营养。最后，卢卡奇的物化理论对西方马克思主义流派的现代性批判理论产生了深远的影响，它“是西方马克思主义共同信仰的范式之一，是联系西方马克思主义的思想纽带”。[1] 现代西方的马克思主义哲学家无不遵循卢卡奇开创的这条“物化”批判理论之路来开展其现代性批判的。因此，理解卢卡奇的“物化理论”有助于我们更好地理解西方马克思主义及其对现代性批判的传统。

二、“物化”之思：“二律背反”

如前所述，卢卡奇对资本主义社会全面“物化”的指认即是其对现代性问题的诊断，在他那里，资本主义现代性问题的根本原因在于资本主义的生产方式，这是就经济层面和制度层面而言。在抽象的价值层面，卢卡奇认为合理化和可计算性是资本主义社会“物化”的直接原因，更深层次的原因则是近代西方哲学以来理性原则的确立，其发展到极致的“二律背反”则是资本主义现代性困境在哲学上的最高表现。要解决现实的困境首先要从哲学上消解“二律背反”，这是由哲学与现实之间的关系决定的。资产阶级由于自身的局限既不能解决哲学上的“二律背反”也无法突破现实的困境，最终只能依靠马克思总体性的辩证法去消解“二律背反”的难题。

（一）“二律背反”的难题

在卢卡奇的视野中，现代性困境的直接原因在于“合理化”和“可计算”原则的应用及社会分工的发展。他指出，从客观上来说，商品交换的实际发生必然要求确立一种共同的价值原则，而这种价值原则就体现为进行生产的抽象的人类劳动；从主观上来说，这种抽象的人类劳动不仅仅是商品进行交换的共同性原则，它还可以成为支配商品“生产过程的现实原则”。随着抽象的社会劳动原则的确立，可计算性、合理化原则及社会分

---

[1] 周立斌：《卢卡奇的物化理论及其演变》，中国社会科学出版社，2012 年，序言。

工得到了发展和完善，于是造成了这样的结果：一是由于劳动过程的可计算性及分工的细化，产品的统一性遭到了破坏，“统一的产品不再是劳动过程的对象”[1]，劳动过程的对象只是被分裂为部分的局部，从而这些部分之间的必然性也被偶然性所代替；二是当生产的过程被分裂为部分时，意味着生产的主体也被分成许多部分，因此，人并非作为独立的整体来控制整个生产过程，而是从属于生产过程。当商品形式普遍化到全社会的各个角落时，社会按照一个统一的经济过程遵循一个“自然规律”来运行，在其中，作为原子化的个人只是从属于这个生产过程，面对商品的经济结构及其遵循的“自然规律”，人只能是一个旁观者而对其无能为力。当这种合理化和可计算性的原则普遍化时，资本主义社会生活的方方面面无不存在着计算和理性，无不充斥着“物化”。

而这种合理化和可计算原则的广泛传播在卢卡奇看来，更深层次的原因在于理性原则的泛滥，与此相应的资本主义社会的现代性困境在哲学上的表现则是康德的“二律背反”。正如马克思在《〈黑格尔法哲学批判〉导言》中所做的那样把哲学的批判看作是对现实的有原则高度的批判，马克思说：“德国的国家哲学和法哲学在黑格尔的著作中得到了最系统、最丰富和最终的表述；对这种哲学的批判既是对现代国家以及同它相联系的现实所作的批判性分析，……因此，如果德国国家制度的现状表现了旧制度的完成，……那么德国的国家学说的现状就表现了现代国家的未完成，表现了现代国家的机体本身的缺陷。”[2] 卢卡奇也在哲学上，从近代西方哲学至德国古典哲学区别于古代哲学的特点即理性原则的发展壮大对资本主义社会发展的困境进行了详细的解释说明。他指出：“近代批判哲学是从意识的物化结构中产生出来的。”[3] 正如资本主义现代社会的物质基础及经济结构不同于古代社会，反映这一时代或作为时代精神精华的近代哲学和古代哲学也必然是不同的。为了把握现实社会，寻找现实社会的思想根源，卢卡奇要从哲学的高度对资本主义社会的困境进行反思。

---

[1]［匈］卢卡奇：《历史与阶级意识》，杜章智等译，商务印书馆，1999 年，第 155 页。
[2]《马克思恩格斯选集》（第一卷），人民出版社，2014 年，第 9 页。
[3]［匈］卢卡奇：《历史与阶级意识》，杜章智等译，商务印书馆，1999 年，第 183 页。

在他看来，近代哲学把数理方法变成了人们把握世界的原则，由于理性原则的泛滥导致合理化和可计算性原则在现代社会的普遍应用，从而造成了资本主义社会的困境，具体体现为理性体系的建立和非理性内容的把握之间的关系问题。卢卡奇认为，理性原则并非存在于人的思想本质中的一种超历史原则，他通过对近代哲学与之前哲学的比较，指出近代之前哲学的理性主义只是一种部分性的体系，它们把诸如上帝、灵魂之类的问题禁锢在非理性的范围之内。而近代哲学则把理性主义普遍化，企图建立一个完整的涵盖一切的体系，但是这个体系必然要遇到非理性的问题，能否把非理性囊括其中成为近代哲学最重要的问题。这个问题在康德那里表现得最为突出，为了解决近代哲学遗留下来的问题，康德为理性划定了界限，他认为人的认识能力是有限的，理性只能认识现象界而无法认识"自在之物"，这种"自在之物"不可理解，不能被理性所把握。于是德国古典哲学就造成了这样一种矛盾：要么承认理性体系可以涵盖一切内容，适用于一切东西，这样一来，非理性的东西就变得不存在了；要么就是承认既定性、内容能够进入到体系中去，这样一来体系本身就必须要被抛弃。这就表现为形式和内容、主体和客体、自由和必然之间的对立。这种哲学上的对立在现实中的表现就是虽然资产阶级社会凭借自身不断地战胜自然，取得了极大的进步，但是同时它也通过对理性的运用创造了一个不受自己控制却反过来控制自己的"第二自然"。在卢卡奇看来，这个"第二自然"就是人们创造的商品世界。因此，正像康德的"自在之物"一样，资产阶级社会创造的"第二自然"对于资产阶级来说是不可认识和不受其控制的。

康德从理论上指出可以用实践来解决这个问题，但是康德建立在实践基础上的伦理学只是纯形式无内容的，它只是主体自身的规范，对于现实世界是无力的。为了打破康德哲学造成的二元对立的局面，之后的哲学家们如费希特和黑格尔都试图建立一种统一的主体哲学，把思维和存在，主体和客体建立在同一的基础上。"费希特企图用纯粹道德活动主体来突破康德的二律背反的尝试没有获得成功。之后，黑格尔又转向了纯粹逻辑的思维活动主体，并且在这个方向上取得了富有内容的成果。”[1] 黑格尔提出了历史的辩证法，他指出一切内容都在历史的不断生成中，辩证法在历史中认识新生成内容的性质，这样一来历史的内容和辩证法的形式就有机地统一起来。要理解这种统一，就必须要找出历史的主体。“如果说黑格尔的现实概念意味着客观精神——被扬弃了的主观思想或主观精神——在诸多的领域中展开其全面的辩证活动，那么这个活动的最终主体乃是‘绝对精神’。”[2] 正是在这一点上，卢卡奇认为黑格尔又重新回到了德国古典哲学。他说黑格尔把绝对精神看作是历史的主体，这样一来，一方面历史本身相对于“绝对精神”就只具有偶然性，因此，历史重新又回到了非理性那里；另一方面作为“历史的完成”的绝对精神已经预先包含了事物的本质，因此，在方法论上黑格尔只能采取一种历史终点论。最后，由于辩证法的起源和历史是相互关联的，这种方法在面对真实的历史时却又无能为力。因此，卢卡奇指出：德国古典哲学并没能真正解决它自己提出的问题，虽然它从思想上要克服资产阶级社会，却只能是对资产阶级社会的解释和推演。

（二）“二律背反”的消解

那么，德国古典哲学的“二律背反”最终被谁解决了呢？卢卡奇认为，在哲学思想层面是马克思，在社会实践层面是无产阶级。他把马克思看作是康德和黑格尔哲学的继续和发展，认为马克思发展了不同于黑格尔的总体性辩证法，并用这种辩证法把握了历史的本质，最重要的是发现了历史的真正主体即无产阶级。卢卡奇指出：“只有这种总体观能揭破资本主义生产方式所必然产生的拜物教形式，使我们能看到它们不过是一些假象，这些假象虽然看来是必然的，但终究是假的。它们的直接的概念、它们的‘规律性’虽然同样必然地从资本主义的土壤中产生出来，然而却掩

[1] 孙伯鍨：《卢卡奇与马克思》，南京大学出版社，1999 年，第 73 页。
[2] 吴晓明：《论马克思学说的黑格尔渊源》，载《云南大学学报》（社会科学版）2015 年 06 期。

盖了客体之间的真正关系。"[1] 马克思通过这种辩证的总体观发现了"自在之物"的秘密，认为它不过是人和人之间形成的经济关系，正是这种深深掩藏在商品之中的经济关系无形地控制着人。"如果说商品结构和由商品结构决定的资产阶级社会的拜物教现象，以及盲目起作用的经济规律对资产阶级经济学家来说是不可认识的'自在之物'，那么，它对于马克思的经济理论来说则是已经被理解了的'为我之物'了。"[2] 通过总体性辩证法马克思消解了康德哲学和资本主义社会的"自在之物"及"二律背反"。

为什么资产阶级哲学和科学无法得出这种认识呢？卢卡奇认为这是由他们使用方法的直接性造成的。资产阶级的哲学家们把握现实的方法是实证科学的方法，他们只能直观地面对事物，而不把它们看成统一的整体，无法认识事物的本质。他还指出，自然科学的方法只适用于自然界，而不适用于社会，这种科学建立在精确的统计基础上，却忽略了事实的历史性质。在研究社会时，只有辩证法才能把那些孤立的事实和局部的体系连接起来，构成整体的具体统一。那么为什么马克思的辩证法能够把握事物的本质，而黑格尔的却不能。前文已经指出，黑格尔历史辩证法的主体是绝对精神，这种绝对精神只是作为历史的终点及本质而先验地存在的，这种先验地存在只是纯粹的概念；而马克思的历史辩证法主体则是无产阶级，无产阶级承担了总体把握历史的使命，他可以真正地创造历史。在卢卡奇看来，无产阶级本身不仅仅道出了资本主义社会的本质，同时他也承担了打破这个社会的任务。而无产阶级之所以承担了这样的使命和任务，并非是因为其他原因，而是因为无产阶级所受的压迫最重，承受的苦难最多且一无所有，因此它的革命性最彻底。由此可以看出，要想走出现代性的困境就必须跳出资本主义社会的怪圈，站在更高的视野上即无产阶级的立场去进行变革。由此，卢卡奇从理论上，从哲学的高度上对资本主义的现代性进行了反思，指出了理性原则的泛滥是导致现代性困境的根源。

---

[1] [匈] 卢卡奇：《历史与阶级意识》，杜章智等译，商务印书馆，1999 年，第 64 页。
[2] 孙伯鍨：《卢卡奇与马克思》，南京大学出版社，1999 年，第 41 页。

三、走出“物化”：无产阶级变革

要解决意识上的“自在之物”和现实中“物化”的问题，卢卡奇认为不能因循德国古典哲学的思路，而应该开辟一条新思路。据此，他提出了总体性和阶级意识的概念，他试图用总体性的辩证法来把握历史的本质，用阶级意识的觉醒和实践来解决资本主义现代性的问题。他说，“只有当主体（意识、思维）同时既是辩证过程的创造者又是产物；只有当主体因此在一个由它自己创造的、它本身就是其意识形式的世界中运动，而且这个世界同时以完全客观的形式把自己强加给它的时候，辩证法的问题及随之而来的主体和客体、思维和存在、自由和必然等等对立的扬弃的问题才可以被看作是解决了”。[1] 这样一来，无产阶级意识的觉醒即是对资产阶级由于其自身局限而造成的“二律背反”的现实的把握，而无产阶级的革命则是对社会的现实的改变。

（一）无产阶级的觉醒：总体性辩证法的理论

在卢卡奇看来，只有对社会总体进行整体的把握，只有主体能够完全认识他所创造的客体时，现代性的困境才能得到解决。卢卡奇认为早在康德那里，总体性的问题就已经存在，由于“自在之物”的不可认识，总体性的问题也无法解决，黑格尔的辩证法为此指明了道路，卢卡奇沿着黑格尔的思路认为只要把对象把握为总体的一部分，那么现代性的困境就可以解决。因此：“哲学必须设定一个主体，这个主体不是康德的那种纯粹理性的和单纯直观的认识主体，而是‘行为主体’，即把整个现实创造出来的‘创造主体’。如果整个世界都是主体活动的产物即创造的结果，那么它对于主体来说就不再具有既定的、自在之物的、非理性的特征。”[2] 因此，主客体就不再是对立的，而是统一的，它们共同构成统一的历史过程。这里所说的主体和客体不是别的，只能是无产阶级，只有无产阶级才能完成

[1]［匈］卢卡奇：《历史与阶级意识》，杜章智等译，商务印书馆，1999 年，第 227 页。
[2] 孙伯鍨：《卢卡奇与马克思》，南京大学出版社，1999 年，第 34 页。

这个消除物化、解放人类的使命从而走出现代性的困境，这是由其阶级地位决定的。虽然资产阶级和无产阶级一样都处在资本主义“物化”的社会里，他们所面临的社会是相同的，但是他们的地位、他们所面临的处境是不同的。“差异在于，无产阶级在异化中感到自己的无力和非人的生存现实；而有产阶级则感到自己的强大和满足。”[1] 资产阶级只能直观地面对他们的处境，只能看到他们自身的利益，把他们自己的利益当作全社会的利益，他们无法把社会看作一个联系的整体，因此无法把握社会的总体性，不可能解决资产阶级创造的“第二自然”的难题。

无产阶级和资产阶级完全不同，无产阶级既作为产品的生产者，又是被剥削者，它既是认识和实践的主体又是认识和实践的客体，因此，它能够从自己社会地位的自我认识开始对必然性的认识。虽然无产阶级无法控制产品本身，但是无产阶级能够不仅认识作为主体的自身，还能够借助认识客体，最终达到对主客体统一的整体的认识。“这就是说，资产阶级在理论上必然囿于直接性之中，而无产阶级相反能够超越这种直接性，就恰恰不是偶然的……无产阶级立场产生的认识，是客观上更高级的科学认识；它从方法论上使得有可能解决资产阶级时代的最伟大思想家们徒劳地企图解决的问题，它实际上就是对资本主义的恰如其分的历史的认识，这种认识是资产阶级思想永远不可能达到的。”[2] 对于无产阶级来说，他们对实践的认识和改变对于自身来说是生死攸关的事情，而不是可有可无的，只有认识了社会，认清了他们的阶级地位，把握了历史的总体性，他们获得解放才有可能。因此，历史使命终将落到无产阶级的身上，当他们深刻理解了他们的生存基础并对此加以改造时，真理就会以全新的面貌出现。

具体来说，卢卡奇认为人们要想打破资本主义社会的物化结构，就必须坚持以下几点：第一，我们需要对这个物化过程的矛盾有充分的认识，即前面提到的无产阶级阶级意识的觉醒。第二，通过行动来实现“总体的目标”。马克思曾说过“批判的武器当然不能代替武器的批判，物质力量

[1] 俞吾金：《马克思对现代性的诊断及其启示》，载《中国社会科学》，2005 年第 1 期。
[2] [匈] 卢卡奇：《历史与阶级意识》，杜章智等译，商务印书馆，1999 年，第 255 页。

只能用物质力量来摧毁；但是理论一经掌握群众，也会变成物质力量”。[1]因此，无产阶级对现实困境的认识不能直接改变困境，而应该付之于行动。第三，虽然卢卡奇肯定了实践是检验思维正确性的标准，但是他得出了“行动功能的正确与否最终要由无产阶级意识的发展来决定”的结论。由此推出第四，“这种意识突出的实践的本质就表现为，相应的正确的意识就意味着它的对象的改变，而且首先是，它自身的改变”。这里的逻辑思路是，无产阶级首先要对自身的阶级地位有清醒的认识，对历史的本质有深刻的把握。但是这种阶级意识的觉醒并不能代替行动，不意味着世界的改变，要想改变世界必须付之于行动。虽然他认为行动功能的正确与否由无产阶级意识的发展决定，并由此得出“相应正确的意识就意味着对象改变”的结论，对意识的作用有夸大之嫌；但是卢卡奇这里要强调的是理论和实践、思维和存在的统一，只有这样，无产阶级的主体性才能真正发挥出来，无产阶级的阶级意识才能真正形成，这由其总体性辩证法的特点所决定。

（二）无产阶级的行动：总体性辩证法的实践

既然最终改造世界的使命落在了无产阶级的身上，并且变革和解放的出路不仅在于已经觉醒的无产阶级意识，更在于无产阶级的行动。在卢卡奇那里现代性困境的根源从经济和制度层面来说在于资本主义生产方式的确立，从价值层面来说则是理性原则的泛滥运用，因此，他认为消除现代性的困境就必须跳出资本主义社会，由无产阶级通过革命来解决。他指出只有无产阶级的阶级意识普遍为整个社会的阶级意识并代表全社会利益时，整个社会包括无产阶级才可能得到解放，才能走出现代性的困境。但是无产阶级的阶级意识如何转变成现实而不仅仅停留在思想中呢？卢卡奇意识到了这个问题，马克思主义哲学区别于其他哲学的根本地方在于改变世界，只有使哲学变为现实而不是囿于思想之中，我们所面临的问题才能得到真正解决。只有实践才能把理论变成现实，现实不是已经实现出来的

---

[1]《马克思恩格斯选集》（第一卷），人民出版社，2014年，第9—10页。

一成不变的东西，它在卢卡奇这里意味着生成而非现成。一方面，对象的真正本质就在生成之中；另一方面，生成同时也是过去和将来之间的中介。只有人们把现在把握为生成，从现在看到了将来时，作为生成的现在才能成为他的真实的现在，也只有有责任并愿意创造将来的人才能看到具体的真理。“因此，无产阶级意识中反映的东西就是从资本主义发展的辩证矛盾中迸发出来的积极的和新的东西，它决不是无产阶级杜撰的或是无中生有‘创造’出来的东西，而是总的发展过程的必然结果；但是这东西首先要被提高为无产阶级意识的一部分，要由无产阶级使之成为实践的，它才能从抽象的可能性变为具体的现实。”[1] 但是这种理论或意识变为实践并非一蹴而就的，而是逐步的。他把这一改变的过程归之于经济的发展，并认为对于无产阶级意识来说，变革和解放只能出自行动，客观的经济发展不仅决定了无产阶级的地位和立场，也赋予了无产阶级改造社会的可能性和必要性。

为了使无产阶级阶级意识真正转化成现实，卢卡奇在《关于组织问题的方法论》中对组织问题进行了讨论。他指出并非马克思在思想上克服了乌托邦主义，我们的革命运动就可以把乌托邦主义完全克服，理论和实践之间的跨越需要中介即组织，这个组织就是共产党。卢卡奇说：“无产阶级的大部分仍然在思想上受资产阶级的影响；甚至最严重的经济危机也不能动摇他们的态度。结果是，无产阶级的态度、它对危机的反应远不及危机本身的激烈程度。”[2] 无产阶级的这种意识形态危机表明共产党的领导对于无产阶级摆脱危机多么重要。他同时还指出我们不能陷入宿命论和经济决定论的危机，这两种理论都认为由于客观经济规律的作用，无产阶级自然而然会获得最先进的阶级意识并取得无产阶级革命的胜利，这样就违背了马克思的原意。无产阶级为了获得真正的自由，必须进行不懈的斗争。卢卡奇说：“对自由王国的有意识的要求，只能意味着有意识地采取将真正导致它的步骤……它意味着有意识地使自我从属于那注定要真正实现真正的自由、并且今天正在为实现它而认真地采取最初一些艰巨的、无把握

[1] [匈]卢卡奇：《历史与阶级意识》，杜章智等译，商务印书馆，1999 年，第 309 页。
[2] [匈]卢卡奇：《历史与阶级意识》，杜章智等译，商务印书馆，1999 年，第 408 页。

的和试探性的步骤的集体意志。这个有意识的集体意志就是共产党。"[1] 也就是说要实现真正的自由必须要依靠集体意志的实现，这种集体意志只有依靠在本质上比资产阶级政党或机会主义政党更高类型的组织即共产党才能够实现，这是由共产党严格的纪律和每一个成员对运动全身心地投入决定的。

Modernity dilemma and Proletarian change
——Reread History and Class Consciousness

(Wu Zhiping,Wuhan University,Wuhan, Hubei Provence 430072)

Abstract: Lukács'materialization critique is criticism of modernity in two senses. First, modernity is the basis for distinguishing the modern world from the ancient world. Its extension is bigger than the extension of capitalism. Therefore, the critique of capitalism is a critique of modernity. Second, Lukács begins to criticize capitalist society from the structure of commodity economy. He emphasizes that the universalization of commodity structure is the essential distinction between the modern society and the ancient society, and also it is the fundamental cause of the materialization. Thus, he analyzes and critiques the modernity of capitalism from the economic level. From this perspective, his analysis and explanation of the materialization phenomenon of capitalism is the identification of the modern dilemma of capitalism. He also thinks that the highest performance of this dilemma in philosophy is Kant's antinomy. Because of the limits of classical German philosophy, it is impossible to solve this problem until Marx pointes out the way through total dialectics and pointes out the possibility that the proletariat would eliminate the predicament of modernity.

Keywords: Lukács, modernity, dilemma, proletarian, revolution

---

[1] [匈]卢卡奇：《历史与阶级意识》，杜章智等译，商务印书馆，1999年，第420—421页。

书 评

西方哲学视阈下的中国概念“默化”

——读朱利安《默化》

赵 鸣*

摘要： 作为长期研究中国的资深学者，弗朗索瓦·朱利安在《默化》一书中从哲学和语言两个角度对“默化”观的特殊性进行了深刻分析，指出它为中国文化所推崇，却不可能存在于欧洲思想的根本原因。通过对当代中国及欧洲种种问题的反思，朱利安创造性地实现了这一概念的古为今用，为中国传统文化的现代化转型提供了参考范例。

关键词： 默化；朱利安；法国汉学；法国哲学

“默化”，中国古人发明的词语，用来表达不知不觉产生变化的过程。瓜熟蒂落、水到渠成、见微知著、睹始知终等，都是其分身。法国哲学家弗朗索瓦·朱利安[1]写了一本书专门研究它，就叫《默化》(Les Transformations silencieuses,Paris : Grasset, 2009)。该书首先为中国人提供了一个独特的视角：“默化”是我们再熟悉不过的概念，熟悉到想不到要提问，认为根本不需要提问。朱利安作为外国人，且是资深的中国研究专家，他是怎么理解“默化”的，看到了哪些我们看不到的盲点，引人好奇。书中采用“双重迂回”的研究方法同样值得注意，一重为“中—西”

---

* 作者简介：赵鸣，武汉大学外国语言文学学院法语系讲师，主要研究方向为法国哲学家弗朗索瓦·朱利安的思想理论及当代法国汉学，E-mail : 15172323440@163.com。本文系 2017 年教育部人文社科研究青年基金项目“法国当代哲学家弗朗索瓦·朱利安对中国传统文化的阐释研究”(项目批准号：17YJC720040) 的阶段性成果。

[1] François Jullien (1951—)，又译弗朗索瓦·于连。于连为中国学术界的惯用译名，朱利安为 Jullien 本人确认的译名，本文选择“朱利安”这一后来译法，以下不再说明。

之迂回，借助中国概念“默化”，为欧洲哲学反观自照提供镜鉴；一重为“古—今”之迂回，欧洲自启蒙运动以来产生了所谓的现代性危机，朱利安对“默化”投以关注，不单是要追溯它在中西语言里呈现不对等的根源，更大的诉求是重返古典时代，借由先贤的成果来反思现代性导致的诸多问题。这一思路与习近平总书记提出的“实现传统文化的创造性转化和创新性发展”[1]不谋而合，客观上对中国传统学术的现代性改造做出了具有参考价值的探索。

一、研究背景

将“默”与“化”拆开看，我们会发现东西方首先对“默”有着不同的定义：中文的“默”是基于现象的观察说明，指事物进程的悄无声息、不露痕迹，约略对应法语词“不可见”（invisibilité）。熟悉20世纪法国哲学的人会联想到梅洛－庞蒂写过一本书就叫《可见与不可见》（Le visible et l’invisible），庞蒂定义的“可见”是“自然的、历史的、构成一切人类痕迹的世界本身”，不可见指“事物沉默的本质”，哲学的功能在于“把事物本身，把事物沉默的本质引向表达”[2]。朱利安则进一步辨析出“不可见”的两个（对立）层次：一是感性层面不为外人所知的内在隐私；二是被哲学规定为感性对立面的观念（与庞蒂的本质一说无异）。由此可以看出，西方人至少法国人对“不可见”的理解与现象无关，与哲学有关。“化”是从一种状态到另一种状态的过渡，生老病死、兴亡盛衰皆是“化”。

奇怪的是，西方人一样在面对无所不在无时不有的“化”，也会像《红楼梦》的草蛇灰线那样在文学作品中呈现“化”，却从来没有研究过“化”。传统的解释认为它与“主体观”的建立有关，自亚里士多德提出“物理”（phusis）的概念起，便确立了施动主体的核心地位，无论是观念的构想，还是行动的实施，出发点都是作为“主体”永远保有存在感的人。在主体视角下，客观世界先是被人的意志所规划，继而被人的行动所征

[1]《习近平总书记系列重要讲话读本》，2016年。
[2] Maurice Merleau-Ponty, *Le visible et l’invisible*, Paris : Gallimard, 1979, pp. 18—19.

服，荷马史诗、地理大发现、工业革命，无一不是理式向外投射的体现。一旦要去理解潜移默化作用下的命题，成长、老去、由爱生恨是如何发生的，主体功能就会遭到破坏，因为它被消解在过程的洪流里，失去了存在感，内与外的界限被打破，过程反而成为真正的"主体"，情势战胜了人为。这不失为一种理解的方法，但只是《默化》一书思考的起点，因为它会立即生出另一个疑问："主体观"的建立又是因为什么呢？以此推演，追问可以一直延伸下去。有没有一劳永逸解决问题的办法呢？朱利安于是引入了哲学和语言学两大学科，希望最大限度地上溯到思想源头，寻找差异显现的最初的分叉点。

二、研究方法：哲学及语言

朱利安认为，欧洲之所以没有发展出一门关于"默化"的学问，原因在于从哲学的源头希腊开始，柏拉图和亚里士多德先后将"存在"和"运动"设定为构建哲学的两大基石，导致它无法思考转化当中的特殊阶段——"过渡"。柏拉图说得清什么是冰什么是水，但说不清"什么是正在化成水的冰"。《巴门尼德篇》中有一段著名的文字："一个事物起先静止然后运动，或起先运动然后静止，但是不存在这样一个时间，在这个时间里一个事物可以既不运动又不静止。"[1] 运动和静止被看作两种绝对分离的状态，非此即彼，互不相容，既然对立元素无法调和，不可能共存于同一实体当中，那么逻辑上，从一种状态自然而然地切换到另一状态，保持转换的内在连续便成为了自相矛盾。无奈之下，柏拉图只好牵强地假定在这两者之间有一个不占用时间的"瞬间"（exaiphnes），过渡就在这个"瞬间"完成。同样，亚里士多德也对"过渡"问题做出了闪避，中音是高低音的过渡，灰色是黑白的过渡，而灰色本身"存在"与否却是一个理论黑洞，说不清楚。唯一确定的是，它比黑色浅，比白色深，因此"可以用来和对立两方的任何一方对立"，同时，它又是"某种意义上的限点"[2]，是

[1]《柏拉图全集》第二卷，王晓朝译，人民出版社，2003 年，第 793—794 页。
[2] 亚里士多德：《物理学》，V，224b，张竹明译，商务印书馆，1982 年，第 141 页。

浅到极点的黑，又是深到极点的白。此外，亚氏又从“物理学”的角度巩固了“过渡不可能成立”的观点。他将变化定义为“由一事物变为另一事物”（225a），以起点终点的运动模式来理解变化，对后续欧洲思想的走向产生了两个决定性影响：一是需要发明“时间”概念来清晰标记位移（然而事实上，时间本身也处在不可切分的流动当中，欧洲语言对过去、现在和将来的时态划分，无异于“抽刀断水”，背离了时间本身的延展性）；二是目的论思维，主体—客体，行动—目标，创世之谜—世界末日等等，可以说都是这一思维的衍生。

朱利安在与北大教授秦海鹰的对话中提出过一个很有启发性的观点，他认为东西方均有成对出现的概念，但二者在构成方式上有本质差别。西方的概念间只有隔离、对立、降级，中国的概念在对立之外也有关联，它们处在同一层面，“一个也是另一个，一个说明另一个，我提到其中一个必须经过另一个”[1]。西方哲学瞄准的是自下而上的超越性，所以它建立了时间之上的“永恒”（Éternité），“默化”发生在平行关系中，它的属性不是“永恒”而是“无穷”（Infinité），也正是亚里士多德在《形而上学》中予以否认的“生成的生成”“变化的变化”（metabolé metabolès）。亚氏以运动理解变化，凡运动必有主体，是事物从一种确定的形式走向另一种确定的形式，“生成的生成”是可以无限上溯的进程，没有确定的主体，永远在形式与形式之间，这对他是不可想象的。朱利安认为，欧洲哲学无法回答的问题，中国思想巧妙地用了另一种方法来化解，它绕过“存在”，发明了一对互为辩证的概念“变—通”来理解过渡的持续，这种灵感直接取自对四时变迁的观察。春夏秋冬可以划分为两组：冬到春、夏到秋为“变”，由冷到热或相反由热到冷，代表分叉、断裂、更新，春到夏、秋到冬为“通”，由热到更热或相反由冷到更冷，代表接续、通达、守成。“变”和“通”交替出现，一个提供动力，一个确保顺畅，从而环环相扣，形成严丝合缝、循环流转的整体。《易经》是对这一天道观的复刻，朱利安特别注意到最后两卦，六十三卦“既济”的本义是“渡水之后”，代表大功告

[1] 秦海鹰：《关于中西诗学的对话——弗朗索瓦·朱利安访谈录》，《中国比较文学》，1996年第2期，第83页。

成，六十四卦“未济”却又回到“渡水之前”，以事情尚未完成作结，看似违背主观认知，实际符合客观规律，变化没有起点终点，“恒者久也”，这个恒，不是独立于时间之外的永恒，而是物不可穷的绵延不断、周而复始。所以，古汉语说“终始”而不是“始终”，终又是新的开始，这种循环观完全颠覆了西方从理论到实践的线性思维。

那么中国人又是如何看待这个问题的呢？我们可以就朱利安的观点做一些补充，无论是“变化的变化”“生成的生成”，还是“变—通”的交互作用，实际都涉及中国哲学的专属概念“生生”。“生”，字形取“草木生出土上”（《说文》）之意，“生生”，即为“使生者生”。唐代经学家孔颖达的经典解释是：“生生，不绝之辞。阴阳变转，后生次于前生，是万物恒生，谓之易也。”在回应复旦哲学系教授丁耘对“生生”与“造作”区别的讨论中，北大哲学系教授吴飞提出西方发端于柏拉图和亚里士多德的“制造模式”对立于《周易》阐发的“生生模式”，“创造”与“生生”，代表了人为与自然的差别。《系辞下》有云：“天地氤氲，万物化醇。男女构精，万物化生。”生生之理，一在天地交泰，二在男女交合（人伦之序之源）。吴文进一步引述孔颖达的注疏，认为生生最重要的前提在于八个字：“天地无心，自然得一。”这就是说，“生”是自然而然地生长，“在此生生的过程中，天地没有一个目的，也没有明确的动力，没有安排，没有考虑，并没有一个意志或一个思想刻意要制造什么或生成什么，而完全是‘无心’所致，没有一个主宰”[1]。男女交合符合“人之大欲”，生儿育女只是自然导致的结果。希腊文的“自然”原本也是指自然而然地生长，与“生生”同义，然而柏拉图与亚氏却以技艺制造反推自然生成，后者在《物理学》中将自然直接归入“四因说”的范畴，认为自然活动和技术制造一样都带有目的，“叶子长出来是为了掩饰果实”，“根往下生长是为了吸取途中的养分”（199a，26—30）。

厘清了思想源头固定下来的“褶皱”，一个更深层的问题冒了出来：为什么欧洲哲学只能在“存在”“运动”的框架内进行思考？朱利安认为制

[1] 吴飞：《论“生生”——兼与丁耘先生商榷》，《哲学研究》，2018 年第 1 期，第 38 页。

约其发展的更上游因素是语言。他在书中写道："思想经过了语言的'折叠整理'，后者虽不能决定前者，却能预设前者的走向……任何哲学，不论提出多么极端激进的问题，都只能放在第二步考虑，它首先身处语言的魔咒当中：它只能映射出语言的特殊性。"[1] 朱利安对语言与思维关联性的认识直接受教于尼采，后者在《善与恶的彼岸》中抛出疑问："为什么所有印度、希腊与德国的哲学思维都令人奇怪地相似，仿佛出自同一家族？……只要哪里存在着语言之间的亲密关系，由于共同的语法规则——我的意思是，由于被相似的语法功能无意识地控制和引导——的影响，哪里也就必然从一开始就为其哲学体系的相似发展道路与发展顺序作好了一切准备；就好像其他对世界的阐释在这条路上都行不通一样。极有可能乌拉尔－阿尔泰语群地区（这里主语概念最不发达）的哲学家会以别样的方式'观察世界'，我们会发现他们所走的思维道路与印度－日耳曼地区的人们以及穆斯林都不相同：某种语法功能的符咒从根本上说也是生理上的价值评估和种族性格的符咒。"[2] 本维尼斯特和罗兰·巴特也不约而同提过亚里士多德所建立的哲学概念是如何受到了希腊语言结构方式，具体说来即述谓结构的深刻影响。它的特点在于确定一个"某物"（quelque chose）——对应前文哲学传统下的"存在"，作为基底，充当独立存在的主语，其余成分用来述说主语，作为底层支撑的主语反过来不述说他物。亚氏在对事物进行"范畴"分类时，将这个作为底层支撑的主语称为"第一性实体"，作为首要范畴居中，其他成分质量、数量、关系、性质等则如众星环月，对它进行特征或属性上的限定。这个结构所要追求的目标是消除不确定，建立语言的内在理性（逻各斯），使语言承载的思想尽可能清晰澄明。述谓结构一旦放到"过渡"的语境下便会自行解体，因为"过渡"是流变，是一种"实体"（确定性的存在）正在通向另一种"实体"（确定性的存在）的"之间"，以"老去"为例，它原本就在"第一性实

---

[1] François Jullien, *Les Transformations silencieuses*, Paris : Éditions Grasset & Fasquelle, 2009, p. 62.

[2]［德］弗雷德里希·威廉·尼采：《善与恶的彼岸》，梁余晶、王娟、任晓晋译，光明日报出版社，2007 年，第 27—28 页。

体”的内部，是它切割不掉的一分子，无法从过程当中剥离出来独存。此外，欧洲语言通过动词变位将“时间”人为地切割为过去、现在和将来，对延展性的时间而言，实际的分割物并不存在。

以欧洲为参照，朱利安对“默化”与中国语言的亲缘性提出了两点看法：第一，“化”是中国思想的核心关键词，甲骨文中的“化”为会意字，由一个面朝左正立的人和一个头朝下脚朝上倒立的人左右组合而成[1]，颠倒即为变化。“潜移默化”的特殊就在于通过自然而然不知不觉的渐变，最终实现阴阳倒转、乾坤巨变，《易经》六十四卦都在讲这个东西。沿着朱利安的思路继续说下去，“化”字不但有“变化”“消融”“生成”“教化”“焚烧”“乞讨”多个意义，也是“死”的一种委婉说法。现代汉语把“化”改叫“过程”，完全抹杀了古汉语丰富的文化内涵。第二，这是朱利安一个很有新意的观察：古汉语形式本身就是对“过渡”的体现。为清楚起见，需要从中西方语言特点的比较说起。欧洲语言（印欧语系更确切）针对语义，乃至先于语义的词法、句法进行了多重区分。从词法上讲，希腊语建立的第一重区分就是让名词（onoma）脱离动词（réma），且（上文已经说过）赋予其 substantif（名词）和 substance（实体）两重意义。汉语消除了欧洲语言对词性的严格界定，例如“明”，可以分不同语境表示“照亮”（动词）、“明亮的”（形容词）和“光明”（名词），而欧洲人认为，先有照亮的动作，才有名词光明。

权威语言学家的观点可用来考察朱利安此番论述。1826 年 3 月 20 日，威廉・冯・洪堡特在柏林科学院宣读了著名的《论汉语的语法结构》，在将印欧语言（年代原因，文中称“印度—日耳曼语言”）与汉语进行比对后，这位历史比较语言学的创始人总结，印欧语言的特色在于注重语法形式，“把语法范畴的区分当作自身语法的惟一基础，并且始终如一地追求这种区分，直至最细微的方面；在构造句子时，它们处处都忠实地遵守范畴区分这一可靠的原则”[2]，他还特别提到了希腊语，“这一优点尤其体现在希腊语中。我觉得，甚至连拉丁语和梵语，就句子构造的精密、丰富和美

[1] 参见《古代汉语字典》，商务印书馆，2005 年，第 307 页。
[2]《洪堡特语言哲学文集》，姚小平编译，湖南教育出版社，2001 年，第 153 页。

妙，思想表述的多重角度和细微色彩来看，也比不上希腊语”[1]。汉语则拒绝对语法范畴作精确、细腻的区分，从而突出概念本身，“一个个词的快速、孤立的排列，其中每个词都表达了一个完整的概念”[2]，“其他语言的语法都由两部分构成，一是词源部分（形态），另一是句法部分，而汉语的语法只有句法部分……句子的构造完全取决于词义、词序和语境意义”[3]。

中国现代语言学先驱赵元任曾在《中国话的文法》中提到，西方学者的通行说法即汉语的语法都是句法，汉语的句法都是词序[4]。他的看法是，这个判断有其合理性，但并不完全正确，有一些特例也需要考虑进去，比方说语音语调对句法的影响，“煎饼”在两字之间停顿（“煎—饼”）为动宾短语，强调动作，若没有停顿则表示名词。当汉语不以内部形态变化为文法基础时，决定聚合意义的词序和决定组合意义的虚词（洪堡特称之为“语法词”）作用必然加大，洪堡特认为，虚词在汉语中的作用不是语法标记，“而是指出一个思想片段向另一思想片段的过渡”[5]。

回到朱利安：洪堡特指出汉语形式依靠虚词实现过渡，但他仅仅是点到为止，对具体如何体现“过渡”缺乏深入论证。朱利安向前推进一步，称与述谓结构中谓项围绕中心主语的关系相比，汉语存在大量可归为同类的无主语句，典型如：“大曰逝，逝曰远，远曰反”（《道德经》第二十五章），或“诚则形，形则著，著则明，明则动，动则变，变则化”（《中庸》第二十三章）。这类结构本身极为特殊，前一个词倒向后一个词，整体呈现出多米诺骨牌式的连环递进，词与词平行对等（符合洪堡特说的词与词孤立排列），没有述谓关系中充当概念的中心主语和描述性质的谓项之别。话语本身就在过渡当中，是对“道”之本义——道路、通往的再现。再拿虚词举例，通过辨析短句“变而通”中虚词“而”的含义，可以对变通这一过渡的实质有更深刻明晰的把握。“而”兼具“但是”（转折）和“于是”（相承）两重含义，“变—但是—通”说的是变与通的对立，从同时性的角

---

[1]《洪堡特语言哲学文集》，第153页。
[2]《洪堡特语言哲学文集》，第158页。
[3]《洪堡特语言哲学文集》，第105—106页。
[4] 赵元任：《国语语法——中国话的文法》，学海出版社，1981年，第89页。
[5]《洪堡特语言哲学文集》，第115页。

度来看待两概念的关系，“变—于是—通”说的是变与通的接续，从不可分性的角度来看待两概念的关系。当然，朱利安这里仅仅抽取了“而”有利于诠释过渡内涵的词义，我们知道，作为连词的“而”在古汉语中还可表示并列（永州之野产异蛇，黑质而白章）、假设（诸君而有意，瞻余马首可也）、修饰（侃侃而谈）等，作为代词的“而”指“你、你的”（余知而无罪也）或“这个，这样”（同是被逼迫，君而妾亦然），还有语气助词等用法。

三、研究意义：借古思今

《默化》在朱利安书写中国的系列中别具一格。由于这一概念本身与现象的共生性，朱利安在理论建构之外加入了大量对文学、时政、历史乃至人生的观察感悟，笔触优美，读来诗意绵长。来自不同领域的论证材料实际上应和了他对汉学研究前景的期待：接受哲学方法论的改造，走向实用化。弄懂“默化”有什么意义？回答了这个前提性问题，也就实现了“默化”的古为今用，对包括西方在内的所有文化具有普遍的启发。这些材料有些独立成章，如第九章“事件的神话学”、第十章“历史—战略—政治”，有些则散落分布于各处，最终我们将其整合归纳为五个要点：

（1）朱利安认为，研究中国古代文化，可以帮助我们更好地认识中国的现状。文化经过漫长的筛选过滤，仍然有自始至终贯通到底的东西，作为基质沉淀下来，最终使它呈现出某种特色，“默化”正是其中之一。作为思想萌芽之际的产物，中国人将观察天地总结出的规律运用到了人事当中：《礼记》中说“温柔敦厚，《诗》教也”，以《诗经》巩固人伦，移风易俗；孟子“揠苗助长”的故事，意在不要介入主体发展，只要创造适宜的环境；孙子讲“不战而屈人之兵”，老子讲“祸福相依”，无一不是顺势而为的注解，不但于各家文本中有一致性的体现，也被今天的中国人活学活用为一套“蚕食性战略”。朱利安的引证涉及军事、政治、经济等多个领域，这里仅举几例：他在不止一本书中对邓小平表示钦佩，称他为中国默化的践行者。邓关于改革开放经验的名言“摸着石头过河”是典型的中式思维，事物开始都是混沌不清的状态，理不出头绪，此时不必强行制定计划、安排模式，而是走一步看一步，根据遇到的情况量身打造对策，随时调整方向。与东欧剧变苏联解体相比，中国让世人惊叹的地方就在于，没有经历剧烈的动荡与断档，不显山不露水地完成了社会与经济体制的重大变革。近年的和平崛起之路一脉相承，2008 年北京成功举办奥运会是多年韬光养晦，国力迸发的一次表现，是默化之上的“冰山一角”。更让朱利安感同身受的是他所在的城市巴黎，如果将巴黎看作围棋棋盘，华人区就像是一颗颗棋子，不知何时起范围在一点点扩大，占据了越来越多的“空”。

（2）默化与文学。当然这层意义对中国人可能不具备太大的参考价值，毕竟我们早有诸如《红楼梦》“草蛇灰线，伏脉千里”的系统红学研究。朱利安认为，小说作为一种文学体裁，其功能及合法性正是建立在默化营造出的冲突感和戏剧性上，典型如托尔斯泰的小说。在《安娜·卡列尼娜》中，女主人公是因与沃伦斯基突如其来的邂逅，瞬间决定出轨的吗？非也，在这场婚外情成为主线前，托翁早已用无数细节暗示了安娜选择的必然。她与沃伦斯基的羁绊并非天雷勾动地火的偶然，而是早有预兆，比如安娜不经意间对丈夫耳朵流露出的厌恶，沃伦斯基第一次看到她的直觉——这个女人“全身洋溢着过剩的青春，脸上有一股被压抑着的生气”，一切都在表明，对原有生活的不满才是导致安娜出轨的根源，内心的变化究竟起于何时，是当事人本身也意识不到的。沃伦斯基的适时出现，为她找到了一个宣泄口。这场爱情的欺骗性也正在于此，试图逃避生活，期待他人救赎自己的做法无法真正解决一个人内心的孤独。另一部长篇《战争与和平》由于结构宏大、人物众多，托尔斯泰采用了分叙法进行，一边是战争双方力量的此消彼长，另一边是人物命运的交相呼应。

（3）默化与生命存在的方式。西方文化一直强调人作为“主体”的存在感，人有自由意志且能通过行动体现自由意志，我即是自身存在的原因（“自因”），这种“形式—目的”逻辑解释不了“化”的问题，例如生命的流动性。想想一个人是如何变老的，老去是人做不了主的事情，它是天长日久的变化：首先不能作为性质或成分从主体身上剥离，而是在主体内部发生的过程，确切说是主体化为了一段过程，消解在不知不觉流逝的时光中；其次，生命是动态的，从哪个节点开始可以算作老去了呢？出生即在老去。受目的论思维的限制，欧洲绕过了“老去”，将重心放在“死亡”上，生命的终点是死亡，那么通过形而上学和宗教来建构死亡的意义就成为其文化的一大特色。

（4）默化与历史研究。在朱利安看来，欧洲文化是以“事件”为基础建立的文化，这一语境中的“事件”，并非指默化由量变走向质变过程中偶露的“征兆”，而是从外部介入、打断原有进程的他者，与西医倡导的“介入式疗法”并无二致。联系沃伦斯基的例子，如何理解他之于安娜的作用，对应着默化与事件两种思考方式的区别。从默化的角度看，沃伦斯基是安娜内心冲动达到临界点时顺势结出的一个果，即便不是他也会由别人代替；从事件的角度看，他是引发安娜命运转折的主因，仿佛从天而降，将安娜的前半生与后半生硬生生切割开来，导致她走向了悲剧的结局。由此便有了对历史发展原动力的探讨，希腊戏剧、荷马史诗、耶稣的降生、受死与复活，直到阿兰·巴迪欧仍然将事件定义为“淤滞情境之增补”(《存在与事件》)，都反映出西方人的思维倾向——事物发展来自于或由英雄开创或无法解释的外部事件（奇迹）。革命之于历史，正如沃伦斯基之于安娜，按照事件说，历史前进的动力来自于行动（革命）制造的断裂，一切推倒重来；默化思维着眼于过程和连续性，没有剧变只有累积，革命只是内在转化进行到一定阶段的爆发。如此便有了两种看待历史的方法：一种是欧洲式的，通过事件学习历史，布罗代尔倒是在传统史学之外建立了“新史学”，提出要从“短时段”和“长时段”两个方面来看待历史发展，短时段以爆炸性事件为中心，与它对立的长时段则期望通过建立结构或模型来理解“永恒”与规律性的现象。朱利安指出，布罗代尔的思考仍然没有脱离西方以概念和逻辑为基础的固定化思维，与历史鸭儿浮水静中有变的本质实际背道而驰。另一派是诸如王夫之这样的中国史学家，认为理解历史就是要揭示“事”与“势”的联系，深究那个潜藏在多元事件下的“天下大势”。以“9·11”为例，朱利安认为将它视为“突发性事件”是“只见树木不见森林”，它是在全球化的新背景下，角力关系互相转化，消极元素酝酿成熟结出的一个果。

（5）默化与现代性危机。气候暖化、土地荒漠化、全球一体化，一个“化”字准确描述出“随风潜入夜，润物细无声”的过程。作为有社会责任感的知识分子，朱利安表达了他的忧虑，人类当下遭遇的种种危机，大多都因小觑了潜移默化的整体性和破坏力。如今世界范围内存在泛娱乐化的现象，例如传媒操纵大众心理，诱导人们对耸动吸睛的事件趋之若鹜，通过不断消费事件获得存在感，赚取利益；又如文化领域，快餐书籍在不断挤压严肃书籍的生存空间，浅浏览代替了深阅读。导致的后果是在没有意识的情况下，我们的审美日渐单一，思维趋向肤浅。

四、整体反思

文史学家葛兆光说过，海外中国学在本质上是“外国学”，“因其问题意识、研究思路和方法常常跟它本国的、当时的学术脉络、政治背景、观察立场有关”，对中国学界来说，了解它的好处在于“把海外当下思考的问题、流行的新理论和使用的新方法，融会在中国具体历史、政治、文化研究中，可以帮助我们打开思路，让我们觉得历史、政治、文化还可以这样去分析、去研究”[1]。朱利安将“默化”置入西方哲学的视野进行考察，就符合葛先生这番描述。《默化》一书的特色也正代表了西学的长处，即建构框架，形成系统的理论。哲学训练使朱利安具备将边缘词汇上升为哲思概念的敏锐嗅觉，能够准确捕捉到那些中西方尚未思考的东西，通过理论模型来解释中西思想的整体特征。当然，我们也会注意到，模型的建立必然带有公式化和主观化的倾向，中国人是不是只会顺势而为，完全不考虑目的和计划性的因素呢？《礼记·月令》一章写道，孟春之月，“天子乃以元日乞谷于上帝”，“是月也，不可以称兵，称兵必有天殃。兵戎不起，不可从我始。毋变天之道，毋绝地之理，毋乱人之纪”。顺应天道对人事进行安排，算不算是一种事先的规划？遵循这种传统，是不是违背了默化

[1] 葛兆光：《海外中国学本质上是“外国学”》，腾讯历史：https://news.qq.com/a/20100719/001783.htm.

讲求的灵活性?《孙子兵法》中的例子就更多了，开篇便说："兵者，国之大事，死生之地，存亡之道，不可不察也。故经之以五事，校之以计，而索其情：一曰道，二曰天，三曰地，四曰将，五曰法。"这是事先在宏观战略上进行考察谋划，没有哪个军事家会打真正的无准备之仗，顺势而为那一面应该说是体现在具体的战术上，例如"投之亡地然后存，陷之死地然后生"，我们也可以反过来想，这种人为造出来的"势"，不也有着明确的目的性吗？朱利安另有一个长处在于他是少见的杂家，哲学之外，还熟悉欧洲各国语言及汉语、日语等，引用经史子集信手拈来，他在《默化》中除了继续发挥哲学、语言学和汉学三大学科结合的优势，更加入了文学、社会学、政治学多个领域的辅助素材，这就使得他的研究具备了更为广阔的比较视野和更为普遍的参考价值，"以众学治一学"，博采众长，从而自成一家。

自 1814 年法兰西学院设立"汉语和鞑靼—满族语言文学教席"以来，法国长期处于欧洲专业汉学的中心地位。2014 年，在纪念法国汉学建立 200 周年之际，中法学界提出了一个共同的思考：面对"二战"以来凭借中国近现代研究异军突起的美国汉学，一贯以考据文献为传统的法国汉学是否已日渐式微、荣光不再？法国汉学的未来路在何方？[1]《默化》一书可以说回答了这个问题，正所谓窥一斑而知全豹，当前法国的汉学家不但不减前人对中国古代文化一如既往的热忱，很好地承袭了一手文献与注释细读相结合的研究范式，并且能够将不同学科的方法引入汉学研究，取得创造性的成果。巴黎东方语言文化学院中文系教授王论跃在论及法国汉学研究现状时就曾说："法国的人文思想常常以其形式的新颖而吸引世界，法国的汉学界也需要这种丰富的想象力"[2]，在法国汉学的"理论性"和美国汉学的"实用性"之外，朱利安尝试开辟出第三条道路：在哲学方法论的改造下，汉学走向实用。无论从立意、方法还是内容上讲，这都是前所未

---

[1] 参见毛莉：《用完整的中国观深化汉学研究——历经 200 年的法国汉学，该如何延续昔日荣光？》，《中国社会科学报》，2014 年 8 月 18 日。

[2] 王论跃：《当前法国儒学研究现状》，《湖南大学学报》（社会科学版），2008 年第 4 期，第 32 页。

有的一次学术尝试，是对汉语背后所蕴含深刻思想内涵的全新发掘。

The Silent Transformations from the Perspective of Western Philosophy

(Zhao Ming, College of foreign languages and literature, Wuhan University, Wuhan 430072)

Abstract: In The Silent Transformations, the French philosopher François Jullien analyzes the particularity of this Chinese concept from both philosophical and linguistic perspective, pointing out that it is highly appreciated by Chinese culture but can not exist in European thought. In addition, through his reflection on various phenomena in contemporary China and Europe, Jullien creatively practiced the method of "using the past to serve the present", which provide a reference for the modernization of Chinese traditional culture.

Keywords: The Silent Transformations ; François Jullien ; French sinology ; French philosophy

厘清霍耐特正义理论的形成逻辑

——读《不确定性之痛：黑格尔法哲学的再现实化》

任祥伟*

摘要： 在《不确定性之痛：黑格尔法哲学的再现实化》一书中，霍耐特描述了黑格尔法哲学的三种自由模式：消极的自由、选择的自由和交往的自由。前两种不完整的自由模式导致了“不确定性之痛”，为此，霍耐特特别强调交往的自由和黑格尔伦理学说的诊疗功能，从而转入黑格尔的伦理领域寻求解决之道。但是，由于黑格尔自身存在的理论困境，以及为了更好地使黑格尔法哲学再现实化，霍耐特倾向于把黑格尔法哲学重构为以承认为内核的社会正义论，并将社会正义原则视为个体的自我实现。

关键词： 霍耐特；不确定性之痛；正义；自由；承认

一直以来，以康德和洛克自由主义取向的正义论占有主导地位，但是反对康德和洛克的自由主义正义论，复活黑格尔的社会正义论也一直存在。[1] 黑格尔的社会正义理论将道德合理性与社会现实结合起来，在全新的社会理论中试图找出构成现代正义原则的社会条件，是一种亚里士多德主义的正义论。在《不确定性之痛：黑格尔法哲学的再现实化》（以下简称《不确定性之痛》）一书中，霍耐特分析了存在于黑格尔法哲学中的三种自

---

* 基金项目：本文系厦门大学研究生田野调查基金项目（2018GF004）的阶段性成果。
作者简介：任祥伟，厦门大学哲学系马克思主义哲学专业博士研究生，主要研究西方马克思主义，E-mail：568595735@qq.com。

[1] 例如英国新黑格尔主义政治哲学试图按照黑格尔意图建构正义论，M. 沃尔泽、A. 麦金太尔等人试图超越纯粹规范的社会正义论。参见王凤才：《作为社会分析的正义论——霍耐特对〈法哲学原理〉的诠释与重构》，《复旦学报》（社会科学版），2016 年第 6 期，第 50 页。

由模式，[1] 找到了导致社会“不确定性之痛”的病因。最重要的是，在黑格尔法哲学思想的基础上，霍耐特提出了一种以承认为核心的全新的社会正义理论，下面着重对霍耐特正义理论的形成逻辑进行详细的梳理，有助于我们把握霍耐特正义思想的本质和精髓。

一、“不确定性之痛”的根源

与卢梭、康德和费希特的前提一致，黑格尔认为，在现代启蒙的条件下，一切道德或法律的规定必须在表达个人自律或人的自我规定的范围内才能被看作正当的。所以，黑格尔把“自由意志”理解为《法哲学原理》的基本原则，并深入研究了个人自律或自我规定的观念。在黑格尔看来，在规范的观念方面存在着两种不完整的想法（Vorstellung）。与黑格尔类似，哈利·法兰克福（Harry Frankfurt）将人的意志划分为两个层次：个人的冲动、偏好、愿望、需求等构成了人的意志的第一个层次，对第一层次的意志进行评价则构成了第二个层次。

在人的意志的第一个层次中，个体的愿望、要求和偏好都应看成是人的意志自由的内容，而不是去否定和排斥它们。毋宁说，这些内容不能成为外在的、他律的东西。因此，人们当前急需解决的问题就是在何种程度上扬弃这些偶然的动机、偏好等。在这个问题上，康德的自由概念一般否定了人的偏好、欲望和冲动等，而黑格尔则承认这些偶然性因素在自由中的作用。对此，帕滕（Allen Patten）认为，黑格尔在本质上接受了康德关于自由的思想，偏好、欲望等只是每个主体积极地实施个人自由抉择的一个附加前提，进而给人们实施选择的行为提供动机。霍耐特则认为，黑格尔是在第二个层次上评价的意义上对待这些偏好、动机和欲望的，在这里意志被纳入动机结构中，人们所要做的就是对“人的动机系统进行有意的

[1] 霍耐特在《不确定性之痛》中仔细分析了黑格尔《法哲学原理》存在的三种自由模式，即“消极自由”“选择的自由”“交往的自由”，三种自由形式分别处在抽象法领域、道德领域和伦理领域。霍耐特后来在《自由的权利》中继续发展了自由的概念和思想，将三种自由分别称为“法定自由”“道德自由”和“社会自由”。

加工和改造”[1]。换句话说，这要求人们要对自己的动机、偏好等进行塑造。

在霍耐特看来，在第一种自由模式中，人应该能够不受阻碍地实现自己的意志。这是一种消极自由，即不受外在强制和阻碍的自由。但是个人具有“借助于意志的决断而使他自己与需求、欲望、冲动保持距离的能力”。[2] 因此，黑格尔提出了“否定的自由或理智所了解的自由”，[3] 这是由于人的一切本性、欲望、需求和冲动是人的意志之外的东西，而这些外在的东西反而会限制和阻碍人的自由的实现。在第二种自由模式中，人要对自己的偏好进行评价和选择。霍耐特将其解释为“个人的自我规定还被理解为在‘规定’的内容之间进行反思性选择或者决断的能力”。[4] 这就意味着，这是一种选择的、积极的自由模式，自由是一种反思和选择行动，即选择那些不伤害他者的行动。按照霍耐特的分析，不论是消极的自由还是选择的自由都是不完整的自由模式，如果把这两种不完整的自由模式绝对化，就会产生一系列副作用并对社会产生伤害。

在消极的自由模式中，只要不伤害别人，自由就意味着人可以不受阻碍地行动。按照这样的自由观，所有人都是孤立地实现自我利益的个人，人品尝到的是生活中的孤独，这种消极的自由局限性在于“它只是把自我规定描述为一切特殊的兴趣或者行动目的的排除”。[5] 如果选择的自由模式被看作自由的唯一模式，人们就找不到可靠的标准进行选择，从而陷入一种虚无的状态。这种选择模式的自由局限性在于“它必须把自我规定的行动设想为他在不可实施的偏好或者行为冲动之间进行反思性抉择”。[6] 在黑格尔看来，由于康德采取了这种选择的自由观，结果导致了义务和偏好、理想的伦理法则与外在自然本能的二元论。以上两种自由模式都不可避免地产生了社会病态，这些社会病态被看作是超出了“抽象法”和“道德”的合法的有效性范围。黑格尔更是使用“孤独”“空虚”“困境”等一些针

[1] 阿克塞尔·霍耐特：《不确定性之痛：黑格尔法哲学的再现实化》，王晓升译，华东师范大学出版社，2016 年，第 23 页。
[2] 阿克塞尔·霍耐特：《不确定性之痛：黑格尔法哲学的再现实化》，第 18 页。
[3] 黑格尔：《法哲学原理》，范扬、张企泰译，商务印书馆，2016 年，第 16 页。
[4] 阿克塞尔·霍耐特：《不确定性之痛：黑格尔法哲学的再现实化》，第 19 页。
[5] 阿克塞尔·霍耐特：《不确定性之痛：黑格尔法哲学的再现实化》，第 20 页。
[6] 阿克塞尔·霍耐特：《不确定性之痛：黑格尔法哲学的再现实化》，第 20 页。

砭时弊的概念来表达这些社会病态现象。[1] 这就是霍耐特所谓的“不确定性之痛”。

黑格尔吸收了这两种自由模式，并将其纳入到自己更加综合的一种自由模式中。从第一种自由模式中，他吸收了这种思想，即一个人应该无限制地实现自己的意志。从第二种模式中，他又汲取了这种认识，即个人应该对于自己的意志进行反思，并把自己的行动局限在经过反思的有限目标上。由于这两种自由模式各自的局限性，黑格尔则试图构建“自由的具体概念”[2]，即一种更加综合性和远离他律性的自由模式。为此，黑格尔把从这两者吸收的思想进行综合，于是人的自由就表征为“在他者就是在自己自身”[3] 这样一个交往结构。霍耐特认为，这种自由模式就是黑格尔阐发的第三种自由——交往的自由。在该自由模式中，主体并非把他者看作是自身自由的限制，而是把他者看作是自身自由的实现前提和条件。因此，个人自由的交往模式被黑格尔清晰地勾勒出来，成为了更加复合的内涵丰富的自由模式。

二、黑格尔伦理学说的诊疗功能

前两种自由模式容易导致社会的“不确定性之痛”，为此，黑格尔提出了交往的自由模式，从而具有对社会病态的诊疗功能。对此，霍耐特的分析思路是这样的：首先，阐明黑格尔肯定抽象法与道德所产生的积极作用。由于消极的自由和选择的自由在个人自我实现的过程中承担着不可替代的职责，因此，我们需要从个人自我实现的角度来看待这两种自由模式的积极功能。其次，阐明黑格尔在引入伦理后的框架中所进行的病理学诊断。由于这两种自由模式的任何一种都无法实际地保证个体在该自由模式中无限制地获得自我实现的苛刻条件，因此，我们需要找到这两种自由观念的必然界限，以便能够在现代正义秩序的总体中确定这两种自由观念的

[1] 参见黑格尔：《法哲学原理》，范扬、张企泰译，商务印书馆，2016年，第136节（第159页）、第141节（第185页）、第149节（第191页）。
[2] 黑格尔：《法哲学原理》，第21页。
[3] 阿克塞尔·霍耐特：《不确定性之痛：黑格尔法哲学的再现实化》，第25页。

位置。

（1）抽象法。在黑格尔那里，消极的自由是通过抽象法来保证的，作为法律主体的个人，以主观权利（subjektive Rechte）的形式来行使他的自由。霍耐特认为，抽象法的优点在于，“它常常能够使人回到一切具体条件和社会角色中，从而坚持他自身的不确定性和开放性”。[1] 抽象法的价值对黑格尔来说，就在于人对自己作为法的承担者地位的纯粹意识，这种意识总是通过与主观权利联系在一起的个人机会而得到发展，并在此前提下能够适当地、均衡地运用法的权能。但是，如果所有社会联系都形成于法律要求的范畴之中，那么抽象法的限度就出现了。黑格尔指出：“所有抽象法最初只是一种单纯可能性，如果与整个范围的关系比较起来，它是一种形式的东西。”[2] 因此，一个人假如把自己的欲望、偏好等在形式法的范畴内加以现实化，那么他就不能参与社会生活，而且会遭受不确定性之痛。例如，把婚姻或家庭片面地当作纯粹的形式法的关系，根本无助于人们参与到交往实践中的相互照顾和相互关心。此外，私法原则中所表达是个人消极意义上的意志自由，这种消极的方面表现为否定“一切具体的限制性和价值”[3]。因此，黑格尔意识到抽象法是无法令人满意的，此后，独立的个人之间必要的策略性互动成为他主要的运思方向。

（2）道德。在黑格尔那里，选择的自由是通过道德来保证的，主体依靠着自身道德上自我规定的能力而行使他的自由。道德领域是通过内向的观察而出现的，只有当主体对其如何行动进行反思地证明的时候，人们才能真正地谈论自由。道德的价值和优点在于，“在这个领域（指道德领域——引者注），一种反思证明的态度被确定下来，每个主体都必须用这样的态度来对待自己，因而他就把他的行动和互动看作是自由的表达”。[4] 但是，在康德那里，我们必须把普遍性的道德尺度作为前提，这时道德的界限就出现了。秉持这种道德立场的人往往缺乏对具体的规范或义务的接

[1] 阿克塞尔·霍耐特：《不确定性之痛：黑格尔法哲学的再现实化》，王晓升译，华东师范大学出版社，2016 年，第 59 页。
[2] 黑格尔：《法哲学原理》，范扬、张企泰译，商务印书馆，2016 年，第 53—54 页。
[3] 黑格尔：《法哲学原理》，范扬、张企泰译，商务印书馆，2016 年，第 52 页。
[4] 阿克塞尔·霍耐特：《不确定性之痛：黑格尔法哲学的再现实化》，第 62 页。

受，从而会导致人丧失在无根基的自我确证中。基于康德意义上的道德反思是空虚的，霍耐特认为，这是“因为人们未能看到普遍化原则的运用依赖于人们对一系列规范尺度的合理价值的信任”。[1] 道德领域的不确定之痛主要表现为两种文化现象：其一，表现为心灵空虚和行动匮乏的浪漫的个人主义。这种空虚和匮乏是由于孤立的道德立场所造成的。其二，表现为宗教。这种倾向指向内在的情感而陷入无穷无尽的自我沉思之中，并最终依赖于传统的信仰力量。

虽然抽象法和道德都表现出一定的积极意义，但是由于各自存在着自身的必然界限而导致了社会病态。如果个体主体用这两种自由观中的任何一种片面地指导自己的行动，那么不仅无法使他的自律得到实现，而且还会使他陷入一种冷漠的、不确定的痛苦状况。维特根斯坦认为，错误地运用语言会导致哲学中的疾病，只有找到语言上的病根，人们才能从这种疾病中解脱出来。这就是他的“图像俘获了我们”（Ein Bild hielt uns gefangen）的思想。与此类似，霍耐特指出，那副“捕获了我们的图画”对于黑格尔来说，“也就是应该对我们时代的痛苦负责的概念上的混乱，都是导源于‘抽象法’和‘道德’中对自由的那两种影响巨大的理解”。[2]

在黑格尔的伦理部分，“解放”一词就具有了维特根斯坦意义上的治疗和摆脱疾病的内涵。“解放”是通过向“伦理”的转向而实现的。转向“伦理”的过程就是把人们从病态中“解放”出来的解蔽过程，目的是跳出生活实践中的错误陷阱。现代生活世界已经包含了具有治疗功能和确保自由的互动模式，这些模式可统称为“伦理”。向伦理过渡的过程也就意味着社会病态状况得到克服的过程。在这个过程中，人们借此洞悉交往的条件，这种交往的条件是所有主体同等地实现个人自律的社会前提。

按照正义论的观点来说，现代社会的所有主体都应该获得参与交往互动的公平机会。在前两种自由模式中，人们在自己的生活世界中采取片面的自由观，导致互主体关系受到压制，无法在互主体关系的意义上获得存

[1] 阿克塞尔・霍耐特：《不确定性之痛：黑格尔法哲学的再现实化》，王晓升译，华东师范大学出版社，2016 年，第 68 页。
[2] 阿克塞尔・霍耐特：《不确定性之痛：黑格尔法哲学的再现实化》，第 72—73 页。

在于现代理论观念中的正义，因而深感“不确定性之痛”。这种诊疗性的分析深入透视虚假信念和批判地克服社会的病症，促使人们去把握交往的前提，了解和满足自由实现的必要条件。霍耐特进一步指出，“这里所思考的社会领域要同时进行两项工作，即不断地从此前所描述的痛苦现象中摆脱出来并使所有的主体有可能‘公正地’达到自我实现”。[1] 而这个实现正义和解放的场所就是伦理领域，只有在伦理领域和交往的自由模式下，完全实现个人自由的条件才会出现。

三、霍耐特的正义构想

康德主张一种不受任何条件制约而普遍适用于一切人的绝对命令。对此，黑格尔认为，日常生活中的社会环境无法保证被普遍遵循的道德尺度和绝对命令是合理的，而且这种绝对命令只是在一定的条件下才是适合的。在这种情况下，人们有理由怀疑现实生活中制度化的实践的合理性。一般认为，社会环境中的哪一种道德标准真正具有普遍的意义，这需要借助于康德的道德立场来进行理性的反思。但是如果社会环境中所提供的尺度是足够理性的，那么我们就不必诉诸自己的“良心”来寻求普遍的道德原则。如果此时还囿于自己的良心而否定社会环境中的制度，那么就会导致“不确定性之痛”。

但是黑格尔自身也存在着理论上的重大缺陷。黑格尔《法哲学原理》的主要缺陷就是在“伦理”部分论述人们之间的交往关系时过度强调法律上制度化的关系，而忽视了那些习惯化的交往关系，在这里，伦理的过度制度化构成了黑格尔视角的难题。虽然黑格尔哲学中的正义理论包含着一种批判的精神，即正义的制度是客观精神在社会生活中的实现，是合理的制度，但是当黑格尔把现存的社会制度纳入他的法哲学体系的时候，却潜在地证明了现存制度的合理性。这是黑格尔哲学的保守趋势。对此，霍耐特指出：“他（指黑格尔——笔者注）想对现代社会进行规范性的结构分

[1] 阿克塞尔・霍耐特：《不确定性之痛：黑格尔法哲学的再现实化》，王晓升译，华东师范大学出版社，2016 年，第 76 页。

析，以便把历史地形成的个人自由的条件辨识出来，然而他同时又努力进行制度分析，以便把已经形成的、法律化了的组织结构合法化。”[1] 为了走出黑格尔的理论困境，霍耐特必须对黑格尔的《法哲学原理》进行重新诠释和重构，从而提出自己的社会正义论。

霍耐特的正义构想的思路是这样的：在康德那里，正义的秩序是在脱离社会条件的情况下通过反思推理建构起来的。而黑格尔的正义理论将正义的秩序看作是客观精神的定在。这就是说，伦理的社会关系是已然存在的东西，而人们只不过是对已经存在的伦理关系进行理性的重构。霍耐特进一步指出，黑格尔的正义理论表征为已经存在了的互主体性的实践模式，即“人们所需要进行的工作就是要把这种互相主体性的实践模式再生产出来”。[2] 在康德那里，在行动中人们必须克制自己的欲望、动机和兴趣，这种克制是人们理性选择的结果。黑格尔却拒绝这个思路而偏好于互主体的伦理关系，他认为这是人们在社会交往中被塑造的结果。霍耐特努力吸收了黑格尔的这种思想，为他开辟承认的社会正义论做了理论准备。

罗尔斯按照康德主义的思路建构了一种正义理论，这个正义理论就是要通过建构一种理想的制度来实现社会基本善的正义分配。这些基本的善当中包括权利、自由、机会、收入和财富。[3] 罗尔斯认为，正义的制度必须保证每个人都享有平等自由的权利，然后进一步实现财富的正义分配。因此，罗尔斯的正义理论是一种分配的正义理论。霍耐特则努力建构一个与罗尔斯完全不同的正义论。在霍耐特看来，正义的制度不仅要能够保证所有人的平等自由，而且要能够使所有人得到自我实现。霍耐特正义理论的核心是保证人能够平等参与社会交流和互动，在其中人与人之间相互承认，这是一种以承认为核心的正义理论。

霍耐特认为，正义理论的目标不仅在于使人从不确定性之痛中摆脱出来，更在于去实现人的自由。为了更好地重建黑格尔的正义论，霍耐特

[1] 阿克塞尔·霍耐特：《不确定性之痛：黑格尔法哲学的再现实化》，王晓升译，华东师范大学出版社，2016 年，第 125 页。
[2] 阿克塞尔·霍耐特：《不确定性之痛：黑格尔法哲学的再现实化》，第 18 页。
[3] 罗尔斯：《正义论》，何怀宏、何包钢、廖申白译，中国社会科学出版社，2009 年，第 71 页。

把黑格尔法哲学重新诠释为一种伦理的义务理论。这种伦理的义务理论区别于康德的主观性意义上的义务理论。因为，对于康德来说，这是个人自我反思的结果。但是在黑格尔的伦理的义务理论中，这种义务就是人们之间存在的必然性，即一个人必须把自己对他人的承认当作自我实现的条件。因此，霍耐特把黑格尔的正义论诠释和重构为以承认为核心的正义理论。霍耐特认为，人们实现自由的伦理条件表现了人们之间承认的相互关系。这个伦理条件可以归纳为三个方面：其一，人们之间存在着一种交往关系；其二，在这种交往关系中，人们相互承认；其三，人们还必须把这种承认表达出来。也就是说，从人们实现自由的伦理条件上看，只有当人们之间的相互承认被表达出来的时候，一个人才能获得自我实现。实际上，这就是要表明，人的自由和自我实现不是孤立的个人行为，而是在人们之间的交往和相互承认中才是可能的。一个人即使感到自己得到了自我实现，但是如果他不能得到其他人的承认，那么也不是真正的自我实现。

四、结　语

霍耐特以黑格尔的《法哲学原理》为文本依据，在《不确定性之痛》一书中详细论述了黑格尔法哲学中的三种自由模式，其中消极的自由和选择的自由模式导致了人的“不确定性之痛”和社会病态。因而，霍耐特强调黑格尔伦理学说的治疗功能，从而转入黑格尔的伦理领域寻找解决方案。但是，为了摆脱黑格尔自身存在的理论困境，霍耐特主张将黑格尔法哲学诠释和重构为以承认为核心的社会正义论，并将社会正义原则视为个体的自我实现，这就清晰地呈现出了霍耐特正义理论的形成逻辑和脉络结构。

应当说，霍耐特正义理论的形成逻辑给我们许多有益的启示：首先，霍耐特对三种自由模式的概括和区分，为我们全面、深入地理解不同意义上的自由观念，理解自由与人的实现以及社会正义的关系提供了有意义的参考。霍耐特详尽分析了社会的“不确定性之痛”产生的原因和病理机制，同时为走出“不确定性之痛”指明了方向。其次，霍耐特以正义理论的视角重新理解和建构黑格尔的法哲学，向我们展示了黑格尔法哲学再现实化的理论范本，这在思想史上是全新的。霍耐特的再现实化努力使黑格尔哲学仍然对当今现实社会起着积极的作用，而不再是“一条死狗”。这种理论重建与西方发达资本主义的社会现状遥相呼应，紧密相连，对多元化的今天进行了反思。再次，霍耐特开辟了一条不同于罗尔斯正义理论的全新的正义理论的大致框架。霍耐特在这里赋予了正义理论在当今社会中又一个全新的理论形态，弥补了传统正义理论在个体主体之间的承认维度的缺失。一旦在自我实现、交往和承认之间建立起联系，霍耐特很容易进入一个新的理论空间，当代诸多道德规划、社会诊断、正义思想、批判路径都能围绕承认—实现这个轴心获得伦理解决。

与此相对，我们也应该看到霍耐特的不足之处：第一，在现实生活中，应该存在一种标准去判断现存社会中哪些社会要素阻碍了人们之间的承认关系，但是霍耐特却没有提供这样的标准。马克思通过共产主义的理论构想来批判资本主义，罗尔斯和哈贝马斯等人都提出了理想化的正义标准，然后以此正义标准来批判当代社会的制度。但是黑格尔反对这种超现实的理论构想，而没有这样的理论构想就失去了对现实进行批判的理想尺度。霍耐特依据黑格尔的思路来重构正义理论，但也没有提供一个改进现存社会秩序的方法和标准。第二，霍耐特曾在其博士论文《权利批判》中，将福柯的权利结构分析从狭隘的符号学和知识论之中解放出来，整合到视野更开阔的社会理论之中，展开权利批判的新维度。但是在《不确定性之痛》中，霍耐特却忽视了权利对于人的自由实现以及它对于承认关系所产生的影响。现实社会中，人的自我实现、人的自由无法得到保障恰恰是由于社会中不同的权利和地位。在现实社会中，权利关系不仅要求人们的身份、地位、社会贡献得到承认，而且还会在一定程度上限制人的自由和自我实现。第三，霍耐特以承认为核心构建自己的正义思想，但是这往往只是局限于社会交往领域的正义问题，而忽视了以生产劳动为基础的社会经济领域的正义问题（如再分配问题）。南茜·弗雷泽指出：“再分配的范式把重心集中在它定义的社会经济的不公正并呈现出它植根于社会经济结构。”[1] 相反，霍耐特的承认的范式则局限于社会交往维度，“这种不公正被认为是植根于表述、解释和沟通的社会模式中”。[2]

Clarifying the Formative Logic to Justicial Theory of Honneth

(Ren Xiangwei, the Philosophy Department of Xiamen University ,PhD student of Marxist philosophy)

Abstract: In suffering from Indeterminacy, Honneth describes three free modes of Hegel's Philosophy of Right: negative freedom, alternative freedom and communicational freedom. The two previously incomplete patterns of freedom have led to the "suffering from Indeterminacy". For this reason, Honneth emphasizes the freedom of communication and the clinical function of Hegel's ethics in particular, and he turns to the ethical realm of Hegel to seek some solutions later. But because of Hegel's own theoretical difficulties, and in order to make a reactualization of Hegel's Philosophy of Right, Honneth tends to reconstruct the Hegel's Philosophy of Right as a theory of social justice with recognition as its core, and regards the principle of social justice as individual self-realization.

Keywords: Honneth; suffering from Indeterminacy; justice; freedom; recognition

---

[1] 南茜 · 弗雷泽、阿克塞尔 · 霍耐特:《再分配，还是承认? ——一个政治哲学对话》，周穗明译，上海人民出版社，2009 年，第 9 页。
[2] 南茜 · 弗雷泽、阿克塞尔 · 霍耐特:《再分配，还是承认? ——一个政治哲学对话》，第 10 页。

分析哲学的历史、内容与价值

——读《分析哲学——回顾与反省》

魏诗妍*

摘要：《分析哲学——回顾与反省》一书不仅较为系统地回顾了分析哲学的发展历程，并且关注于分析哲学在中国传播、发展和研究的状况，对中国分析哲学研究具有重要的参考价值。本文将从分析哲学发展的历史、语言哲学、逻辑实证主义和分析哲学在国内的研究状况及影响这四个主题入手，对该书的部分文章进行评述，并说明该书对国内分析哲学研究的意义和价值。

关键词：分析哲学史；语言哲学；逻辑实证主义；国内研究

《分析哲学——回顾与反省》[1]（以下简称《分析哲学》）是由陈波[2]和江怡[3]共同主编的专题文集，共分为两部分：上卷“西方哲学家论分析哲学”选编了18篇西方分析哲学家撰写的文章；下卷“中国哲学家论分析哲学”收录了30余位中国哲学家撰写的分析哲学论文。该书的第一版是在2001年出版，体现的是20世纪分析哲学的状态。在新世纪的十余年来，分析哲学在国内外哲学界有了长足的进步，编者希望在该书中体现这一变化。因而，第二版在第一版的基础上，大量增补了中西学者在分析哲学领域的重要研究成果。这些文章不仅代表着国内外分析哲学研究的最高

---

* 作者简介：魏诗妍，武汉大学哲学学院伦理学专业硕士研究生，主要研究道德哲学，E-mail：shiyanwei93@163.com。

[1]《分析哲学——回顾与反省》（第二版）一书由中国人民大学出版社于2018年出版。

[2] 陈波，北京大学哲学系教授，主要的研究领域是逻辑学和分析哲学。

[3] 江怡，山西大学哲学系教授，主要的研究领域是维特根斯坦哲学、分析哲学、语言哲学、形而上学、英美哲学与欧洲大陆哲学的比较研究、分析哲学与中国哲学的比较等。

水平，也从一定程度上反映了新世纪以来国内外分析哲学研究的变化与发展。

从《分析哲学》一书可以发现，分析哲学的发展的过程中存在着许多不同的学派，但从未形成一个统一的分析哲学学派，也没有形成一个得到绝大部分分析哲学家都认同的实质性哲学理论。并且，分析哲学家在逻辑哲学、数学哲学、语言哲学、形而上学、知识论和心灵哲学等领域都曾有过广泛而深刻的论战，这些论战推动着分析哲学不断进步。在本文中，基于分析哲学所涉及的领域的多样性和复杂性以及该书的内容，我将分别从分析哲学的发展历史、语言哲学、逻辑实证主义和分析哲学在国内的研究状况及影响这四个主题入手，选择该书的部分文章进行评述来说明该书对于国内分析哲学研究的重要价值。

一、分析哲学的发展历史

第一个主题主要关注于分析哲学发展的历史。由于分析哲学自身的特点，要为其下一个具有总括性并且能取得一致认同的定义是较为困难的。因而，许多学者通过考察分析哲学发展的历史过程来澄清分析哲学究竟是什么。冯•赖特（von Wright）在《分析哲学：一个批判的历史概述》一文中通过考察分析哲学运动的历史起源以及其内部隐含的冲突所引发争论的发展来辨明分析哲学的内涵。在其概述中，先后讨论到罗素（Bertrand Russell）、穆尔（G.E. Moore）、维特根斯坦（Ludwig Wittgenstein）、石里克（Moritz Schlick）、卡尔纳普（Rudolf Carnap）、蒯因（Quine）等学者在逻辑学、科学哲学、语言哲学、心灵哲学等领域的观点。通过论述和比对这些学者的观点，他说明了分析哲学发展的起源、过程及未来的走向。在《从内部看哲学的半个世纪》一文中，希拉里•普特南（Hilary Putnam）从其自身亲历的半个世纪以来的美国分析哲学的发展变化来对分析哲学进行总结，其中涉及逻辑实证主义、科学实在论、泛科学主义、蒯因的哲学、约翰•罗尔斯（John Rawls）的哲学以及维特根斯坦后期的哲学等。在对这些理论进行讨论后，他总结出分析哲学的三个趋势，即“迈向科学主义的趋势，维护哲学史的趋势，以及不屑于倾听其他类型哲学的态度”[1]。在其文章的最后，他论述了反对分析哲学的最后一种趋势的理由。他认为这种趋势实质上是将分析哲学视为一种“运动”，并且在欧洲的几个国家，它确实促成了新的分析哲学家的排他性协会的成立。但这些哲学“运动”唯一合理的作用在于使得一些未被人接受的、边缘的观点得到关注或认可。并且分析哲学发展至今，已经成为了哲学的主流之一，因而，他认为没有必要再将分析哲学作为一种“运动”。进一步，普特南强调，反对这一趋势不代表与分析哲学作斗争，因为作为分析哲学家同样需要借鉴其他类型的哲学理论以完善自身的理论。他认为作为学者，可以从康德、詹姆斯、弗雷格、维特根斯坦等哲学家那里学到很多，但不必成为他们的信徒。他更倾向于只做“哲学家”，而非加上形容词的“哲学家”。彼得·希尔顿（Peter Hylton）在《分析哲学中的分析》中概述了分析哲学发展的脉络，其中讨论了弗雷格（Gottlob Frege）、罗素、维特根斯坦、卡尔纳普、蒯因的哲学理论。他认为其所概述的发展脉络——从弗雷格、罗素、维特根斯坦、卡尔纳普再到蒯因，不是确切地对应着时代精神的运动过程。但这一发展脉络具有一个显著特征，即对于哲学分析的构想有越来越少的形而上学的意味。

二、语言哲学

第二个主题主要聚焦于对语言哲学的讨论。有一种被普遍认可的观点是，语言学的转向来源于两个不同的传统，一是源自于弗雷格的逻辑语言学派；二是来自于 G.E. 穆尔的日常语言学派。因而，我将围绕这两个起源来梳理《分析哲学》中对语言哲学的讨论。

我将先从逻辑语言学派的先驱——弗雷格谈起。一部分的分析哲学家认为弗雷格是分析哲学的奠基人，他的工作标志着“语言的转向”。迈克尔·达米特（Michael Dummett）在其《语言的转向》中通过讨论弗雷格的

[1] 陈波、江怡：《分析哲学——回顾与反省》（第二版），中国人民大学出版社，2018年，第110页。

理论的三个特征来说明弗雷格的工作使得哲学上发生了语言的转向。这三个特征分别是“组成部分的意义作为思想的部分依赖于对表达这个思想的句子结构的理解”[1]；“被说成具有真假的是思想，而句子被称作具有真假只是在派生的意义上”[2]；“表达式仅仅是具有意义：使用表达式的人并不需要在整个使用过程中心里想到它的意义”[3]。尽管弗雷格本人没有正确认识到其理论的三个特征是语言转向的标志，但他确实是在哲学史上第一个提出了对思想、句子的意义以及其构成语词的合理说明的学者。达米特认为任何人想要通过分析语言意义去分析思想就必须选择以弗雷格确立的基础为起点。王路在其文章《弗雷格关于意义和意谓的理论》中，对弗雷格的意义和意谓的理论进行论述和分析。他认为应不带有成见地从整体上准确把握弗雷格的理论，才能深刻地理解它，并且这样有助于更好地理解其本体论理论。

此外，也有部分学者从另一角度来诠释哲学中的语言转向，认为维特根斯坦才是语言转向的发起者，因其用语言分析的方法代替了心理的方法。暂且不论这种观点是否正确，维特根斯坦的理论对于语言哲学的重要性是毋庸置疑的。在《后期维特根斯坦的哲学观》一文中，涂纪亮从说明与描述、世界和语言的本质结构、普遍与个别、精确和模糊、逻辑分析与哲学语法等方面入手，通过对比维特根斯坦前后期的观点来说明其关于哲学性质和任务的观点以及这些观点对日常语言学派的影响。在《维特根斯坦 I 到维特根斯坦 II 转变的逻辑理由》中，赵敦华按照“内史”[4]重建的要求，分析维特根斯坦前后期思想发展的逻辑理由。冼景炬在《维特根斯坦与西方哲学的终结》中讨论维特根斯坦后期哲学中未被注意到的、最重要

[1] 陈波、江怡：《分析哲学——回顾与反省》(第二版)，中国人民大学出版社，2018 年，第 132 页。

[2] 陈波、江怡：《分析哲学——回顾与反省》(第二版)，第 133 页。

[3] 陈波、江怡：《分析哲学——回顾与反省》(第二版)，第 134 页。

[4] “内史”和“外史”的区别是由拉卡托斯（I. Lactos）在科学哲学领域内提出。外史即影响一位作者的思想的人生经历和社会事件的合集。内史即一位作者思想发展的纯粹过程，纯粹意味着其遵从自身的逻辑线索及合理性并且不受外在事件和偶然因素的支配。二者的区别在于，内史是不可观察的，需要研究者根据自己的理解进行重构，而外史是可以被观察得到的。

的部分。

蒯因同样也是逻辑语言学派的重要代表人物之一。在一定程度上，蒯因使得分析哲学从逻辑实证主义转向了逻辑实用主义。陈波在《蒯因的“两个教条”批判及其影响》中考察了蒯因对分析陈述与综合陈述、还原论或意义的证实说的批判以及该批判所产生的影响。他认为这一批判对蒯因哲学以及现代分析哲学都有着巨大的影响。对于蒯因哲学而言，影响主要有几点：拒斥各种内涵性概念，通向意义理论；拒斥还原论，走向整体主义知识观；走向自然化认识论；拒斥符合论意义上的绝对真理观，走向方法论上的实用主义；重启形而上学问题，走向对本体论承诺的研究。[1] 对于现代分析哲学的影响则是其批判在英美分析哲学界引起了广泛而持久的论战，使得逻辑经验主义暴露了哲学上的缺陷并逐渐走向衰落，并且最后导致分析哲学的自行消亡以及后分析哲学[2]的兴起。

《分析哲学》一书中没有专门讨论日常语言学派的文章，但其中有部分文章涉及日常语言哲学的理论。在《理想语言哲学与日常语言哲学》一文中，理查德·罗蒂（Richard Rorty）对日常语言学派和理想语言学派之间的争论进行分析。首先，他概述了日常语言哲学家对“建构论”的主要反驳以及理想语言哲学家们对这些反驳的典型回应；其次，他概述了理想语言哲学家对其他竞争理论的主要反驳以及对这些反驳的回应；在最后，他通过对这些争论的分析，说明在日常语言学派和理想语言学派之间的争论通常是以完全令人误解的方式描述的，其实这两个学派之间争论的关键在于如何回答“我们怎样才能找到允许理性一致的哲学成功的标准”[3]。在《语言哲学与心灵哲学：1950—1990》中，泰勒·伯格（Tyler Burge）讨论了日常语言学派的主要观点，即“这条路线的支持者倾向于认定，若干世纪的智慧，都被嵌入到日常实践中去了。哲学问题在日常实践的参照系之前，要么是可以解决的，要么是不可解决的”。[4]

---

[1] 陈波、江怡：《分析哲学——回顾与反省》（第二版），中国人民大学出版社，2018年，第750—755页。
[2] 理查德·罗蒂（Richard Rorty）代表的新实用主义哲学。
[3] 陈波、江怡：《分析哲学——回顾与反省》（第二版），第137页。
[4] 陈波、江怡：《分析哲学——回顾与反省》（第二版），第159页。

三、逻辑实证主义

第三个主题主要是关于逻辑实证主义的讨论。洪谦在《关于逻辑经验主义——我的个人见解》中介绍了逻辑实证主义理论 / 维也纳学派的逻辑经验主义的起源发展。他认为逻辑经验主义起源于奥地利并非偶然，只有在这种特定的哲学历史条件下，马赫（E. Mach）才得以建立其实证主义理论。从而，维也纳学派才有可能在马赫哲学的基础上，借助现代物理学、逻辑学、数学的发展创建新的实证主义——逻辑实证主义并且延续至今。并且，洪谦认为目前逻辑经验主义的科学观仍活跃于西方国家的许多哲学派别中，比如英国的艾耶尔（Alfred Jules Ayer）、麦吉尼斯（B. McGuinness），美国的费格尔（Herbert Feigl）、亨佩尔（Carl Hempel），奥地利的哈勒（R. Haller）等。学者洪汉鼎在《〈逻辑哲学论〉对维也纳学派的影响和经验主义解释问题》一文中讨论了维特根斯坦的《逻辑哲学论》与逻辑经验主义或逻辑实证主义之间的联系。《逻辑哲学论》对逻辑经验主义产生了重要的影响，这种影响主要体现在维也纳学派。在该书的启发下，维也纳学派确立了自己的基本方向和宗旨。比如，"证实原则"，在维也纳学派看来，是受益于《逻辑哲学论》的最重要成果之一。根据《逻辑哲学论》的观点，"一切命题描述原子事实的存在和不存在"[1]，"命题的意义就是与原子事实存在或不存在可能性符合不符合"[2]，"为了知道图像的真或假，我们必须把它和实在做比较"[3]。从以上的观点来看，《逻辑哲学论》的命题意义理论与维也纳学派的证实理论似乎是非常接近的。洪汉鼎反对这种观点，认为这是对维特根斯坦观点的误读，并且他总结了《逻辑哲学论》的意义理论与逻辑经验主义的证实理论之间的不同来给出反对的理由。首先，在前者的理论中，"意义"和"真值"是两个有联系的不同概念，意义概念比真值概念更加宽泛；而在后者看来，意义概念和真值概念是同一个概念。其次，二者都认为真值概念是强调语言和实在的符合，但

[1] 陈波、江怡：《分析哲学——回顾与反省》（第二版），中国人民大学出版社，2018 年，第 564 页。
[2] 陈波、江怡：《分析哲学——回顾与反省》（第二版），第 564 页。
[3] 陈波、江怡：《分析哲学——回顾与反省》（第二版），第 564 页。

对于真值概念的具体理解不同。前者认为，真值在于命题和事实之间是否有一种形式结构的同一性；而在后者看来，真值是命题所表达的事实和实际观察的经验事实之间是否有一种内容上的一致性。由此可以得出的结论是，《逻辑哲学论》的意义理论本身是一种逻辑结构方面的理论，而非一种经验主义理论。在文末，洪汉鼎指出虽然《逻辑哲学论》对维也纳学派具有重要的影响，但维也纳学派的证实原则与《逻辑哲学论》的意义理论在根本上是不同的。存在一种可能性是，在《逻辑哲学论》发表后，维特根斯坦受维也纳学派主要成员的观点的影响接受了证实原则。[1] 但可以确定的是，仅从《逻辑哲学论》来看，对维特根斯坦的意义理论采取经验主义的解释是不可取的。殷海光在其文章《科学经验论底特性及其批评》中对科学经验论 / 逻辑经验主义进行了批判。但仍肯定其有利于哲学的进步，比如逻辑解析有助于清晰地论述观点。韩林合在《维也纳学派关于知识基础问题的讨论》中介绍了维也纳学派内部对知识的基础问题进行的辩论，其中主要论述了卡尔纳普、纽拉特（Otto Neurath）、石里克以及艾耶尔之间关于知识的基础问题的争论。

四、分析哲学在国内的研究状况和影响

第四个主题聚焦于分析哲学在国内的研究状况和影响。胡军在《罗素哲学在中国》中讨论了罗素在中国的讲学及其哲学理论的影响。他认为中国学者，比如金岳霖、冯友兰、张岱年等人，深受罗素的影响，并且他们在罗素的哲学思想的基础上，结合中国的传统哲学思想，进而创立自己的哲学思想体系。江怡在《分析哲学在中国》中试图对分析哲学与国内哲学研究之间的关系进行全面的分析。首先，他对分析哲学在国内的传播和研究工作进行分析，指出国内分析哲学研究所存在的三个主要问题。一是简单化的现象，即由于缺乏对哲学家思想全面的理解，并且研究的目的更多

[1] 在 20 世纪 20 年代中期到 30 年代初期，维特根斯坦与维也纳学派的主要成员有过多次接触和讨论。并且从他这一时期所写的著作看来，很有可能在其早期思想和后期思想之间还有一个证实主义的过渡时期。

是出于现实需要而非学术，导致在对哲学家进行研究时倾向于将其思想划为某个已有的思想体系，然后按照这种思想体系去解释其观点。二是国内的研究工作缺乏严格的逻辑论证。三是国内对于哲学理论的研究往往避重就轻，关注哲学家得出的结论而不去研究推导出该结论的论证过程。其次，他对国内分析哲学的研究成果及对外交流工作进行分析和总结，并指出由于语言能力和逻辑水平的不足使得对外交流存在着较大的困难。最后，他阐明了分析哲学对于中国传统哲学研究和当代哲学发展的理论价值和现实意义。对于中国传统哲学研究而言，分析哲学的意义主要体现在三点：一是，规范中国传统哲学研究的基本领域，制定公认的研究标准；二是，运用现代的逻辑，辨析概念的意义；三是弘扬科学的理性精神。而对于当代中国哲学研究[1]的意义，则主要体现在以下三个方面：一是澄清概念；二是加强逻辑论证，避免空谈泛论；三是开放思维，理性交流。周柏乔在《分析哲学的一支中土异军》一文中论述了洪谦、金岳霖、沈有鼎和王浩等四位中国学者对分析哲学的贡献。他认为这四位学者虽然在分析哲学领域有着深刻的见解，但在当时并未得到广泛的认可，也未产生重要的影响。

基于国内分析哲学研究的发展过程和该书的第二部分内容，可以看出早期国内的研究更多侧重于概述，评价分析哲学家的理论以及比较分析哲学与中国哲学之间的异同，针对于特定哲学问题的原创性研究则较为少见。而近 20 年以来，国内的分析哲学研究有了长足的进步，学者对分析哲学的研究不再是简单地介绍哲学家们的思想，开始注重分析这些思想之间的理论联系以及考察他们所研究的问题，并且较为精细的，具有原创性的观点和国际主流的研究越来越多。比如，学者邱仁宗于 2017 年发表的《论“扮演上帝角色”的论证》对应用伦理学的前沿问题进行了讨论。在讨论安乐死、医生协助自杀、基因技术和合成生物学的问题时许多人会使用“扮演上帝角色”来进行反对的论证。简单而言，该反驳是在说由于在这些问题上，人扮演了上帝的角色，因此是不可行的。邱仁宗认为这些

[1] 江怡认为由于马克思主义哲学是当代中国哲学的主要内容，因此分析哲学对于当代中国哲学研究的意义，更主要体现在马克思主义哲学的研究中。

反对的论证都是不能成立的。首先，他指出"扮演上帝角色"作为论证的本身就存在许多问题[1]。其次，该论证在具体例子中也不能成立。以"安乐死"为例，他认为可以通过类比论证的方式去回应"扮演上帝角色"论证。反对安乐死的人需要说明为何在死刑和参与战争时，人同样扮演了上帝的角色却被认为是可行的。

五、结　语

纵观全书，《分析哲学》一书基本涵盖了分析哲学的主要研究领域，比如分析哲学的历史、语言哲学、知识论、科学哲学、逻辑学等领域，系统地回顾了分析哲学的发展历程。此外，该书也涵盖了国内分析哲学在20世纪以及新世纪的重要研究成果，特别关注于分析哲学在中国传播、发展和研究的状况，对今后国内的分析哲学研究提供了一定的借鉴和指导。可能存在一种质疑是，该书所选取的文章对于分析哲学中的部分重要领域涉及较少，比如伦理学、形而上学、心灵哲学等领域。但必须注意的是，编译此书的目的更多在于为国内的分析哲学研究提供参考。因而，文章的选取自然更多侧重于目前国内学界更为关注的领域。

Analytic Philosophy: History, Content and Value
—— Book Review for "Analytic Philosophy——Review and Reflection"

(Wei Shiyan, School of Philosophy, Wuhan University, 430072)

Abstract: This anthology "Analytic Philosophy——Review and Reflection" not only reflects on the history of analytic philosophy, but also focuses on the development of analytic philosophy in China, which makes a great contribution to Chinese analytic philosophy. In this paper, I will review part of papers in this

[1] "扮演上帝角色"论证不符合一个有效论证的三个条件：具有普遍性，适用于所有参与争论的人；具有理性，符合逻辑推理的规则，不违背目前科学证据的支持；论证中使用的概念是清晰、明确的。

book on four themes. These four themes are: the history of analytic philosophy, philosophy of language, logical positivism and analytic philosophy in China. In addition, I will indicate the significance of this book to Chinese analytic philosophy.

Keywords: The History of Analytic Philosophy, Philosophy of Language, Logical Positivism, Analytic Philosophy in China

图书在版编目(CIP)数据

哲学评论. 第 23 辑/武汉大学哲学学院编. —长沙:岳麓书社,2019.5

ISBN 978-7-5538-1150-5

Ⅰ. ①哲… Ⅱ. ①吴… Ⅲ. ①哲学—文集 Ⅳ. ①B-53

中国版本图书馆 CIP 数据核字(2019)第 108633 号

ZHEXUE PINGLUN DI 23 JI

哲学评论. 第 23 辑

武汉大学哲学学院编

责任编辑:刘　文

责任校对:舒　舍

封面设计:向　阳

岳麓书社出版发行

地址:湖南省长沙市爱民路 47 号

直销电话:0731-88804152　0731-88885616

邮编:410006

岳麓书社网址:www. yueluhistory. com

2019 年 5 月第 1 版第 1 次印刷

开本:710mm×1000mm　1/16

印张:20

字数:290 千字

ISBN 978-7-5538-1150-5

定价:70.00 元

承印:北京虎彩文化传播有限公司

如有印装质量问题,请与本社印务部联系

电话:0731-88884129